该书的出版受助于教育部 2007 年人文社科研究规划基金项目，项目编号：07JA880025，项目名称：弱势群体教育发展与和谐社会构建——印度政府推行教育政策的经验及教训。

印度弱势群体：

教育与政策

Social Vulnerable Groups in India :
Education and Policy

杨洪 著

人民出版社

目　录

序

　　杨洪是我的硕士研究生和博士研究生,也是我到目前为止所指导的来自贵州侗族的唯一的研究生。我这个学生性格比较内向,也比较执著。说他执著,一是他当年报考我的硕士研究生时,连续考了三年,考我的博士生也是考了两年才考上的,考上时已经 41 岁。二是他攻读硕士学位时,研究的是印度,方向是高等教育,硕士毕业后到印度留过学,曾为德里大学教育学院的教师做过中国师范教育的讲座,我当时通过传真为他提供过相关资料。攻读博士学位时仍然研究印度,只是更深入了,研究的是印度弱势群体的教育。三是他本来有机会留在北京工作的,却依然回到了贵州。

　　印度是我国邻邦,与我国很相似,人口众多,是一个发展中国家,近二十年来发展得很快,教育发展中有许多经验值得我们借鉴。但是我国研究印度教育的学者不多,尤其是对印度的弱势群体教育与政策缺乏研究。如果不研究印度对弱势群体的教育政策,就不可能了解印度教育的全貌。杨洪选择了这个方向,却是不多见,而且要有点胆识。印度作为"金砖四国"(中国、印度、俄罗斯、巴西)之一,发展潜力巨大,社会经济发展态势良好,相信开展这方面的研究会对我们有所启迪,可以把印度作为一面镜子反观我们自己。

　　我国比较教育的研究自改革开放以来取得长足进步,成果丰硕。过去的成果主要集中在对发达国家教育和专题教育上,比较宏观,缺少对发展中国家,特别是我国周边国家的研究。杨洪的研究深入到了周边发展中国家的教育，视野宽、角度广，联系到印度的历史、文化和社会背景，超越了就教育论教育的路子。我在上个世纪九十年代就提出拓宽教育研究方法的想法，研究一个民族的教育不能离开这个民族文化传统，因此提出比较教育文化学的研究方法论。现在的年轻学者拓宽了比较教育的研究视角，他们从文化学、人类学、政治学、历史学、社会学、政策学等理论角度进行比较教育的研究活动，丰富了比较教育的研究成果，拓宽了比较教育的研究视野，取得了可喜的成绩。这本书就是从政治学、历史学、社会学、政策学等角度对印度弱势群体及其教育进行研究的。这本书的出版还得到了教育部人文社科规划基金项目的资助，原项目名称叫做"弱势群体教育发展与和谐社会构建——印度政府推行教育政策的经验及教训"。希望今后从多学科多视角开展比较教育研究的成果越来越多，为我国教育学科建设与发展，为我国教育事业的发展作出贡献。

中国教育学会会长

北京师范大学资深教授

2011 年 3 月 23 日

前　言

　　弱势群体问题关系到一个国家的和谐与稳定,也关系到一个国家的公平与公正等问题;还可衡量一个国家的民主程度、生产力发展水平,以及政府的管理水平和服务水平。因此,弱势群体问题越来越受到各国政府和民众的普遍关注。

　　作为"金砖国家"(中国、印度、俄罗斯、巴西和南非)之一的印度,自20世纪90年代加大开放力度、适度发展私营经济以来,经济发展态势越来越好,受到世界各国的广泛关注。中印两国人口总和接近26亿,占世界人口的1/3以上,成为未来全球最大的消费市场和经济发动机。印度弱势群体占其人口的1/4,中国贫弱群体人口也不少,两国解决好弱势群体问题,不仅有利于两国的发展,也有利于世界的发展。

　　印度弱势群体问题不仅仅是贫困的问题,还涉及在其他国家不是很突出的歧视、剥夺、排斥、暴力等问题。印度弱势群体种类复杂多样,按照印度政府社会公正与合法权益保护部以及印度妇女和儿童保护部界定和给予政策照顾的对象,印度弱势群体包括表列种姓(贱民)、表列部落(部落民)、其他落后阶层、残疾人、老年人、街头流浪儿童、毒品受害者以及地位低下妇女等处境不利、处于社会边缘的人群。而这些弱势群体与贫困、地位低下、种姓制度与不可接触制度、社会排斥与歧视等问题交织在一起,难以分开,而且这些弱势群体几乎都与表列种姓和表列部落有关。表列种姓和表列部落占印度人口的1/4,是印度宪法中确认的弱势群体中的最弱势群体,是政府重点保护和扶助的主要对象。印度弱势群体在历史上是由于各种原因形成的，他们在过去乃至现在是遭受种种偏见、歧视、排斥、剥夺、欺压和暴力伤害。

种姓制度和不可接触制度是导致表列种姓产生的原因，它根据人种与职业的等级和"污洁"程度，把人分成四个等级的种姓，即婆罗门、刹帝利、吠舍和首陀罗（奴隶、被征服者）。表列种姓是因为违反种姓法规成了失去种姓的不可接触者或贱民，地位猪狗不如，只配从事与杀生有关、污染不洁的职业，如清除动物尸体、剥皮制革、清扫粪便以及耕种庄稼等；基于瓦尔纳、职业和等级的"污染与纯洁"观念，使高种姓的人对他们唯恐避之不及。贱民们只能住在村外或河流下游处，不得使用村里的水井等。不可接触制度也由此而产生。

表列部落原是印度土著部落民，因为侵略者的到来，一些人成为首陀罗，一些人被迫躲进偏僻的深山老林中，过着刀耕火种、与世隔绝的生活，从此被剥夺了各种发展的机会和权利。表列种姓和表列部落是印度政府对不可接触者和土著部落的称谓。

独立后，印度政府为提高他们的社会、政治、经济地位和教育水平，一是为他们制定了保留政策，即为表列种姓和表列部落在议会、政府机构、教育机构和国营企业分别保留15%和7.5%的配额，以提高他们的社会地位；二是对他们进行立法保护，消除不可接触制度，保障他们的各种合法权益；三是为他们制订专门的经济发展计划，提高他们的经济地位；四是为他们制订各种教育发展计划、培训计划和奖助学金政策，以提高他们的受教育水平。这一切是为了让他们尽快跟上社会发展的步伐，能够与其他群体一样享受民主、公正、平等的社会生活与发展机会，实现社会的和谐与大同。经过半个多世纪的努力，弱势群体的政治经济地位和教育水平得到很大提高，议会、政府机关、学校、医院和国营企业都能见到他们的身影。

然而，美好愿望与现实总是有差距的。印度政府原以为保留政策只需持续10年就能完成提高弱势群体社会经济地位的工作，结果现在仍在实施。弱势群体中的一部分人通过政府的帮助和自己的努力，成为议员、教授、工程师、律师和医生，形成了一个新的中产阶级或精英阶层，成为保留政策的最大受益者。然而，弱势群体中最贫困的人，依然如故,甚至每况愈下。原有的矛盾和不平等尚未清除,新的矛盾和不平等又产生了。政府当初制定补偿性保留政策(帮助那些经济和教育最落后群体)的初衷没有实现,真正受益于保留配额政策的人只是弱势群体中的一小部分,高级种姓者同样要求政府给他们保留配额,享受社会公正与公平的待遇,还有人认为保留政策违反了效率与公正的原则,同时还强化了种姓意识,不利于社会的和谐与统一。政府原本打算通过提高他们的经济地位和教育水平,把他们融入主流文化中去,实现社会的稳定、和谐、民主与公正,结果觉悟了的表列种姓意识到他们所遭受苦难的原因,要求更多的权利和照顾;觉醒了的表列部落(包括后期进入或并入印度东北部山区的蒙古人种部落)正在争取赢得更多的利益和权利。就业市场的萎缩与保留政策的失灵未能阻止许多表列种姓青年继续追求教育的步伐,他们在追求一种符号,即法国社会学家布迪厄所说的"文化资本"。

当然,印度政府对提高弱势群体地位所作的努力和所付出的代价,还是取得了明显成效,虽然要完全解决弱势群体问题还有很长的路要走,但他们在推行弱势群体扶持政策中所取得的成就和存在的不足,值得我们借鉴和避免。我们完全可以把印度作为一面镜子反观我们自己,明确我们做得好的地方,还需要改进的地方在哪里,和印度相比我们真正的优势是什么,弱点又在哪里。

第一章　绪论

一、印度基本概况

　　印度共和国位于南亚次大陆,面积约 300 万平方公里,居世界第七位,是南亚次大陆最大的国家。南北长 3119 公里(伸入印度洋部分长约 1600 公里),东西宽 2977 公里,海岸线长 6083 公里。现有 28 个邦(state or pradesh)和 7 个中央直辖区(union territory),600 个县(district or zilla),6300 多个区(block),约 58 万个行政村(village or gram)和近 98 万个自然村(habitations)。在邦和直辖区下设县、区和村;大的县下设大区(subdivision,taluk or tahsil),一个大区管几个区。印度人口已超过 12 亿(2008 年 3 月 31 日)。首都新德里,人口约 1400 万。独立日为 8 月 15 日(1947 年)、国庆日(共和国日)为 1 月 26 日(1950年)。国旗由三根色条和中间的法轮组成,橙色条象征勇敢和献身精神,白色条象征纯洁和真理,绿色条表示生命;中央由 24 根轴条组成的法轮,代表神圣、真理和进步。国花为荷花,国树为菩提树,国鸟为蓝孔雀,国歌《人民的意志》由泰戈尔作词作曲。

　　政治:1950 年 1 月 26 日生效的宪法规定印度为联邦制国家,是主权的、社会主义类型的、世俗的民主共和国。印度采取英国式的议会民主制。印度宪法规定:公民不分种族、种姓、性别、出身、宗教信仰和出生地点,在法律面前一律平等。总统为国家元首和武装部队的统帅,由联邦议会及邦议会组成"选举团"选出,每届任期五年。总统依照以总理为首的部长会议的建议行使职权。议会由联邦院(上议院)和人民院(下议院)组成。联邦院共 244 席,议员由各邦及中央直辖区立法院议员选举产生,任期六年,每两年改选 1/3。联邦院每年召开四次会议。宪法规定副总统为法定的联邦院议长。人民院为国家主要立法机构,其主要职能为:制定法律和修改宪法;控制和调整联邦政府的收入和支出;对联邦政府提出不信任案,并有权弹劾总统。人民院共 545 席,由选民直接选举产生,每五年举行一次大选。最高法院是最高司法权力机关,有权解释宪法、审理中央政府与各邦之间的争议问题等。最高法院法官由总统委任。总检察长由总统任命,其主要职责是就执法事项向政府提供咨询和建议,完成宪法和法律规定的检察权,对宪法和法律的执行情况进行监督等。各邦设有高等法院,县设有县法院。

经济:印度独立后实行公私营混合经济,从 1991 年开始实行工商业自由化与私有化、私营企业适度对外开放的经济改革,自此经济增速较快,国内生产总值(GDP)年增长率达 6% 左右。2000～2001 财政年度,印度全国 GDP 总量为 4598 亿美元,人均 GDP 约 450 美元;2006～2007 财政年度,印度全国 GDP 超过 10000 亿美元,人均 GDP 接近 1000 美元。另据统计,2001～2002 财政年度印度粮食总产量达 2.09 亿吨,2008～2009 年度超过 2.3 亿吨,不仅自给有余,而且库存也在不断增加。

印度的三大产业在国民经济中均占有重要地位,1999～2000 财政年度,三大产业占国民经济的比例分别为:第一产业占 29%,第二产业占 24%,第三产业占 47%;2008～2009 财政年度三大产业的占比分别为 17%、18.5% 和 64.5%。①印度的六大基础工业为石油、石化、煤炭、电力、水泥和钢铁。

2001～2002 财政年度,印度进出口总额为 946.52 亿美元,其中出口 439.98 亿美元,同比下降 0.08%;进口 506.54 亿美元,同比增长

---

① http://ccn. mofcom. gov. cn/spbg/show. php id =9617&ids =2010 - 5 - 4.

1.08%。贸易赤字66.55亿美元,比上个财年的60.78亿美元略有增加。2009~2010财政年度前11个月(2009年4月~2010年2月),印度累计进出口额4013.84亿美元,同比下降12.6%。其中累计出口1529.83亿美元,下降11.3%;累计进口2484.01亿美元,下降13.5%。累计贸易赤字954.18亿美元,下降16.8%。① 在印度的进口用汇中,石油进口约占1/3,印度石油消费需求的67%需要依靠进口。

印度软件业一枝独秀,在发展中国家独领风骚,成为世界上仅次于美国的软件出口大国。1980年印度软件出口额仅为400万美元,到2003~2004财政年度,其软件出口额达到122亿美元,预计2010~2011财政年度,软件出口额到达到560亿美元,整个软件业产值达到1000亿美元。

历史:印度是世界四大文明古国之一,公元前2000年前后创造了灿烂的印度河文明。公元前325年建立了孔雀王朝,形成了统一的国家。公元8世纪起,阿拉伯人开始入侵印度,带来了伊斯兰文化。16世纪初,建立了莫卧儿帝国,成为当时世界强国之一。1757年爆发了印度和英国的普拉西大战,印度战败,逐步沦为英殖民地。1849年英国侵占印度全境。1857年爆发历时近两年的印度人民反英大起义,1947年6月,英国公布了把印度分为印度和巴基斯坦两个自治领的"蒙巴顿方案"。同年8月15日,印巴分治,印度实现独立。1950年1月26日宣布成立印度共和国,但仍为英联邦成员国。印度,梵文之意为"月亮"。正像月亮一样,它具有诗一般的情,画一般的景。印度是神奇的。辉煌灿烂的文明总是让人如醉如痴。无论在世界的东方,还是西方,关于印度的传说实在是太多太多。史书有载:印度遍地珠宝黄金,四溢紫气祥云。直到今天,在耀眼的古老光环之中,印度仍然以其独具特色的风貌、丰富多彩的社会特征、日新月异的气象吸引着世人。

宗教:印度是个多宗教的社会,世界上各大宗教在印度都有其信徒。1991年,主要宗教信徒人口比例分别为:印度教徒82.41%,伊斯兰教徒11.67%,基督教徒2.32%,锡克教徒1.99%,佛教徒0.77%,

---

① http://ctie.webtextiles.com/info/2010-4-5@410848.htm 2010-5-4.

耆那教徒0.41%,其他教徒(波斯袄教徒、巴哈伊教徒等)0.43%。印度宗教多,宗教之间的冲突也多。由分裂主义和宗教极端主义引发的"金庙事件"导致英迪拉·甘地总理被刺,愤怒的印度教徒大规模袭击锡克教居民,4天内致约2800人被杀、50000多人无家可归,财产损失达2000万美元。但印度宗教之间的暴力冲突主要发生在印度教徒与伊斯兰教徒之中,自印巴分治起,印度教徒与伊斯兰教徒的冲突就没有中断过,1992年发生在印度教徒和伊斯兰教徒之间的寺庙之争,导致2000多人死于非命;2002年发生在古吉拉特邦的印度教徒和伊斯兰教徒之间的冲突使700多人丧生。

种姓:种姓制度是印度社会的一种完善而牢固的、等级森严的封建制度,与印度教教义紧密相连。四大种姓分别为:婆罗门(最高等级的种姓,是执掌神权的祭祀贵族)、刹帝利(第二等级的种姓,主管军事和行政大权的军事贵族)、吠舍(第三等级的种姓,从事商业、农牧业和手工业活动)、首陀罗(最后一个等级的种姓,是最早生活在印度的达罗毗荼人,肤色较黑,被雅利安人征服后沦为奴隶,主要职责是为前三个种姓服务)。此外还有因为在古代违反种姓法规而失去种姓的阶层,称为不可接触者、贱民、外种姓、不洁净的首陀罗或表列种姓。时至今日,种姓制度实际上仍在印度的政治、经济、社会各方面起着作用。在印度的一些农村地区高种姓和低种姓之间因为土地、社会福利等问题时而爆发冲突。因种姓制度而产生的不可接触制度,虽然已被宪法禁止,但对贱民的歧视、偏见、排斥甚至伤害等事件在一些地方仍时有所闻。

民族:印度是一个多民族的国家,2001年印度各民族人口中,斯坦族占30%,马拉提族占9%,孟加拉族占8%,比哈尔族占8%,泰卢固族占7.5%,泰米尔族占6%,拉贾斯坦族占5.5%,古吉拉特族占5%,坎纳达族占5%,奥里雅族占3.5%,马拉雅兰族占3%,阿萨姆族占2.5%,旁遮普族占2.4%等,这是13个较大的民族。另有698个较小的民族(部族),是印度传统上的少数民族。印度国内外学者对他们有不同的称呼,有的称他们为原始居民,有的称他们为山区部落,有的称他们为森林部落,有的称他们为落后部落,有的称他们为落后的印度教徒,印度政府称他们为"表列部落"。

人种:印度素有"世界人种学博物馆"之称。根据考古发现,印度最早的居民是旧石器时代的人。此后,在漫长的历史年代里,又有许多民族先后越过西北部、东北部的高山峻岭,或渡过波涛汹涌的海洋来到南亚次大陆。他们与当地土著居民通婚交往,融合、同化、繁衍,形成了各种血统混杂的人种类型。因此,要想对印度所有居民逐一进行人种学分类是一件极为困难和复杂的工作。近百年来,许多人类学家从肤色、身材、眼色、头、鼻指数、毛发形态,乃至血液类型等角度作了各种分类尝试,结果仍然众说纷纭。目前,大家较为倾向于把印度人种作如下划分:

尼格罗人种原始澳大利亚类型(亦称赤道人种):这一人种的体格特征是脸型较宽,鼻子小而扁平,鼻翼较宽,头发大多为波状,肤色较黑。他们与非洲尼格罗人种类型的主要区别是鼻子的扁平程度比后者小,唇较薄,体毛发达,个子较小。他们中的一部分人与外来者融合,一部分被赶到山区丛林,目前主要分布在印度中部和南部的森林中,被称为"部落民",过着原始、落后的生活。最典型的原始澳大利亚人种是蒙达人、奥朗人、霍人、贡德人和孔德人等。

尼格罗人种尼格利陀类型:除身材矮小(男子平均1.5米左右),头较宽外,其他体形特征与原始澳大利亚人种类型相似。在印度,这一人种类型的代表是卡达尔人、安达曼人、伊鲁拉人、潘尼安人等。

南印度人种类型:亦称"达罗毗荼类型"。他们身材中等,皮肤从浅褐色直到黑色都有,眼睛深褐色,头发乌黑,四肢匀称。一般认为,著名的印度河流域文明就是这一民族创造的。讲印欧语系语言的欧罗巴人来到后,南印度人种类型的居民与外来者混合,部分被迫移居印度南部。这一人种类型包括泰米尔人、泰卢固人、坎纳达人和马拉雅兰人。

北印度人种类型:亦称"雅利安-达罗毗荼类型"或"印度斯坦类型",其特征是长头、肤色浅褐、鼻宽、身材较魁梧。公元前1200年左右一支操印欧语系的游牧民越过印度西北部的兴都库什山来到次大陆,与当地的南印度人种混合,形成北印度人种类型,目前主要分布在印度北部,其典型代表是印度斯坦人和部分比哈尔人。

西印度人种类型:基本体型特征是身材高大、头小、肤色较白皙。他们是在不同时期从中亚、地中海和欧洲等地来到次大陆的。有的人种学家根据不同的体型特征,将这一类型的人又划分为阿尔卑斯型、迪纳拉型、亚美尼亚型、北欧型、地中海东方型等。西印度人种类型包括古吉拉特人、马拉提人、旁遮普人、拉贾斯坦人等。

蒙古人种类型:体型特征是头发硬直而浓密,体毛不发达,脸扁平,颧骨凸出,鼻梁较低,眼有眦皮。他们是在不同时期从北部和东北部进入南亚次大陆的。现今生活在印度的蒙古人可分为古蒙古人和藏蒙古人。古蒙古人主要生活在那加兰邦、阿萨姆山区和印缅边界,阿萨姆邦和孟加拉地区的查克马人、莫卧人和雷布查人为其典型代表。由于地理环境的变化等原因,他们的蒙古人体貌特征已不十分明显。藏蒙古人则带有明显的蒙古人特征,他们身材高大,鼻子宽阔。生活在锡金的主体民族就是藏蒙古人。此外,在印度东北部的阿萨姆邦一带,居住着一些"阿洪姆人"(Ahoms),他们是早期从中国云南直接迁去的,属云南傣族的一支。①

语言:印度各民族都有不同的语言,1999 年印度年鉴统计主要的民族语言有 17 种,此外还有梵语,为古印度语。小的语种和方言 1000 多种。全国性的官方语言为印地语和英语。印度宪法曾规定允许保留英语为官方语言至 1965 年 1 月 26 日,其后取消英语的官方语言地位,仅保留印地语为官方语言,但遭到印度南方及其他非印地语地区的强烈抵制,印度下议院不得不通过官方语言修正法案,允许英语继续作为官方语言之一。实际上,英语作为印度的官方语言,有利也有弊,弊端是不利于民族语言的发展;印度 IT 业的发展、印度人在国际组织中的地位和作用、在国际学术会议上流利的发言、随心所欲的交流等都受益于英语。在 16 世纪左右,一种由波斯语、阿拉伯语和印度本地语言混合而成的语言开始流行起来,这就是延续至今的印地语和乌尔都语。这两种语言有相同的语法和大体相同的基本词汇。印地

---

① 何平:《移居印度的云南傣族——阿洪姆人》,《世界民族》1999(1):40.

语用"天城体",乌尔都语用波斯阿拉伯字体。印度政府想推广印地语,除了政治上的阻力外,印地语本身存在很多不足。到目前为止,连什么是标准印地语这一问题都没有解决好。印度电影中使用"一锅粥"式的印地语,印度广播电台使用"纯粹古典式"的印地语,印度报刊使用"英语化"的印地语,英国广播公司使用"随心所欲"式的印地语。尼赫鲁总理曾说过,全印广播电台的印地语广播,"我一个字都听不懂。"①

地形:按照地形特征,印度大致可以分为5个部分:北部喜马拉雅山区、中部恒河平原区、西部塔尔沙漠区、南部德干高原区和东西海域岛屿区。北部喜马拉雅山区气候严寒,地形险要,交通不便。喜马拉雅山一方面阻挡了冬季由亚洲大陆吹来的寒风,使得印度免受寒流的侵袭;另一方面又阻挡了夏季由印度洋吹来的季候风,使印度中部恒河平原和喜马拉雅山南坡可以得到充足的雨水。大小数百条河流从山上奔腾而下,汇成印度河、恒河和布拉马普特拉河3条大河,形成了由这三大水系的盆地组成的中部平原,是世界上最大的冲积平原之一,也是世界上人口最稠密的地区。这里地势平坦,气候温和,土地肥沃,雨量充足,是印度主要农作物区和经济最发达的地区。西部的拉贾斯坦邦与巴基斯坦信德省交界一带为沙漠地带,人烟稀少,土地贫瘠,其中有的地区纯属不毛之地。南部德干高原地区,也称半岛高原,与中部平原区之间有一条高460~1200米的文迪亚山脉相隔。该地区平均海拔为300~800米,属热带气候,适合农作物生长。东西海域岛屿以拉克沙德维普群岛及安达曼和尼科巴群岛最为重要。

气候:印度的气候大体属热带季风型,一年分为四季:冷季(12月至次年3月)、热季(4~6月)、雨季(7~9月)和凉季(10~11月)。年平均降雨量地区差异很大,阿萨姆邦的乞拉朋齐年降雨量高达1万毫米以上,是世界降水量最多的地区,西部的塔尔沙漠年降雨量不足100毫米。印度降水主要集中在雨季,占年降水量的80%左右。有时频频而降的大暴雨,常常导致河流水位暴涨,引起洪水泛滥。进入季风退

---

① 赵晓树:《色彩缤纷的印度》,四川人民出版社1991年版,第121页。

却季,凉爽的 10 月开始了印度一年中最好的季节。从这时到整个冷季,印度大部分地区是庄稼成熟和收获的季节。其中冷季的 12 月至来年 2 月,是印度全年最佳季节,到处万紫千红,春意盎然,品种繁多的亚热带花卉竞相开放,吸引了无数游人。这个季节,天气清凉,是印度旅游业最兴旺、商贸交易最繁荣的时期。到印度旅游的最好时间是每年 11 月到次年 2 月,但由于印度国土辽阔,各地气候略有差异,北部山区则以 4 月至 7 月天气最好。

二、研究背景

印度是我国的邻邦,两国都是历史悠久、人口众多、发展中的大国。印度自 1991 年开始的经济自由化和适度对外开放,使其社会经济持续高速发展,成为"金砖四国"之一,令世人刮目。印度已逐步成为全球关注和研究的热点。我国学者对印度社会、历史、经济、政治、军事、宗教等方面的研究,成果丰硕,但对印度弱势群体及其问题开展专门研究的成果鲜见。从 20 世纪 80 年代开始,我国学者逐步开展对印度教育的研究,取得了不少研究成果。但研究成果主要集中在印度的整个教育制度上,尤其是高等教育的研究成果相对要多一些。对印度基础教育、职业教育、教师教育的专题研究较少,尤其是对弱势群体教育的专门研究几乎没有。

发展中国家贫富差距问题和弱势群体问题在全世界越来越受到关注,而提高弱势群体受教育水平直接关系到一个国家基础教育的普及和全民识字水平的提高,关系到如何让弱势群体有能力分享社会经济发展的成果,同时也关系到一个国家社会经济的稳定、健康、和谐和快速发展。1990 年开始的泰国宗迪恩世界"全民教育计划"是以联合国教科文组织为主发起的全球参与的计划,目的是促进基础教育发展和扫除文盲。而普及弱势群体基础教育和扫除弱势群体文盲的工作是这一计划中最困难的部分。这也是历届世界全民教育大会和九国高层教育会议所关注的重要内容。1993 年发起于德里的九个人口大国全民教育计划,就是世界全民教育计划的重要组成部分。因为孟加拉国、巴西、中国、埃及、印度、印度尼西亚、墨西哥、尼日利亚和巴基斯坦等九国人口占到世界总人口的50%,而文盲人口又占世界文盲总数的70%。很显然,九国教育的发展,不仅对各自经济社会发展具有重大意义,而且直接关系世界的繁荣与进步。2000年世界教育论坛通过的《达喀尔行动纲领》强调:确保到2015年所有儿童,尤其是处境困难的女童和少女,都有机会免费享受良好的初等教育。2000年1月在巴西九个人口大国通过了《累西腓宣言》,再次向世界作出承诺:九国全民教育将从注重数量发展到注重质量提高,从发展正规学校教育到广泛满足基本学习需要,从坚持面上教育的普及突出强调对贫困地区和困难群体的重点帮助。2005年北京《第五届全民教育高层会议公报》指出,自然灾害、内乱、社会暴力、艾滋病及流行病以及不断加深的贫困都越来越严重地影响各国实现全民教育目标。南亚地区目前儿童入学率的提高幅度仍需翻一番,才能实现到2015年为所有儿童提供全面优质教育的目标。只有当目前被边缘化了的儿童能够完成学业,成年人能够完成就业学习计划,并以此改善自己的生活时,全民教育才真正取得了成功。通过实施最佳做法和倾斜性政策,增加投入,有效地帮助最贫困人群、少数民族、移民、零工和其他弱势群体。各国还应该为最贫困的家庭提供恰当的帮助,如助学金,以支持孩子们接受教育。

印度贫富差距很大,贫困线下人口和文盲差不多占总人口的1/3。提高贫困人口识字率和普及贫困人口基础教育一直是印度政府努力实现的目标,这与世界全民教育计划的宗旨不谋而合。与独立之初相比,印度在这两个方面取得了较大的进展。

印度弱势群体种类庞杂、人口众多,但占印度人口1/4的表列种姓和表列部落在印度社会发展、经济发展和教育发展上,处于落后阶层中的最落后阶层、是弱势群体中的最弱势群体。几千年来,他们一直遭受各种各样的社会排斥、忽视、歧视、侵犯和剥夺。他们的社会经济发展和教育发展状况不可能不对印度社会的政治、经济和教育的发展产生影响,不可能不影响印度全民教育计划的实现。虽然,印度政府很早就在立法和政策上对他们实行教育方面的保护和照顾,并制定了许多详细的发展项目和资助政策帮助他们,但并未达到既定目标,效果也不理想。问题出在哪里?

印度是一个社会状况异常复杂的国家,翻开英国比较教育学家埃德蒙·金的著作《别国的学校和我们的学校——今日比较教育》,你会发现没有一个国家遇到的问题会比印度多,宗教冲突、种族矛盾、种姓斗争、语言负担、文化复杂、民生凋敝、人口过剩、愚昧落后、疫病流行、迷信泛滥等几乎人类所遭遇的难题都困扰着印度。因此,研究印度这两个弱势群体——表列种姓和表列部落(约占人口的1/4)的教育发展和教育政策,分析影响他们教育发展的历史、种姓、宗教、政治和经济等因素,对于我们了解弱势群体与印度社会、政治、经济和教育之间是如何相互影响和制约的,很有价值和意义。同时也可了解印度在帮助弱势群体发展教育上有什么经验和教训,值得我们借鉴和避免,可以把印度作为一面镜子反观我们自己。这是一个难度较大、比较有挑战性的研究,因为在研究中会不可避免地涉及印度的历史文化传统,尤其是影响了表列种姓(不可接触者或贱民)几千年的种姓制度和不可接触制度。此外,这项研究还可以丰富比较教育学科在印度专题教育研究方面的成果。

三、相关研究综述

印度弱势群体、种姓制度、不可接触制度、表列种姓、表列部落、其他落后阶层和保留政策是与印度弱势群体问题密切相关的几个重要概念。这里需作一简单的梳理。

(1)弱势群体(Weaker Sections)

关于弱势群体,我们从印度政府社会公正与合法权益保护部(Ministry of Social Justice and Empowerment)的职能中可看出,印度弱势群体应包括表列种姓(贱民)、表列部落(少数民族)、其他落后阶层、残疾人、老年人、街头流浪儿童、毒品受害者以及地位低下妇女等处境不利、处于社会边缘的人群。该部门的主要职能是处理这些群体的福利、社会公正与合法权益保护等问题，目的是帮助他们凭借自己的努力奋斗进入主流社会。此外，印度妇女和儿童发展部把处境不利的妇女和儿童作为重点帮扶的对象。弱势群体问题与贫困问题密不可分，而表列种姓和表列部落又是弱势群体中最贫困、地位最底下，并且遭受社会排斥和隔离的群体，这是印度宪法和政府所确认的，也是本书重点研究的对象。

（2）种姓制度（Caste System）

"种姓"一词在英语中的本义是种、种族、种类，在梵语中叫做"瓦尔那"（Varna），其本意是颜色、肤色。大约从 3500 年前开始，一些自称为"雅利安人"（Aryans）的白皮肤游牧部落民陆续从中亚和伊朗地区迁徙到南亚次大陆，征服了黑皮肤的土著居民达罗毗荼人（Dravidi-ans）和部落民（Adivasis）。之后雅利安人制定了种姓法规，把人按"瓦尔那"分为四个等级，即婆罗门（Brahmin）、刹帝利（Kshatriya）、吠舍（Vaishya）和首陀罗（Shudra）。雅利安人组成前三个种姓，即婆罗门（最高等级的种姓，是执掌神权的祭祀贵族）、刹帝利（第二等级的种姓，是主管军事和行政大权的军事贵族）、吠舍（第三等级的种姓，从事商业、农牧业和手工业活动），首陀罗（最后一个等级的种姓，是被雅利安人征服后沦为奴隶的达罗毗荼人，主要职责是为前三个种姓服务）。前三个种姓为"再生族"，首陀罗只是"一生族"，地位最低。印度古代的婆罗门教有关于"洁净与玷污"的说法。人以腰脐为界，以上部为洁，下部为污。婆罗门、刹帝利和吠舍分别生于创造主的口、臂和腿，属于洁净的等级；而首陀罗生于脚，因此是不洁的。如果出身高贵的婆罗门和其他洁净的种姓与首陀罗接触，就可能受到玷污，也变得肮脏不洁，严重者会导致失去自己的种姓身份，与首陀罗同流合污。这种"洁净与玷污"的观念非常厉害，它造成一种普遍的恐惧心理，迫使高种姓与低种姓保持一定的距离，是几千年来渗透到印度高种姓骨髓里的毒瘤。

（3）表列种姓和不可接触制度

从 20 世纪 30 年代开始，"表列种姓"（Scheduled Caste）一词出现

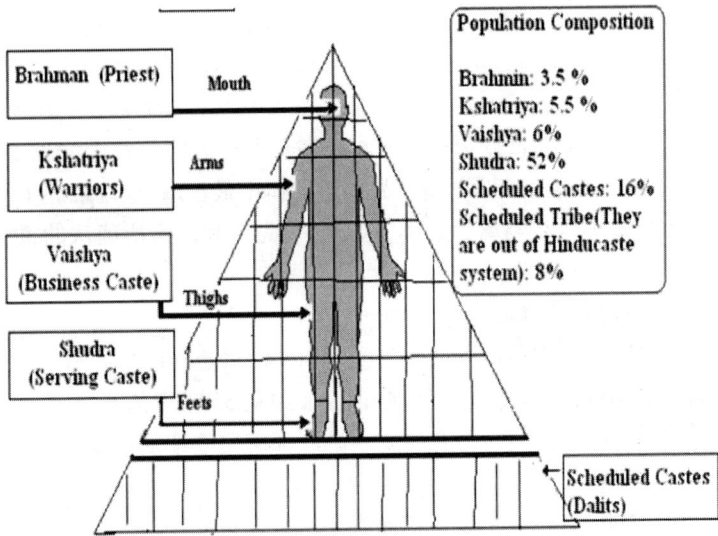

印度各种姓等级及人口比例图

图片来源：http://atrocitynews. wordpress. com/page/16/ pages - list 2011 - 2 - 27.

在殖民政府的官方文件和人口普查报告中，指受不可接触歧视的"种姓、集团和部落"。"不可接触者"（untouchable）在印度教等级社会中，根本无地位可言。他们最早是在种姓地区从事"不净"职业的原始部落民以及四大种姓的成员因违反种姓法规、逆婚（《摩奴法典》①规定：高种姓的男子与低种姓的女子结婚叫顺婚；首陀罗的男子与高种姓的女子结婚叫逆婚，他们生育的子女从此失去种姓）、犯罪等被排斥在种姓之外的不被作为人来对待的人，因此被称为"不可接触者"、"贱民"、"不洁净的首陀罗"或"不可接触的首陀罗"。不可接触者最早的名字还有"住在村外的人"、"没有种姓的人"、"混合种姓"、"第五种姓"、"出生卑贱的人"、"不可靠近的人"、"不可想起的人"和"不可看

---

① 摩奴是印度神话中的人类祖先，古印度《摩奴法典》（Manusmitri）的制定者。《摩奴法典》是一部典型的种姓法、等级法，在南亚次大陆和东南亚广大地域有深远影响。英国殖民者统治印度时仍把法典作为私法的典范继续援用。

见的人"等,而最常用的是"不可接触者"。根据种姓制度的规定,哪怕通过最简单的身体接触,也会受到礼仪上的玷污,甚至看他们一眼或在一处共同呼吸,也会影响"洁净"种姓的纯洁。这就是不可接触制度(Untouchability)的来历。此外,表列种姓还有另外一些称谓,如,"哈里真"(Harijan,意为神之子,是甘地对这个群体的称呼)、"达利特"(Dalit,意为受压迫者、没有土地的农民。是印度著名贱民领袖安贝卡博士对不可接触者的称谓。现在新闻媒体和学者们比较愿意使用"达利特"这个词,而不愿意使用"哈里真"这个词,因为"哈里真"还有另一个含义是指在寺庙里为祭司和印度教徒服务的舞女或妓女。而贱民们通常称自己为"不可接触者")。①现在,达利特一词有时候泛指一切相对落后的种姓、社会贫弱成员、其他落后阶层、少数民族、表列种姓、表列部落等等。但更多的时候是指表列种姓。在过去他们一直遭受社会的剥削、排斥、冷遇和歧视,过着非人的生活;有的地方甚至还荒谬地规定贱民不得蓄向上翘的胡须,男人不得打伞、穿拖鞋,女人的衣服不得遮盖上半身等等。《摩奴法典》对低种姓和贱民违法者的惩罚相当严厉,如,罚款、流放、割舌、用烧红的刀穿口、往口内和耳内灌沸腾的油、断肢、切割阴茎、烙烫等等。他们主要从事的职业是:搬运尸体、执行死刑、看守坟墓、屠宰、制革、清扫厕所、为人办丧事打鼓等,称为"不净"职业或"低贱"职业。②目前,表列种姓约占印度人口的16.5%。

(4)表列部落(Scheduled Tribe)

独立后,印度政府把遍布全国各地的部落登记造册,称他们为表列部落。根据印度部落事务部《国家部落政策草案》的最新统计数据,2002年印度共鉴别出698个表列部落,其中人口不到1万离群索居的小部落341个,原始部落75个。③印度国内外学者对他们有不同的称呼,如"原始居民"、"部落民"(Adivasi)、"山区部落"、"森林部落"、

① 邱永辉:《现代印度的种姓制度》,四川人民出版社1996年版,第176~177页。
② 尚会鹏:《种性与印度教社会》,北京大学出版社2001年版,第72~74页。
③ Ministry of Tribal Affairs. Indian Government. 2002. *Draft National Policy on Tribals*. p. 1. http://tribal. nic. in/index1. html, 2005 - 04 - 15.

"落后部落"、"落后的印度教徒"、"少数民族"等等,印度政府把他们称为"表列部落"。达罗毗荼人和原始澳大利亚人是最早生活在古代印度的土著居民,雅利安人征服土著居民后,逃往印度南方的土著有一部分成了今天的部落民,另一部分留下来的成了奴隶(首陀罗)。殖民地时期,印度境内保留着 500 多个相对独立的土邦,其中许多就是部落。各部落人口数量多少不等,相差悬殊,多的达到几百万人,少的才几百人。他们分散在全国大部分地区,在印度东北部山区的居民大部分是部落民,主要是过去进入或并入印度的,属于蒙古人种。印度的大多数表列部落民生活在交通不便的偏僻地区,过着与世隔绝的原始生活,很多世纪以来一直被隔离于主流文化之外;他们在经济上和教育上与表列种姓一样同属于印度最落后的群体。多数部落从事农业和畜牧业,进行游牧和刀耕火种式的流动耕作。少数部落至今仍以采集野果或使用原始工具进行捕鱼狩猎为生。一部分是手工业者,从事竹木器加工、编织、制陶等职业。许多部落民只能过着勉强维持生存的生活。一些部落民认为,他们现在的处境是印度教徒的压迫和剥削造成的。他们原来是次大陆的土著居民,被印度教徒驱赶到现在这种自然条件恶劣的地区;印度教的商人、地主、高利贷者、地方官员、警察在部落地区敲诈勒索,使他们负债累累,丧失土地,沦为雇农和失业者。所以他们对高种姓印度教徒和政府不满。一部分部落民由于长期受影响而接受了印度教信仰,成为印度教社会中的一个低级种姓,但他们仍受正统印度教徒的歧视。也有一部分部落民皈依了伊斯兰教和基督教。①目前,表列部落约占印度总人口的 8.5%。

(5)其他落后阶层(Other Backward Classes)

"其他落后阶层"是指除了表列种姓和表列部落之外的落后阶层。落后阶层这一称谓可追溯到 1880 年,当时的英印政府把一些文盲和土著阶层列入一份名单,给他们的子女就读基础学校发放津贴。独立后的印度宪法规定"其他落后阶层"是教育上和经济上落后的阶层。实际上所有阶层,只要教育和经济落后都可以进入"其他落后阶层"名

---

① 林良光:《印度政治制度研究》,北京大学出版社 1995 年版,第 271 页。

单,享受政府给予的特殊待遇。其他落后阶层问题与表列种姓和表列部落的问题是交织在一起的,一些其他落后阶层进入了表列种姓和表列部落的名单,一些贱民却进了其他落后阶层的名单。在一些邦算贱民的群体,在另一些邦却不算。"其他落后阶层"问题实际上比表列种姓和表列部落的问题还要复杂。"其他落后阶层"占印度总人口的52%左右,由低级种姓(主要是首陀罗,印度有学者把首陀罗称为"可接触的首陀罗",把贱民称为"不可接触的首陀罗")、部分高种姓穷人、穆斯林、由表列部落和表列种姓皈依的伊斯兰教徒、基督教徒和佛教徒以及一些低贱职业者组成。独立后,经过三届全印落后阶层委员会的努力,才最终于2001年在全国22个邦和4个直辖区确定了2278个低级种姓和阶层进入印度中央政府的"其他落后阶层"名单。[1]根据印度最高法院的规定,这部分人在政府机关、学校和公营企业享受27%的保留职位配额。但各邦和中央直辖区政府出于不同的目的,为其他落后阶层保留配额的比例都不尽相同。

(6)保留政策(Reservation Policy)

保留政策是因为表列种姓和表列部落几千年来遭受剥削、压迫、歧视、排斥和隔离,被剥夺了各种各样的权利,因此,为了提高他们的社会、经济和教育地位,使他们尽快享受到与其他社会群体一样平等和公正的地位,印度政府为他们制定了保留政策,并依据表列种姓和表列部落在印度总人口中的比例,为他们在议会、政府机关、学校和公营企业分别保留15%和7.5%的配额。但是,以首陀罗为主体的其他落后阶层问题与表列种姓和表列部落问题是交织在一起的,独立后他们的政治势力和经济实力逐步强大起来,他们也要求享受保留政策的益处。此外,印度邦与邦之间的社会状况差异是比较大的,在一个邦属于表列种姓的群体,在另一个邦就不是;在有些邦,一些表列种姓进入了"其他落后阶层"的名单,而在另一些邦,属于"其他落后阶层"的种姓进入了表列种姓的名单。另一方面,首陀罗同表列种姓一样几千

---

① Dr. Shish Ram Sharma: *Protective Discrimination: Other Backward Classes in India*. Delhi: Raj Publications. 2002. pp. 45-62.

年来生活在社会底层,也同样遭受剥削和压迫,唯一不同的是首陀罗是"可接触的、干净的首陀罗",而表列种姓属于"不可接触的、不干净的首陀罗"。印度独立后,先后成立了三个全国落后阶层委员会来界定哪些阶层和种姓可以进入"其他落后阶层"名单,直到2001年才公布了进入中央政府的"其他落后阶层"名单,然而,全国性的"其他落后阶层"保留政策是在1993年才开始实施的。保留政策是研究印度弱势群体问题一个十分重要的内容。也正是保留政策使得弱势群体的身影出现在议会、政府机关、教育机构和公营企业,也正是保留政策在弱势群体中缔造了一个中产阶级和精英阶层,也正是保留政策使部分弱势群体享受到了优质教育。

以下是对中外学者关于弱势群体的研究述评。

我国学者对印度弱势群体进行全面介绍和研究的文献很少,多数文献主要是研究印度最弱势群体——表列种姓和表列部落,一些文献在研究印度贫困问题时,会涉及印度的弱势群体问题。比如,印度学者库苏姆·奈尔在其《贫困的印度农村》中论述了印度不同群体的贫困现象。中国学者王晓丹在其《印度社会观察》中综合介绍了印度的贫困、就业、社会保障、教育、妇女、儿童等问题,其中也涉及印度的表列种姓、表列部落和其他落后种姓等问题。研究印度的弱势群体问题不得不涉及贫困问题、性别歧视问题、社会排斥和隔离等问题,这些问题往往是交织在一起的。由于所掌握资料的局限性和研究者的能力局限,本书主要研究印度宪法中强调的最弱势群体——表列种姓和表列部落,其他弱势群体问题只作简单介绍。

印度种姓制度是导致不可接触制度和表列种姓产生的主要原因。种姓制度根据人的肤色、种姓等级和职业污洁度把人分为三六九等,迫使一些违反种姓制度的人从事低贱工作,产生了不可接触者——生活在社会最底层的弱势群体,不可接触者和不可接触制度是相伴而生的。研究印度的弱势群体问题不能不把印度种姓制度的来龙去脉梳理清楚。白皮肤雅利安人的到来,征服了印度土著——黑皮肤的达罗毗荼人和部落民。被征服的达罗毗荼人要么逃往南方,要么被迫从事低贱职业,成了不可接触者。被征服的部落民一部分成了不可接触者,一部分逃往深山老林,过着与世隔绝的刀耕火种的生活,被排斥在主流文化之外,也被剥夺了各种发展的机会,成了今日的弱势群体。印度政府的各种保护、照顾和扶助政策与计划都把这两个群体视为一个整体予以保护、照顾和扶助。他们也成了很多学者的共同研究对象。为了叙述的方便,必要时,我们把表列种姓和表列部落合称为"表列群体"(Scheduled Communities)。

陈佛松是国内第一个系统介绍印度种姓制度的学者,他在 1983年出版的专著《印度社会中的种姓制度》中详细介绍了种姓制度和不可接触制度的产生、发展和现状,指出印度的种姓制度是一种阶级制度,它随着阶级的对立而产生,也必将随着阶级的消灭而消灭。他对种姓制度长期存在的原因也作了分析。村社制度是古代种姓制度长期存在的经济基础;历代统治阶级和高级种姓都利用婆罗门教和印度教维护种姓制度;英国殖民主义者为便于统治竭力维护种姓制度;印度政府和国大党曾经多次表示废除种姓制度,然而由于措施不力和历史原因,没有完全付诸实施;印度历史上的反种姓斗争,没有从根本上动摇种姓制度。

四川大学学者邱永辉对印度种姓制度和不可接触制度的研究更系统、更深入、更全面,资料更翔实。她在《现代印度的种姓制度》中指出种姓制度是印度进步和强盛道路上的基本障碍。首先,印度社会的巨大变化带来了种姓制度的巨大变化,但印度社会的整体框架没有实质性的变化。其次,在印度种姓由宗教等级向世俗等级的过渡中,种姓制度由过去的社会罪恶逐渐成为政治罪恶,它与民族、宗教矛盾相结合,对印度政治发展和政局稳定,起着举足轻重的作用。再次,种姓意识将长期存在,并对印度社会的发展起阻碍作用。在印度,一个人可以放弃一切,但放弃不了种姓信念。现代印度人与其说正在进行反对不平等的斗争,不如说在潜意识中进行着反对消除不平等的斗争。最后,"在印度人们保持着种姓制度的条件下,印度终归是印度;但从他们与这个制度脱离关系的那一天起,印度就不复存在了。"[1]

---

[1]　尼赫鲁:《印度的发现》,齐文译,世界知识出版社 1956 年版,第315 页。

北京大学学者陈峰君在《印度社会述论》中对印度种姓制度如何影响印度教育作了一些研究。他指出,文化教育事业对一个国家和民族的未来前途具有极为重要的意义,种姓制度的影响甚至也渗透到今日印度的文化教育事业。印度各地不仅有各种种姓文化协会,还有许多种姓大学,如婆罗门大学、林格亚特大学、卡亚斯塔大学等等,这些大学只招收本种姓子弟。有的大学虽不专属某一种姓,但校中各系则分别由不同的种姓把持。"马拉塔安贝卡大学"就是马拉塔种姓和贱民斗争的结果。在今日印度,高种姓虽已不能再明目张胆地阻挠低种姓的子女入学,但高种姓歧视低种姓子女的现象仍时常发生,高种姓的学生甚至敢公开侮辱低种姓出身的教师。①

北京大学学者林良光的《印度政治制度研究》是国内首部这方面的专著。他的著作中涉及了表列部落问题,他认为:"长期以来,印度政府坚持'一个民族的民族主义'和'一个民族的国家完整'理论,对印度民族、文化的多样性认识不足。统治者担心若强调部落在社会和文化上的特殊性,对部落的要求过多地照顾,不仅会引起其他集团的不满,还会增大部落社会的离心力和分裂倾向。所以,印度政府对部落主要采取的是以同化为主、同化与安抚并施的政策。他们所期望的部落问题的最终解决,与其说是把部落社会和文化提高到与其他民族平等的地位,不如说是使他们同化于印度教之中。"他还认为:"保护部落民的利益,提高他们的地位,并不光是通过立法行政措施和经济优待政策就可以解决的。部落是历史形成的,它既是政治经济问题,又与宗教文化问题密切相关。"②

在表列群体的教育问题上,依据印度宪法成立的印度表列种姓和表列部落委员会代表了政府的观点。该委员会认为:表列种姓和表列部落是印度社会最落后的阶层,其教育状况也如此。他们是法律上认定的社会最弱势群体,是印度目前制定教育规划时必须关注的目标。印度独立后采取了积极的区别对待政策,使得表列种姓和表列部落在

① 陈峰君:《印度社会述论》,中国社会科学出版社1991年版,第176页。
② 林良光:《印度政治制度研究》,北京大学出版社1995年版,第271页。

教育上取得重大进展。表列种姓和表列部落在小学阶段的入学人数增长相当迅速,小学入学人数与其人口的比例大致相当,但辍学率仍很高。由于种种原因,他们在中学和大学阶段的辍学率更高,他们在这两个阶段的入学率以及两类群体在各级教育机构中的教师比例都很低。性别差距和区域差距仍很大。印度政府在所有教育规划中都精心制定了有利于表列种姓和表列部落发展的政策,以努力缩小这一差距。① 报告只是指出了差距和努力方向,没有具体说明存在差距的具体原因是什么,这是政府报告的不足之处。

关于印度表列部落的教育问题,著名人类学家海门多夫(Christoph von Fürer-Haimendorf)从 1940 年至 1980 年在印度安德拉邦和阿鲁纳查尔邦的几个乡村断断续续地进行了长达 40 年之久的田野研究,他的学生从 1980 年起接着再进行 30 年的实地考察。海门多夫认为,部落民遭受政府官员、商人、高利贷者和代理商剥削和欺诈的原因主要是他们目不识丁和对外部世界的一无所知,并不是他们智商比非部落民低,只要回到他们生活的环境中,他们表现得很敏锐、很有生存技能,具有与非部落民一样的智慧。由于目不识丁、不懂主流语言,甚至看不懂官员们给他们的收据而不得不在文件上盖手印,因此常常遭到外来文化人的欺骗,落入他们设计的圈套。1943 年以前这里的部落民全是文盲,之后政府在这些地区开办学校,逐步有了一些部落民的子女上学,但教师全是非部落民,不懂他们的语言,教学效果可想而知。到了 20 世纪七八十年代,这种状况才有所好转,政府修建了寄宿学校、培训了部落教师,但部落民的识字率没有超过 4%,仍然有不少村庄,全村人没有一个识字的。他们的辍学率非常高,如果一年级时教室里有 50 个学生,到了二年级,可能就只剩下 5 个学生了,能够读到大学的部落民子女更是凤毛麟角。大学毕业后由于竞争不过非部落的学生,能进入政府机关、企业、学校和医院就业的人屈指可数。原因是他们大学前所受的教育远远不如非部落民的子女好。辍学率高

---

① MHRD, Government of India. *Educational Development of Scheduled Castes and Scheduled Tribes, Status and Programs, October* 1995. p. 1.

的原因主要有四个：家里的农活需要劳动力、教学条件和教育质量差（外来教师一是语言不通、二是经常请假缺课）、学校离家很远、家长和学生对这种没有前途的教育失去了信心和兴趣。①

印度学者安巴斯特（Ambasht）②以 20 世纪 60 年代比哈尔邦的兰契县为案例，进行了系统的调查和研究。论述了部落传统教育和部落现代教育的兴起、发展和现状，部落教育存在的问题，部落师生对教育的看法，教育与村庄经济的关系，教会教育与世俗教育的关系，教育的影响等等。印度学者塔里萨拉（Talesara）③在 20 世纪 90 年代初从性别角度对古吉拉特邦农村的女孩子教育进行了实证研究。论述了部落女学生的社会、经济和教育状况，对部落女学生中学毕业后的打算作了问卷调查，发现通过教育，女学生的婚姻观念、择业观念发生了一些变化，多数人在婚姻问题上要求同父母协商解决，很少有人愿意再回到地里干活。

关于表列群体的教育问题，印度学者库苏姆·奈尔（Kusum Nair）认为：在印度，表列种姓和表列部落子女辍学率高的一个重要的原因是很多贱民和部落民家长都不愿意自己的孩子读书超过四年级，超过四年级之后，就不愿意从事农业劳动了，不仅不能顺利就业，而且游手好闲，只愿意和上等人攀比，看不起自己的父辈了。女孩子就更不会被送去上学，因为那是赔本的事情。他们还认为读书是上等人的事情，他们祖祖辈辈都是这样过来的，读书没有用。高种姓的人也害怕他们受到教育，如果他们有了知识，就不再听他们的话，不再为他们干脏活、苦活了。④ 有印度学者曾尖锐指出：印度的整个教育制度是歧视

① Von Fürer – Haimendorf, Christoph. *Tribes of India*：*The Struggle for Survival*, *Berkeley*：University of California Press, c1982. pp. 127 – 145.

② Nawal Kishore Ambasht：*A Critical Study of Tribal Education*(*with Special Reference to Ranchi District*). New Delhi：S. Chand & Co. , c1970.

③ Hemlata Talesara：*Socail Background of Tribal Girl Students*. Delhi：Himanshu Publications. c1994.

④ ［印度］库苏姆·奈尔：《贫困的印度农村》，世界知识出版社 1965 年版，第 139~178 页。

表列种姓、表列部落和其他落后阶层的。该制度显示出对英才的偏爱和对上等种姓、上流阶层的偏爱。出身上等种姓、上流阶层的学生不仅有更多的上大学机会,也有更多的被提升机会。印度现行教育制度不适合落后阶层,它只是复制着现行的社会关系。①

哈尔滨师范大学学者安双宏认为:中小学教育阶段极高的辍学率直接制约着广大落后阶层子女接受高等教育的机会。尽管政府为表列种姓和表列部落学生在高等教育阶段保留了法定的名额,而且,表列种姓和表列部落的大学生基本都能享受到奖学金,但是,他们当中只有家境好的人能够接受高等教育。这样,通过促进表列种姓和表列部落中的上层群体的社会迁移(Social Mobility)并不断通过教育来复制这一社会迁移模式,保留权制度强化了现存的社会制度。② 在印度的确只有多数高种姓的人和少数弱势群体的人能够享受到优质教育资源,并以此巩固或提升他们的社会地位。弱势群体中的大多数人只能进破烂不堪、教育质量差的学校,他们所接受到的那点可怜的教育是难以提高他们的政治、经济和社会地位的。

印度学者辛格(Singh)的专著《不可接触者教育》(*Dalit Education*)、拉贾瓦特(*Rajawat*)的专著《不可接触者:教育的作用》(*Dalits: Role of Education*)和瑞蒂(Reddy)的专著《不可接触者教育》(*Education for Dalits*)都论述了表列种姓中小学教育和大学教育的状况,政府的保留政策和资助计划,分析了表列种姓教育中存在的问题,如辍学、校园歧视、就业等。遗憾的是对与表列部落的教育只是一带而过。印度学者莱曼(M. M. Rehman)的专著《社会经济与被剥夺者教育》(*Society Economy and Education of the Deprived*)通过对城乡社会剥夺、社会公正、贫困、土地、农工、童工以及各种案例的研究,全面论述20世纪70年代和80年代印度表列种姓和表列部落社会、政治、经济、文化和

① 安双宏:《印度落后阶级受高等教育的机会》,《比较教育研究》,2002,(8).31~33、61.

② 安双宏:《印度落后阶级受高等教育的机会》,《比较教育研究》,2002,(8).31~33、61.

教育的状况。印度学者巴斯万(Dr. Sanjay Paswan)主持编写了一套11卷本的《印度表列种姓百科全书》,全书内容包括概述、为自我解放而斗争、贱民运动、贱民领袖、保留政策、宪法条款、社会公正、解放与合法权益保护、贱民妇女、教育和文学,后来又增补了关于人权方面的内容。这套书内容广泛,但是重复较多。关于贱民教育的全面介绍不够,多以某个邦的案例为主,书中提到有关部门由于某些原因不愿意提供较为详细的数据。对于表列部落的教育情况介绍较少。

印度学者米西拉(Mishra)在其专著《表列种姓教育:论点与论据》(Scheduled Castes Education:Issues and Aspects)中首先对印度贱民的教育史进行了梳理,然后对20世纪80年代北方邦米卢特地区父亲是文盲的贱民学生和父亲受过教育的贱民学生在五个方面进行对比,发现两类学生在升入高中的意愿上没有什么差异,但在就业意愿、社会认知心理和学习适应力上,前者急于就业、对社会和学习的适应能力弱于后者,但是后者在是否上大学、家庭学习环境、就业培训、考试成绩、有无时间娱乐等问题上比前者更加关注。作者对贱民的基础教育普及、向上层社会流动的前提、教育浪费、对教育资助计划和保留政策的认识、家庭背景、校园生活、校园歧视和对抗、社会暴力等问题进行了论述和分析。拉达克里西南(Radhakrishnan)和库马里(Kumari)在他们的专著《教育对印度表列种姓青年的影响:比哈尔邦和中央邦社会转型研究》(Impact of Education on Scheduled Caste Youth in India: A Study of Social Transformation in Bihar and Madhya Pradesh)中就20世纪80年代高等教育对中央邦和比哈尔邦的贱民学生的影响作了对比研究。揭示了印度政府的教育政策和计划没有达到预期目的的一个根本原因是,只有极少数人能够享受到政府的优惠和照顾,比如,只有2%的学生能够进入对他们学习最有帮助的寄宿学校和公寓。他们通过问卷调查发现,贱民富裕学生同意取消保留政策,穷学生相反,但两者都愿意婆罗门穷学生也应该享受保留政策。同意取消保留政策的一个原因是贱民学生不愿意被高种姓学生辱骂他们是"政府的抱养儿"。为了避免歧视许多学生只得隐姓埋名。教师的冷漠和歧视是造成贱民学生辍学的一个因素。苏达沙南(Sudarshanam)在其专著《农村教育：印度普及教育研究》(*Rural Education：A study of universalisation of education in India*)中对20世纪80年代安德拉邦三个乡村的弱势群体教育问题进行了研究，主要是关于学校教师、家长、学生和乡村名流对教育的看法以及教师、学生和家长彼此之间的关系进行了研究。农村的教育环境恶劣，连厕所和饮用水都没有。免费服装不合身、免费教材到放假才发到学生手中，很多学生不得不到市场去买书学习。免费午餐计划很难实施，因为高种姓学生不愿同低种姓学生共餐，更不会吃贱民厨师做的饭菜，教师们不得不把本该用来上课的时间花在准备午餐上去了。为此，一些家长宁愿把孩子送到私立学校去，因为那里的教育质量比政府学校的好。

　　美国迈阿密大学国际问题研究教授斯图尔特·科布瑞吉(Stuart Corbridge)①通过对比哈尔邦贾坎德部落地区保留政策的系统研究，提出了"竞争不平等"这一观点。他指出在贾坎德部落地区20世纪50年代和60年代的工业开发中，一部分部落民因为出让土地和从事工矿企业的工作而发了财，成为当地的中产阶级和精英阶层。正是他们最大化地享受到了保留政策给表列部落带来的政治、经济和教育的利益，而按照印度政府制定保留政策的初衷，是让那些真正应该享受保留政策利益的教育和经济最落后的部落群体享受到政策的利益，而他们大部分恰好被排除在保留政策之外，依旧过着贫困的日子。英国爱丁堡大学学者克瑞格·杰弗瑞(Craig Jeffrey)②等人分别在20世纪90年代和21世纪初对北方邦农村的贱民青年进行了为期3年的对比研究。研究发现十多年前的贱民青年中学毕业后因获得政府部门的工作，成为精英阶层。而现在即使大学毕业后，也难以找到政府部门的工作。相反，拥有大部分土地的贾特人(被政府列入表列种姓名册的

---

　　①　Stuart Corbridge. Competing inequalities：The scheduled tribes and the reservations system in India's Jhakand. *The Journal of Asian Studies*；Feb 2000；59，1；Academic Research Library pg. 62－86.

　　②　Craig Jeffrey, Patricia Jeffrey and Roger Jeffrey. Schooling fails：young men, education and low caste politics in rural India. *Contributions to Indian Sociology*, Vol. 39, No. 1, 1－38(2005).

低级种姓,而他们却自称为刹帝利种姓)进入政府部门工作的比例比贫困的贱民青年高得多。贱民青年明知就业无望,仍不放弃对高等教育的追求,原因有两个:一是为了成为有知识的地方政治说客,为本集团争取更多的利益;二是为了获取文化资本或社会资本,成为彬彬有礼的与众不同的知识青年,他们宁愿干政府部门工资很低的临时工,也不愿意从事挣钱多的体力劳动,实际上他们不愿意再从事父辈们的职业——回到地里当农民。接受教育的目的无可奈何地演变成追求一种符号、一种身份或象征——我是大学生。按照克瑞格·杰弗瑞的观点,有一部分贱民青年正在追求一个对他们来说实际不存在的未来(成为白领阶层的一分子)。

此外还有一些散见于印度各类教育著作中的文章涉及表列种姓和表列部落的教育问题,观点大同小异。

印度信息和广播部的印度年鉴、人力资源开发部的年度报告以及一些印度基础教育报告都会涉及表列群体的教育情况和一些统计数据。当然,政府报告主要是从正面反映弱势群体教育所取得的进步。此外,互联网上有许多网站,包括印度政府网站,都涉及表列群体的政治、经济、社会、文化和教育问题。对本书的研究,提供很多新的数据和事实。

印度著名作家安纳德的小说《不可接触的贱民》以及凯思林·高夫的长篇论文《坦焦尔农村的种姓制度》给我们展示了印度 20 世纪 40 年代到 60 年代农村贱民的生活图景,如贱民之间的等级和不团结、贱民所遭受的种种屈辱和歧视;南印度农村贱民力量的兴起和婆罗门势力的衰落等等。刘国楠主编的《印度各邦历史文化》涉及了种姓制度,部落传统和风俗习惯。刘安武选编的《普列姆昌德短篇小说选》介绍了贱民的悲惨遭遇。

印度裔的诺贝尔文学奖获得者奈保尔在其印度三部曲之《幽暗国度》中,对外国人看来十分荒谬的印度人关于"洁净与污染"的意识和观念,作了十分生动、淋漓尽致、入木三分的刻画。他的三部曲也为我们描述了 20 世纪 60 年代初期到 80 年代末期印度芸芸众生的生活画面。

关于保留政策问题,印度学者夏马(Dr. Shish Ram Sharma)在其著作《保护性区别对待:印度的其他落后阶层》(*Protective Discrimination*: *Other Backward Classes in India*)中系统论述了其他落后阶层的起源,其他落后阶层的发展和现状。他把首陀罗称为"可接触的首陀罗",把贱民称为"不可接触的首陀罗"。他认为,在历史上,可接触的首陀罗和不可接触的首陀罗没有明显区分,受压迫者中并没有排除可接触的首陀罗。只是在1932年的《普纳法案》中,在不可接触者和首陀罗之间作了明确的界定。他还指出,保留政策使低级种姓中的富人更加富有,控制了政治、经济和教育的权力;而那些真正需要帮助的穷人,由于享受不到保留政策的好处,处境每况愈下。玛塔(Martha)等人认为:自实施保留名额政策以来,一直就有两种对立的观点。支持者说,由于高种姓人们的歧视性社会排斥行为使弱小阶层(表列种姓、表列部落、其他落后阶层)历来受剥夺,他们同富有而强大的阶层不是站在一条起跑线上的,要使他们享有平等的权利就必须对其实行特殊保护;反对者说,保留政策不利于择优录取人才,会引起国家管理人员素质低下,效率下降。反对保留政策的另一个原因是配额制度使阶层分化合法化,成了各政党玩的政治游戏,政治家们正用它作为拉取选票的筹码。如果印度想成为一个没有阶级的社会,就只有取缔配额制,用择优录取和奖学金制度代替保留政策,从根本上取消阶级分层。①林良光认为,独立后几十年的发展,低种姓中的许多人利用新的机会获得了财富,增强了经济实力,开始争夺政治权利和为他们的子女争取教育和工作权利。当他们雄心勃勃为自己争取地盘时,却发现不论是政府机构、党的组织或是教育机构中多数职位已为高种姓占据着。另一方面,他们享受不到表列种姓那样的照顾,这引起了他们的强烈不满,加剧了同其他种姓的矛盾和冲突。随着落后阶层力量的日益强大,20世纪70年代南方一些邦的政党,尤其是落后阶层占优势的政党,纷纷规定在政府机构和学校为落后阶层保留名额。政府也就越来

----

① Martha Ann Overland, *In India everyone wants to be special*, A40-42, The Chronicle of Higher Education, February 13, 2004.

越不能无视他们的要求。印度政府于 1977 年任命了第二个落后阶层委员会,通常称为"曼达尔委员会",研究为落后阶层保留配额的问题。该委员于 1980 年 12 月 31 日提交了报告,确定全国有 3743 个落后阶层需要保护和照顾,提出为他们保留 27% 的中央政府和公营企业的职位。考虑到问题复杂,可能会引起种姓之间的冲突和骚乱,政府没有执行。直到 1990 年 8 月,政府才公布了政府备忘录,宣布实行向教育和社会落后的阶层实施保留名额的政策。实施"曼达尔报告"以后,首先引起高校学生尤其是高种姓学生的抗议活动,抗议活动逐步发展成骚乱,蔓延到北方各邦,学生不断自焚,共有 63 名学生自杀身亡,159 名自杀未遂,还有不少人死于冲突。鉴于事态严重,印度最高法院判决延缓执行"曼达尔报告"。这届政府因受到多方面的抨击不得不下台。① 由配额政策引起的暴力事件充分说明印度社会的极端复杂性。究其原因主要是种姓制度中的等级意识所引起的歧视和仇视,高种姓的人们不愿意低种姓的人逐步蚕食和分享他们的既得利益。低种姓人们的政治地位、经济地位和社会地位的日益提升,动摇了他们的地位,威胁到了他们的利益,这就是导致暴力冲突的原因。

　　林良光和科布瑞吉(Corbridge)②等人指出,印度表列部落政策的实施带来了一些意想不到的后果。印度的部落教育政策培养了一批具有现代科学文化知识和世界观的部落知识分子。他们中的一些人有较强的民族意识,成为部落利益的宣传者和捍卫者。部落保护政策本来是一种临时措施。按照制定这一政策的人们的设想,随着部落社会地位的提高和部落文化被同化,这一政策将被取消。但部落政策的实施似乎带来了相反的结果:部落民的民族意识增强了,取消保护政策变得越来越困难。③ 印度社会本身就是一个充满矛盾、对立和冲突的社会,印度政府一方面想提高部落民的受教育水平和社会地位,另

　　① 林良光:《印度政治制度研究》,北京大学出版社 1995 年版,第 274 ~ 275 页。

　　② Stuart Corbridge. *Competing inequalities: the scheduled tribes and the reservations system in India's Jharkand.* The Journal of Asian Studies 59, no. 1 (Feb 2000):62 – 85.

　　③ 林良光:《印度政治制度研究》,北京大学出版社 1995 年版,第 271 页。

一方面又担心随着他们受教育水平的提高,就越来越难以对他们进行控制,这使得印度政府处于一种进退维谷的两难境地。

课题研究将会运用到教育政策学、社会分层理论、冲突理论、被压迫者教育理论、自由发展理论、精英理论和文化资本理论来分析所研究的问题,这对本书的研究会有所助益。下面简要介绍一下政策学的基本分析框架以及其他几个理论的核心内容。

教育政策学的基本研究范式或分析框架是:教育政策出台的背景、政策项目、政策的实施过程和实践结果的因素分析。

社会分层理论:社会分层这个概念在西方社会学中是一个广泛使用的概念。其基本含义是,根据不同的社会等级标准,把社会成员划分成不同的层次。社会分层最深刻的社会根源是社会的不平等。在私有制社会形态中,分工是构成一切不平等现象的最终根源,而其他的社会矛盾、冲突与对立都是在分工基础上派生的现象。

冲突理论:作为一种社会学理论,冲突理论强调不平等是冲突的最终根源。冲突论者认为,社会秩序是由强权维持着的,较有权利的社会成员能够使得弱小些的社会成员遵守他们的社会价值观。之所以存在不平等现象,是因为有些人能够获得政治、经济权利并传继给后代,而另一些人却办不到。每一类社会问题都会使有些人受益,有些人受损,不了解这种利害冲突,就无法全面理解社会发展。弱势群体问题并非起源于社会和弱势群体双方的自愿脱钩,而是社会对弱势群体的歧视,以及在社会资源方面弱势群体的利益受到侵害和剥夺。

弗莱雷的《被压迫者教育学》实际上是一本关于被压迫者如何解放自己的哲学著作,不是通常意义上的教育学著作,对于分析被压迫者的解放具有启发性。

《以自由看待发展》的作者阿玛蒂亚・森因为研究贫困经济学所取得的丰硕成果而获得1998年度的诺贝尔经济学奖,他的这本著作揭示了贫穷国家的人民怎样去追求真实的自由,通过提高教育水平、消除社会歧视、排斥与剥夺、摆脱贫困以达到全面的和谐发展,而不仅仅是GDP意义上的发展。

法国学者布迪厄的精英理论和文化资本理论对于研究印度弱势

群体的教育,提供了一个新的视觉,它很好解释了印度弱势群体因受益于保留政策而实现向上层社会流动,形成一个精英阶层;也说明了一部分弱势群体,尽管就业困难,仍孜孜以求高层次教育,目的是获得一个文化符号或文化资本——大学学历。

本书首先是运用文献分析的方法,对收集到的有关表列种姓和表列部落的教育、政策、法规以及相关理论的文献进行归类和梳理,作出详细的文献综述,总结出文献中的有关论点和论据,并进行简单分析和评价,制定出研究框架,提炼出研究观点。

其次是运用教育政策学的基本研究范式或分析框架、社会学中的社会分层理论、冲突理论和人权理论,弗莱雷的被压迫者教育学理论、阿玛蒂亚·森的自由发展理论和布迪厄的精英理论与文化资本理论,对印度弱势群体的教育发展以及政府制定教育政策的背景、政策的执行过程和政策的执行效果,从历史、政治、经济、文化、宗教和社会制度等多个角度进行因素分析,对影响和制约其教育政策制定和实施的种姓制度进行因素分析,找出原因。由于中印两国都是发展中国家,又是邻邦,研究印度弱势群体教育发展以及对其教育政策的制定、实施和效果进行分析,梳理出他们取得的经验和教训,对我们是有参考价值的。

第二章　印度弱势群体

弱势群体问题在国际上越来越受到关注,发达国家对本国和他国弱势群体的研究尤为盛行。发展中国家同样关注弱势群体问题。那么,印度的弱势群体是些什么人群?弱势群体中的最弱势群体又是些什么人?他们是如何形成的?他们过去和现在的境遇如何?印度政府对于提高他们的社会、政治和经济地位,尤其是他们的教育水平做了哪些工作?取得什么样的成果?存在哪些不足?这些正是本书所要探讨的问题。

一、印度弱势群体基本状况

印度政府社会公正与合法权益保护部的工作职能表明,印度弱势群体包括:表列种姓(贱民)、表列部落(部落民)、其他落后阶层、残疾人、老年人、街头流浪儿童、毒品受害者以及地位低下妇女。此外,印度妇女儿童发展部专门把妇女和儿童合法权益保护与发展作为其主要工作职责。由于研究能力和资料的限制,我们只对印度妇女弱势群体、儿童弱势群体、城乡弱势群体进行概述,重点对表列种姓和表列部落两个最弱势群体的情况进行分析介绍,因为其他几个弱势群体均与这两个弱势群体密切相关,相互交织在一起,难以分开。

(一)妇女弱势群体

在印度漫长的历史年代中,妇女一直地位十分低下。由于印度妇女状况千差万别,妇女中的弱势群体主要指贫困妇女、单身母亲、老年妇女、落后地区妇女、受到虐待的妇女、遭受自然灾害的妇女、残障妇女等。女性的弱势地位表现在方方面面。在印度,由于重男轻女,一些女性胎儿还未出世,就被扼杀。出生长大后,女性面对的是各种不平等的发展机遇。无论是在政治、经济和社会领域,还是在健康、教育、就业等方面,女性大多被忽视或受到歧视,处于弱势地位。此外,女性还是暴力伤害、性骚扰甚至买卖的对象。根据印度国家抽样调查组织数据,全国总户数中约10%是以单身女性为户主的家庭。这些单身女性主要由寡妇、离异、被遗弃妇女或单身女性构成。单身女性为户主的家庭通常都处于贫困线下,属于最困难的群体。

教育上,印度女性文盲率高于男性。全国7岁以上人口平均识字率为65.38%,其中男性为75.85%,女性为54.16%。女性比男性低了21.69个百分点。[①] 扫除女性文盲的任务十分艰巨,尤其在一些邦的农村地区,女性中文盲占到50%以上。这是因为在农村,人们不希望女人到社会上去工作,认为她们根本不需要文化。

印度女性总体健康状况较差,尤其是贫困妇女。印度孕产妇死亡率为世界第二位,每年约有12.5万名孕产妇死亡。1997~1998年度每10万活产儿的孕产妇死亡率是400左右,2001~2003年间约为300。[②] 孕产妇死亡的原因主要是产妇在医疗机构中生产的比例过低,大约2/3的产妇在家中生产,其中只有43%的产妇在生产时有专职医生在场。农村中至今大多数还是由接生婆用传统的方式帮助产妇生产,当意外情况发生时常常导致产妇死亡。

1998~1999年度的"全国家庭健康状况调查"和对9万名妇女的抽样调查,得出结论:印度妇女更年期过于提前。调查结果显示,

---

① http://www.censusindia.net.

② *Maternal Mortality In India*:1997-2003, p.15, Registrar General, India, New Delhi. http://www.censusindia.net.

3.1%的印度妇女在30～34岁之间进入更年期;8%的妇女在39岁之前进入更年期,41岁之前进入更年期的妇女占到了女性人口的19%。[①] 农村妇女提前绝经的现象尤为严重,特别是从事农业劳动的妇女、文盲以及体重过轻者。更年期提前的主要原因是长期营养不良。

妇女们在家庭中大多没有什么发言权。女孩子从一生下来,就被当做是父母的包袱,因为父母要在她们结婚时准备嫁妆。女孩子在婚姻问题上几乎完全没有发言权。儿女的婚姻,完全由父母包办。事实上,母亲也没有真正的发言权或决策权,父亲的意愿是全家人必须遵守的。妇女在家庭中不仅没有多少决策权,其自由外出的权利在某种程度上也受限制。在一些落后地区,如北方邦,约有90%的已婚妇女在出门探亲访友时是需要得到家人许可的。在比哈尔邦、中央邦、拉贾斯坦邦、哈里亚纳邦、西孟加拉邦、安得拉邦等地,约80%的已婚妇女在外出时需得到许可,哪怕是去看医生。

印度妇女的劳动参与率较低。1971年印度妇女劳动参与率为14.2%,1991年为22.3%,2001年为25.68%。据世界银行的数据,印度全部劳动力中女性所占比重1999年为32.2%。[②] 又据印度抽样调查组织1998年的数据,妇女劳动力的87%就业于第一产业,4%在第二产业,8%在第三产业。妇女劳动参与率城乡之间有较大差距,2001年农村妇女劳动参与率为30.98%,而城镇地区仅为11.55%。[③] 这说明女性的就业状况较差,多从事低技术、低报酬的体力劳动。妇女劳动参与率低的一个重要原因还在于统计口径和方式上。妇女在家庭中的劳动,如种菜、饲养家畜等家务劳动不被计算在内。在印度报酬高、社会保障好的政府部门及其所属机构、公有或私有大型企事业单

[①] *India* 2003, p. 640, Ministry of Information and Broadcasting, Government of India, 2003. http://big5. china. com. cn.

[②] http://www. stats. gov. cn.

[③] *India* 2003, p. 640, Ministry of Information and Broadcasting, Government of India, 2003.

位里,妇女的就业比例从法院法官的 3.1% 到审计会计部门的 22.3%,远低于男性。

针对女性的暴力伤害、性骚扰和买卖妇女等问题十分严重。从 1990 年到 1996 年,针对女性的犯罪行为增加了 56%。[①] 究竟有多少妇女被买卖,没有人能够说清数字。印度妇女的家庭社会地位在各邦之间表现出较大差异。在大多数农村地区,家庭暴力等针对女性的伤害仍然是一个严重问题。家庭暴力和女性的经济独立水平有相当的关联性。2006 年 10 月 26 日生效的《反家庭暴力法》,是保护妇女免遭暴力伤害的专门法律。法律同时还禁止丈夫向妻子索取巨额嫁妆。由于嫁妆问题,每年都有数不清的妇女被虐待甚至被伤害致死。据统计,2002 年发生嫁妆致死案件 6822 起。案件较集中地高发于北方邦、比哈尔邦等贫困地区。如果按照人口比例统计,发案率最高的则是哈里亚纳邦。印度国家犯罪记录局统计,2004 年至少有 58400 名妇女向警方报案,称受到丈夫虐待,有超过 7000 名妇女因为嫁妆死亡,有 18124 人遭到强暴,超过 175200 人在其他针对女性的犯罪行为中成为受害者。事实上,家庭暴力案件远不只这些,由于家庭暴力的隐蔽性以及妇女的弱势地位,通常遭受家庭暴力的妇女会选择沉默。

除了家庭暴力,妇女还时常遭遇性骚扰和人身伤害事件。2005 年 12 月,在班加罗尔,一位妇女在下班途中被公交公司司机强暴后杀害,被害妇女是一呼叫中心的雇员。此事经媒体报道后在全国引起很大的震动。又据《印度斯坦时报》报道,2006 年 3 月,一名 14 岁的女孩不屈服于 3 名持刀歹徒强暴,誓死抗争,身中 17 刀。刚烈少女的勇敢行动感动了印度,她获得 2006 年度"国家勇敢奖"提名。性骚扰现象在印度十分普遍,以致有 90% 的女学生称,她们曾遭到性骚扰。据印度政府曾公布的数据显示,印度每隔半小时就有一名妇女遭到强暴。[②]

据印度官方数据显示,在印度 6 个大城市中,大约有 10 万卖淫

---

① *Women:Background & Perspective*, by Sujata Madhok. http://infochangeindia.org/200210045931/Women/Backgrounder/Women – Background – Perspective. html.

② http://www.merinews.com/article/india – the – rape – kingdom/15782707. shtml.

女,其中15%是15岁以下的女孩子,有些女孩子来自境外,如尼泊尔。但人们认为这一数字过于保守。有人认为,仅在孟买就有远远超过10万的女性性服务者,在加尔各答有8万,在德里有2万。在浦那这个只有300余万人口的城市中,有4万妇女以此为生。① 这些妇女卖淫的主要原因为贫困。

2001年印度人口普查数据显示,全国人口男女性别比例为1000∶933,性别比例失衡。全国600个县中有16个的性别比低于1000∶800。性别比例失衡的原因很多,除了重男轻女和传统观念以及经济原因外,嫁妆习俗也是女孩子不受欢迎的重要因素。女孩出嫁时沉重的嫁妆负担,使家中有多个女孩的父母惶惶不可终日。而养育男孩子不但可以养老,而且在结婚时还可以从新娘父母那里收到一笔丰厚的嫁妆,为家庭带来财富。如果新郎的家长不满意新娘带来的嫁妆数量,会逼迫新娘继续向娘家索要更多的钱财,如果不能满足要求,就会虐待新娘,甚至谋杀新娘后谎报警方说新娘意外死亡,然后再娶一个妻子,继续索要嫁妆。针对这一陋习,印度立法机构专门通过了《反嫁妆法》,但这一法律并没能阻止男方索要嫁妆。随着经济的发展,人们生活水平的提高,嫁妆的数额反倒越来越高。

据印度媒体报道,新德里市郊的奥克拉工业区,一名中年男子在结婚10年后将妻子杀死,杀妻的缘由竟然是老婆一连生了4个女孩,他感到这辈子没指望了。一些妇女为了能够在家庭中得到稳定地位,就一定要生一个儿子。一家跨国公司的高级主管拉维先生的妻子一连生了两个女儿,她觉得对不起丈夫,不顾医生的劝阻,先后9次做胎儿性别检测,8次人工流产,终于怀了男孩,但她自己却在儿子出生两天后死亡。②

尽管有法律保障和国家政策的扶持,尽管所有的公众舆论都给妇

① Gilada, I.S：Prostitution in india：causes, extent, prevention and rehabilitation. p. 131,Social Problems and Welfare in India, Edited by Jogan Shankar, Ashish Publishing House, New Delhi,1992.

② http://world. people. com. cn/GB/1031/3346183. html.

女以舆论支持,尽管各种各样的非政府妇女组织一直在致力于妇女的平等权利,妇女们在不断地自立、自强地奋斗着,但她们的弱势地位和贫弱状况却不是可以立即得到改善的。以下是印度妇女弱势地位和贫弱状态的极端现实写照,均来自印度媒体报道和非政府组织的调查报告。

1. 殉葬

早在英国殖民统治时期,印度就有法律明文规定禁止寡妇殉葬。但据英国《泰晤士报》报道,2006年5月北方邦的乡村中,一名35岁的寡妇在亡夫家人的逼迫下,被迫跳进焚烧丈夫遗体的火葬堆殉夫,该惨剧震惊了整个印度。当地警方逮捕了至少12名逼迫该寡妇殉葬的嫌疑犯。当时400多名村民排着队将死者尸体送到火葬场,当柴堆熊熊燃烧时,悲伤哭泣着的这位寡妇没有想到,村民们会一起逼迫她跳进柴堆。一名目击者回忆当时恐怖的场景时说:"一开始她自己爬上了火葬柴堆,随后改变了主意,并试图从火堆上跳下来,可是她丈夫的3个兄弟却用木棍狠狠殴打她,又将她赶回了火堆中。"①印度独立后再一次颁布法律禁止殉葬,但在落后的农村地区,尤其是北方邦,这种骇人听闻的事情依旧不时地被媒体披露。2006年4月,比哈尔邦一名77岁的寡妇西塔·戴维,也在丈夫死后跳进火葬堆殉葬。印度全国妇女委员会主席吉里贾·维亚斯认为:频频发生这类悲剧,一是因为没有人愿意照顾一个老寡妇,二是一些家人渴望瓜分她死去丈夫的遗产。35岁寡妇殉葬的悲剧给印度政府带来巨大压力,迫使政府加快通过一项新法案。根据该法案,如果一个社区的村民不阻止殉葬悲剧的发生,那么整个社区的村民都将受到起诉。

2. 寡妇

印度的寡妇问题由来已久,也是一个比较突出的社会问题。由于社会、经济和宗教等多种因素,寡妇通常会遭遇到来自家庭的虐待和抛弃,并受到社会的歧视和伤害。贫困是寡妇面临的最大问题。1992年,全国妇女委员会曾在西孟加拉邦对一些宗教圣地的寡妇做过一个

---

① http://www.singtaonet.com/society/focus/t20060524_219763.html21976L html.

调查。在被调查的 2910 位寡妇中,绝大多数来自西孟加拉邦和东北部的几个邦,少数来自孟加拉国,其中有 500 多人年龄尚不足 30 岁,但她们的青春早已不复存在,她们只能穿白色纱丽,不能在额上贴吉祥痣,不能佩戴首饰。50% 的寡妇依靠福舍①的救济或乞讨度日,除此之外就是去卖淫。由于福舍的价格从 10 年前的几卢比飞涨到现在的几百卢比,许多寡妇不得不在福舍之外租赁房子居住,常常三四十个人挤在一个肮脏的房子里,几条麻袋就是她们的床铺。这些妇女普遍地患有各种疾病,包括肺结核和性病,但她们从不去看医生,因为没有钱。她们千方百计地节省每一分钱,为的是能够支付人生中最后的仪式——火葬费,这是她们无奈的选择。尽管来到这些宗教圣地的寡妇们面临如此艰难的生存环境,但她们并不愿意回家。因为她们多是被亡夫的家庭抛弃或驱逐,她们原有的不多的财产已被家庭中的其他成员侵占,孤立无援的她们已经没有办法再在家里生活下去了。

这些寡妇通常会选择贝拿勒斯、马杜赖、芙林达本②等宗教圣地,希望在圣地能够得到"神"的庇护而不致被饿死。有人甚至称芙林达本为"怨妇之城"或"寡妇城"。一些慈善机构或宗教机构在这些地方开办福舍,向寻求庇护的寡妇们每日提供 250 克大米和一些豆子,再给几个卢比作为她们每日为慈善机构或神庙唱诗的报酬。即便是这样低水平的"庇护"也有很多人是得不到的。

一个叫卡马拉的寡妇向中国驻印度大使孙玉玺的夫人马骅讲述了她的悲惨遭遇:

> 如果我身边的大树能够听懂我的话,它的树叶会像眼泪一样掉光。我 17 岁那年嫁到一个农村的小康之家,丈夫拥有足够的

① 在印度教宗教圣地,一些虔诚的信徒开办的类似旅社的房屋设施被称作福舍。福舍以极低的价格为朝圣者提供食宿便利。福舍各式各样,这里指的是专为寡妇建立的福舍。

② 芙林达本(Vrindavan),地名,印度教传说中黑天大神的出生地和成长地,是印度教的重要宗教圣地之一。黑天是印度教徒喜欢膜拜的大神之一,尤其受到妇女的崇拜和喜爱。因此丧偶的寡妇多会来到这里,希望得到黑天大神的庇护。这种宗教因素使得芙林达本成为寡妇聚集的地区。

土地。我 22 岁时,丈夫在加尔各答死于车祸。丈夫的几个堂兄弟瓜分了我所有的财产,我两岁和四岁的一子一女也被夺走了。他们逼我到加尔各答去做女佣,由于忍受不了雇主的责打和凌辱,我千里迢迢来到了芙林达本。不知是我前世造了什么孽,遭此责罚。我多次梦见黑天大神,他指引我来到这里修行赎罪。我永远都不会再回家乡。我的儿女也不会认我。我在这里修行已有 20 多年,生活虽然很苦,但周围有很多和我一样的苦命人和我做伴。有些身患重病的人比我还要苦,还没有咽气就自焚以寻求解脱。她们甚至后悔当年没有殉夫火化,又多遭受了半生的苦难。这里还有许多十几岁的幼年寡妇,被人贩子骗卖到城里去做妓女。这都是前世造孽的报应。我今生从来没有做过坏事,没有打过别人一下,没有骂过别人一句,甚至没有打死过一只蚊子,没有踩死过一只蚂蚁。我相信总有一天黑天大神会去解救我的。①

据 1991 年的人口普查结果显示,全印度共有 3300 万寡妇,占全部女性人口的 8%,占 50 岁以上女性人口的 50%,寡妇发生率居世界首位。与此相对照的是,只有 2.5% 的印度男性鳏居。② 造成这种状况的原因主要有丧偶男性的再婚率和死亡率高于女性,而女性则由于宗教和社会习俗的束缚,再婚率和死亡率均低于男性。宗教圣地中的这些寡妇的生存状态并不是印度寡妇的全部写照。许多年轻寡妇会被人贩子卖到妓院。

针对寡妇的贫困状态,目前大多数邦政府都制定有一些政策救助贫困中的寡居妇女,其中最主要的方式是发放一定数额的抚恤金。然而由于官方划定的领取抚恤金的门槛较高,且抚恤金额很低,事实上并不能解决问题。如政府规定领取抚恤金者必须是无子女赡养者,收入低于每月 100 卢比,丧失劳动能力,没有自己的房子,且不得乞讨……除此之外,繁杂的申领程序要求寡妇数次往返地方行政官员办

---

① http://www.fmprc.gov.cn/chn/wjb/wjly/t277378.htm.

② http://infochangeindia.org/health/features/women - in - white - india - s - widows.html.

公室,经过填写各种表格并得到批准后才有可能得到救助。由于种种原因,只有不足10%的寡居妇女能够获得这种救助。

经济上的贫困并不是寡妇所面临的全部问题。她们的生存状态同印度妇女整体生存状态大体一致,只是社会地位更低,属于弱势群体中最无助的群体之一。

事实上,在印度教社会中只有高等种姓是严格禁止寡妇再婚的。在其他许多种姓中,多数情况下,人们接受寡妇可以再婚的观念。但出于各种原因,寡妇绝大多数不会再婚,其障碍主要来自子女和没有合适的再婚对象。同意娶寡妇做妻子的男人主要是年龄大的人、十分贫穷的人、娶第二个老婆的人。由于印度成年男性死亡率和再婚率均高于女性,即便寡妇想再婚也难以找到合适对象。

3. 神的侍女

"神的侍女"是专指在印度教神庙中为神表演"歌舞"的舞女。在各种宗教仪式和圣典中,向神献上歌舞是必不可少的内容。但实际上,这些舞女还是神庙人员和信徒的性奴隶。这些女孩一般都不超过15岁,有的甚至更小,作为"神的侍女"她们终身都不能再嫁人。等她们年老后就会被卖掉或抛弃。印度独立前,印度教神庙中盛行"神的侍女"(Sevedasi)制度。独立后这一制度被废止。但目前,一些落后地方这一现象又死灰复燃。2006年12月,卡纳塔卡邦贝尔高姆地区举行了一场宗教仪式,一名14岁女孩在数百人的注视下,由神庙人员为其沐浴更衣并换上绿色莎丽,随后,她被宣布"嫁给了神",成为"神的侍女"。女孩是当地表列部落里一个穷人家的长女,父母让她成为"神的侍女"为的是避免家庭遭受厄运。此事引起媒体和非政府组织的高度关注,称这是"印度的耻辱"。在舆论压力下,警方随即对此事进行了调查,但警方声称"并没有在该地区发现有女孩成为'庙妓'的事件"。由于警方的说法很难让人相信,随后该地区法院宣布由司法机构进行独立调查。据印度媒体称,孟买、果阿等许多红灯区里的妓女都曾是"神的侍女"。1999年印度政府再次明令禁止"神的侍女"陋习,将其视为非法活动,遣散并帮助1.25万名舞女在其他领域就业。但目前这种习俗在卡纳塔卡邦北部一些地区仍旧存在。一些重男轻女的穷困家庭父母,相信"贡献"女儿能够给家庭带来好运。有报道称,每年至少仍有1000多名女孩因贫困等各种原因而成为"神的侍女"。① 卡纳塔卡邦一些大祭司凭借财势,每年在各地网罗众多穷人家女孩到神庙中。2006年12月,一大祭司公然宣布将于2007年1月举行献祭大会,将有2000名新的"神的侍女"参加仪式。这名大祭司还得意地宣称,20年前卡纳塔卡邦有2.5万名"神的侍女",如今已超过5万人。②

4. 婚姻不自主

印度大多数青年人的婚姻是由家长包办的。家长们并不太理会年轻人的感情,婚姻以种姓、门当户对和嫁妆为基础。

苏曼,22岁。17岁时,从哈里亚纳邦的老家嫁到德里近郊南格尔村兰姆·纳沃斯家。婚后她经常遭到丈夫及其家人的殴打和虐待,原因是嫁妆太少。同村20岁的小伙子姆科诗同情苏曼并经常帮助她,两个人慢慢地有了感情。他说:"苏曼太可怜了。当她怀不上孩子的时候,婆家人也侮辱她。"苏曼无法忍受婆家的虐待,就同姆科诗"私奔"了。他们没想到,村里的长者和村委会给姆科诗的父亲施加压力,让他强迫儿子与苏曼赶紧回来。两人刚一回村,村委会就召集全村几百人开会,将他们的关系公开,对他们当众责罚。由于这样的事件牵涉到整个村子的"廉耻"和"荣誉",在经过3个小时的研究后,村委会宣布了最后的决定:苏曼必须离开这个村子,从此不准再踏进南格尔村半步。她的朋友也不准收留她,她只能回到娘家去。姆科诗不能娶苏曼,因为苏曼属于低种姓。苏曼的丈夫必须与苏曼离婚,因为她是"放荡的女人"。村民们认为,苏曼用"私奔"这样的不端行为逃避家庭暴力,让全村蒙受耻辱。更让他们不能接受的是苏曼居然与一个比她种姓高的男子"有染",人们私下里议论说这才是她真正的"罪

---

① http://gb.cri.cn/9523/2006/12/28/421@1371616.htm.

② http://www.singtaonet.com. http://irenaeus.ccblog.net / archives / 2006 / 22634. html.

过"。南格尔村委会还责令苏曼写书面声明,解释她为什么离家出走。苏曼在"自白书"上勇敢地承认自己爱上了姆科诗,所以决定与他私奔。苏曼请村委会允许自己嫁给姆科诗,但被坚决拒绝。大会结束后,姆科诗遭到族人的痛打。姆科诗问族人为什么自己不能娶苏曼,得到的回答是:"你的行为已经给我们的种姓带来耻辱,如果再同意你们成婚,将为年轻一代开创一个错误的先例。"①

印度法律禁止种姓歧视,提倡婚姻自由。但种姓制度和种姓歧视根深蒂固,在传统势力强大的农村,这种情况尤其普遍。种姓制度在婚姻方面只允许种姓内通婚,但允许"顺婚",禁止"逆婚",印度高种姓的男子可以娶较低种姓的女子,较低种姓的男子不能娶较高种姓的女子,否则高种姓的人会被开除出所属的种姓。尽管姆科诗与苏曼的情况符合"顺婚",但人们还是不能容忍。

(二)儿童弱势群体

根据2001年的人口普查,印度有6岁以下儿童1.57亿,约占印度人口总数的15.42%。② 截止到2008年,印度在诸如营养不良人口(印度营养不良人数最多,高达2.3亿,饥饿指数在全球119个国家中排名第94位)和营养不良儿童数量(43%的印度5岁儿童体重过轻[体重指数BMI<18.5],这一数量也是世界上最高的)等关键的全民健康指数上情形变得更加恶化了。③ 据《纽约时报》估计,印度约有42.5%的儿童营养不良。世界银行根据世界卫生组织所作的估计指出,世界上大约49%体重过轻的儿童、34%的矮小儿童和46%的体弱儿童生活在印度。世界银行也注意到贫困常常是儿童营养不良的潜在因素,与非洲撒哈拉地区的国家相比,南亚国家所经历的高速经济

① http://news.sina.com.cn/cul/2005-03-08/4610.html.

② http://www.censusindia.net.

③ Poverty estimates for 2004-05, Planning commission, Government of India, March 2007. Accessed: August 25, 2007.

增长并没有使南亚国家的儿童进入相应营养状态。印度高级法院特别委员会也注意到印度儿童营养不良比例是撒哈拉非洲的两倍。①

营养不良与高死亡率:根据印度全国家庭健康调查数据,1999 年印度 3 岁以下儿童 47% 为体重过轻,45.5% 发育不良,另有 15.5% 的儿童因营养不良而导致残疾。这些儿童有许多在出生时就属于低体重过轻新生儿。儿童营养不良的状况近 30 年中始终没有很大的改变。印度每年大约出生 2600 万名婴儿,其中,约有 120 万新生儿未存活一个月便夭折,此外约有 230 万名儿童在 5 岁前死亡。② 印度儿童的死亡率高于世界平均水平。根据联合国儿童基金会的数据,2005 年,印度 5 岁以下儿童死亡率为 7.4‰,1 岁以下婴幼儿死亡率 56‰。在全世界的儿童死亡人数中,印度占了 23%,可用疫苗预防疾病的儿童死亡人数,印度占了 26%。在印度的 1.57 亿儿童中,有相当多的儿童生活在不利的生活环境中。影响印度儿童健康发展的主要问题有:营养不良、糟糕的卫生环境、不正确的喂养方式和缺医少药等。

童工和童婚:根据联合国儿童基金会的数据,1999~2005 年,印度 5~14 岁儿童做工的比例为 14%。这包括 5~11 岁儿童在调查的那一周的时间里至少参加了 1 个小时的经济活动或至少 28 小时的家庭劳动;12~14 岁儿童至少参加了 14 小时的经济活动或 42 小时的家庭劳动。童婚在印度农村地区相当盛行,有超过半数的儿童在达到婚龄前结婚。印度 1978 年通过了制止童婚的法案,法定结婚年龄为男子 21 岁、女子 18 岁,但在占印度总人口 40% 的拉贾斯坦邦、中央邦、比哈尔邦等印度北部地区,法律却阻止不了"童婚"。

为了保护儿童,促进儿童健康成长,印度颁布了保护儿童的法律,如 1986 年就颁布了《(禁止和管制)童工法》,禁止雇用 14 岁以下儿童从事危险性劳动,比如在玻璃厂和屠宰场做工。2006 年 10 月修订了的童工法,规定受雇为家庭仆人以及在旅店、餐馆和路边小饮食店中

① India has highest number of underweight children. The Indian Express. 2009 – 04 – 14. http://senthamizhvanan. blogspot. com/2010/10/poverty – in – india. html.

② http://wcd. nic. in.

工作也被认为是"危险的"。雇佣者将被处以最高 2 年的监禁和最多 2 万卢比(约合 437 美元)的罚款。但根据以往的经验,该项禁令能否被执行,并切实改善儿童状况是值得怀疑的。据联合国儿童基金会 (UNICEF)估计,在整个南亚地区,大约有 500 万名家庭用人,其中大多数是小姑娘。在印度,每 5 个 14 岁以下的小女孩中就有一个是到雇主家当家庭用人。① 有调查显示,约有 50% ~ 70% 的家长为了维持家庭生计而不得不让孩子外出做工。

由于经济社会发展的不平衡,在占人口 70% 的农村地区,尤其是贫困地区和弱势群体中,不利于儿童健康成长的因素还很多。而这些因素一如既往地和贫困有关。这些因素主要包括:贫困导致的营养不良、恶劣的环境卫生和医疗条件、教育水平低下、传统观念和喂养不科学等。

1. 贫困和饥饿

贫困导致母亲营养不良,而母亲营养不良又使得新生儿低体重,这成为 1 岁以下婴幼儿高死亡率的首要原因。据估计,每年新生儿中大约有 30% 为低体重,而低体重新生儿抵抗力明显不足。导致新生儿死亡的直接原因,如腹泻、肺炎、新生儿破伤风等都和婴儿抵抗力低下有关。据估计有 50% 以上的 6 岁以下儿童受到营养不良的影响,其中有 1/10 为严重营养不良。由于维生素 A 缺乏,每年还有 4 万儿童因此而失明。大量的调研证实,饥饿和营养不良是发展中国家 50% ~ 60% 儿童死亡的直接或间接原因。常见疾病对于营养不良儿童通常是致命的。儿童 4 种最大的致死疾病为:腹泻、急性呼吸道疾病、疟疾和麻疹。这 4 种疾病合计约占 5 岁以下儿童死亡总数的一半。

新生儿的体质和母亲的健康状况有着十分密切的关系。据估计,印度育龄女性的 70% 患有贫血症,碘缺乏症更是普遍。由于贫困,农村地区的许多母亲每日忙于生计或家务,不能很好地喂养婴儿,照料新生儿的工作经常交给年纪稍长的姐姐,有时是年仅四五岁的幼儿来照料婴儿。此外,恶劣的卫生环境和医疗条件以及不科学的喂养也是

---

① http://www.unfpa.org.

导致婴幼儿死亡的重要原因。新生儿和幼儿的健康发展依赖于母亲各方面的状况，包括教育水平。传统大家庭中的女性，不但劳作时间长，而且得不到应有的健康和营养支持，得不到教育和就业机会，也时常得不到充分的法律保护。

营养不良和经济社会的发展水平有着十分密切的关系。印度营养不良儿童主要集中在表列种姓和表列部落等弱势群体中。尤其在属于表列部落的土著居民中，营养不良发生率非常高。

在马哈拉施特拉邦偏远山区的部落村落里每年都有很多的婴幼儿因为营养不良而死亡。1997 年，一群志愿者深入这一地区的 350 个村落中的部落民家中，教他们如何讲究卫生、改善生存环境以及如何保证儿童所需营养。志愿者们发现，一些濒临死亡的儿童由于严重的营养不良，虚弱得连站立的力气都没有。志愿者们说，在官方的死亡登记中，那些登记为死于腹泻或麻疹一类疾病的儿童中有许多事实上死于饥饿和营养不良。这里儿童高死亡率的原因很多，但主要的原因是贫困、缺医少药、迷信、喂养方式不科学、错误的传统观念和生活方式以及女性地位低下等。早婚多育和家庭规模庞大，使得正处于育儿期的母亲忙于劳作，无暇顾及婴儿，还有许多低龄母亲不知如何喂养婴儿。这些都是造成婴幼儿死亡的原因。

据印度中央邦政府的数据，中央邦有 0～6 岁儿童 1060 万，其中营养不良儿童有 570 万，约占 50%。一份调查报告这样描述中央邦贾德尔普里县的一个小村子杰达森卡尔：这里居住的都是土著居民，属于表列部落。村里的孩子们每天都到附近的学校去，但他们并不是为了去上课，而是为了喝水。学校有水可以让他们喝个够。村子里有 32 个营养不良儿童，在调查人员到达这里的几个月前，已经有 8 个夭折。因为村子里的孩子们和成年人一样常年处于饥饿状态。村民们吃的是一种野生植物的种子，他们将这种植物的种子晒干，然后磨成粉当做粮食。历史上，这里的土著民就是这样靠这种草籽生存的。然而印度独立已经 50 年了，这些土著民的生活仍旧没有多少改变，生存环境甚至更加恶化，他们的贫困让人触目惊心。在一个村子里有一位叫西亚姆抢抢的村民，他有 4 个孩子，因为饥饿全都营养不良。他没有钱买粮食,只能借粮给孩子们吃。当孩子生病的时候,他又得借钱到私人医生那里给孩子看病,因为村子里没有免费的公共医疗。尽管国家向全体国民提供免费医疗,但在这种偏远贫穷的地方是没有任何医生愿意来的,政府公共医疗的福利根本到达不了这里。这位借了800卢比给孩子看病的村民,最终也没救回孩子,为此他还背上了对他来说十分沉重的永远还不清的利滚利的债务。当有儿童由于营养不良和饥饿而死亡时,有关官员会草率地宣称,这些孩子是死于疟疾、麻疹或腹泻。无地的部落民们没有任何的生计,政府农村就业计划所能提供的劳动机会一年中只有几天,而每一天只能得到20卢比的报酬。由于营养不良,儿童对疾病的抵抗力自然十分低下。在一个叫帕特拉格尔赫德的村子里,共有2~10岁儿童120名,这120名儿童全部患有营养不良症。当麻疹在这个村子里的儿童中流行时,有13人死亡,剩下的80名儿童被感染后患有麻疹并发症。①

2. 童工

印度的童工问题十分严重,是一个难以解决的问题。这是因为雇用童工很合算,童工的报酬只有成人的一半。据非官方估计,在农村平均每3个家庭中就有一个童工。因此,童工数量应该在4000万左右。农村中的小型企业、工厂广泛使用童工。在一些行业,如地毯编织、玻璃制品、火柴等行业,大量使用童工是一种极普遍的现象。几乎所有非正规部门和私人生活中都雇用和使用童工。

在联合国千年发展目标的框架中有8个目标都涉及儿童。要实现这8个目标,消除童工现象至关重要,尤其是在消除贫穷、普及初等教育、促进性别平等以及预防艾滋病等方面。然而贫困又是导致童工的重要因素,贫困—童工—文盲—贫困,残酷的现实就这样纠缠在一起,形成一种恶性循环。童工问题成为印度实现千年发展目标特别是实现全民教育的严重阻碍。

印度政府估计,印度总劳动力的3.6%是14岁以下儿童。这些儿童劳力中的90%在农村自己的家庭里工作,其中85%从事传统的农

---

① http://www. righttofoodindia. org/data/mp - malnutrition - samvad. doc.

业生产,近9%的孩子从事制造业、服务业和修理业。大约有0.8%在工厂做工。① 印度一个反奴役挽救儿童的非政府组织认为,童工中的10%从事制造业,其中服装业、爆竹业和足球缝制业使用童工最多。

据媒体报道,在印度德里郊区有一些较大的纺织厂,有许多儿童在这些纺织厂里做工。

狭长的过道里凌乱地摆着缝纫机,每台缝纫机前都坐着一个埋头苦干的儿童,熟练地摆弄着比自己还要大的机器,脸上有着不合年龄的老练和沉重。穿过过道走进一个大厂房,厂房被分成100多个小房间,每个房间里有15个童工。虽然面对记者的提问他们会尽可能虚报自己的年龄,但脸上的稚气却不配合他们的谎言。据报道,这些最小只有7岁的孩子,每天至少要工作14个小时,其间只有不足1小时的就餐时间。此外,如果工作出了差错,还要遭到工头的责骂,更多的是毒打。这些小工人,大多来自印度最贫穷的地区。迫于生活,他们被自己的家人卖到纺织厂。虽然,纺织厂的经营者为自己辩护说"我雇用他们是合法的,因为我们之间存在合同",但看清了合同的条款和期限后,正常人都会明白,这就是一份份卖身契。探访过程中,两个背对背忙碌的小男孩,吸引住了记者的目光。两个又黑又瘦的男孩,坐在两台织布机前,卖力地工作着。汗珠顺着消瘦的小脸流了下来。可能因为长期不能洗澡的原因,汗水里夹杂着黑泥。两个男孩偷偷告诉记者,他们每天都从早上9点工作到晚上9点,如果活多,还会被半夜叫起来加班;每周他们只有一天休息时间。结束一天的工作,吃了勉强能填饱肚子的晚饭,孩子们被赶回阴暗潮湿的地下室,席地而卧。此时的他们已经顾不得身下是不是有蟑螂,因为每个人都知道,迎接自己的是更繁重的工作,能多睡会儿就多睡会儿。法雅孜有着一张天使面孔,但他的表情令人心碎,眼神中的恐惧无法用言语来形容。他先确认了一下老板没有在偷听,然后才小

① http://www.indianembassy.org, http://pangaea.org/street _ children/asia/carpet.htm.

心翼翼地地对记者说:"我每周可以赚到 300 卢比(3.5 美元)。我两年前就被卖到了这里,因为妈妈去世了,留下了我和弟弟妹妹,爸爸没有能力养活这个家。"当记者问到他怪不怪自己的爸爸时,他就说了一句:"我很想家!"一位时装贸易专家透露:"印度有上千家这样的工厂或作坊,在那里工作的 90% 是儿童。"①

除了做工,儿童还常常遭到性虐待。许多贫穷人家的孩子被卖给人贩子,人贩子再将他们贩卖给儿童性交易者。那些做着儿童性交易的人贩子们逼迫、残害无辜的儿童,是一种更严重的犯罪行为。

2006 年年初,在印度国家人权委员会的资助下,新德里社会科学研究所进行的一项全国调查显示,印度正在成为世界性的性旅游业中心,儿童性交易正在日益猖獗,海边度假胜地喀拉拉邦和果阿已经成为这类交易中心。报告说:"作为一个秘密的地下生意,我们很难调查到具体的数据用于估计印度儿童性交易的规模和范围有多大。但是,毫无疑问,人数是越来越多。"把这个天堂一般的海边小城送进国际刑警组织名单的是一件十二三年前的丑闻。弗雷迪·皮特是持有印度护照的外国人,在果阿管理一家收容男童的孤儿院,在孤儿院美好的外表之下,他本人和到孤儿院"参观"的外国人干的却是和慈善没半点关系的勾当。直到孤儿院里的一个小孩偷偷报警之后,才将这里肮脏的内幕公布于众。警方突击搜查,发现皮特拍下的 2305 张色情照片,张张都是这些孩子们遭受胁迫和性侵害的实证。但公众常常是很健忘的,2004 年,印度一家周刊花了 1 个月跟踪、偷拍了果阿的许多买春游客。……果阿和喀拉拉邦的儿童卖春业并不是独立的现象,这些犯罪网络遍布印度各地,甚至延伸到国外。印度城市里有成千上万无家可归或出身贫寒的儿童为 500 到 750 卢(10 到 40 元人民币)而出卖他们的身体,令人惊讶的是,这竟是吸引某些西方观光客到此一游的主因。新德里一家非政府组织的负责人拉贾特米特拉说:"许多外国买春客一到印度就能立即找到他们要的小

① http://info. china. alibaba. com/news/detail/v5003519 - d5912672. html.

孩，他们只要在互联网上找到某个网站或论坛，就能获得当地皮条客的详细信息。"他说，在某些恋童癖者的博客里还会热烈讨论印度的各个儿童卖春中心。新德里和附近的旅游胜地阿格拉和斋浦尔甚至被称为"金三角"。在国际组织"拯救儿童"印度分部工作的库萨姆巴丘杜利估计，孟买每年大约有 7 万名未成年人牵涉性交易，这些孩子是色情团伙从印度各地，特别是贫困地区贩卖而来的，甚至还有来自尼泊尔和孟加拉国的；新德里警方也估计大约有 10 个团伙从事儿童卖春。这些团体花很少的钱收买小孩，有的干脆绑架，但对外开价在两三倍以上，年纪越小的价钱越高。在印度，甚至不需要找皮条客，在大街上就可能很容易地找到下手的对象。"新德里的街头有近 10 万无家可归的流浪儿童，他们很可能为了买春客给的一点小利就上钩，而且也没有人教育他们如何保护自己、识别坏人。"米特拉说。在印度，色情行业在红灯区是合法的，这里未成年人卖淫问题也很严重。印度妇女和儿童发展部最新的调查发现，印度目前估计约有 400 万性工作者，未来几年内很可能增加到 1000 万人，而所有性工作者中 35%的人开始卖淫时年龄还不到 18 岁，其中很多人在 12 岁到 15 岁之间。①

有许多儿童是被拐卖来的。在印度，拐卖儿童的事情时常发生，成为一个严重问题。非法买卖儿童甚至有愈演愈烈的趋势。街头流浪儿童始终是印度政府必须面对的一大社会问题。为了解决这一问题，政府制定政策，并出资资助各种法人团体建立儿童收养院或孤儿院。在印度"中央收养资源管理处"注册登记的全国各类儿童收养机构共有 80 家，从事国内外的儿童收养业务，有 27 个国家的 307 家收养机构与这个管理处有联系。从 1995 年建立到 2001 年，管理处共办理了 16886 宗儿童领养业务，其中 7315 宗为涉外领养。除了这些正常的收养机构之外，有不少人贩子挂着"收养院"或"孤儿院"的招牌，在"合法"机构的掩护下，大量收容儿童而后转卖。印度警方曾查封过不

① http://news. sina. com. cn/w/2006 - 11 - 24/121611607193. shtml.

少类似机构。人贩子从贫困父母手中以 1000 卢比到 3000 卢比的价格买来孩子,再以 5000 卢比至 10000 卢比的价格把他们卖给"收养机构","收养机构"再以 2000 美元至 5000 美元的高价将儿童卖给领养家庭赚取更高利润。印度警方在调查非法买卖儿童的案件中发现,被买卖的儿童中有一些是被他们的父母卖掉的。出于贫困和性别歧视等原因,一些父母会卖掉他们的孩子。①

3. 童婚

童婚现象大多发生在印度北部的几个邦中,尤其是经济社会相对落后的农村贫困地区。有调查显示,1998 年在中央邦,有 14% 的女孩结婚时年龄在 10～14 岁之间。

据中国日报网站消息,2002 年 4 月 20 日,在仅仅一天的时间里,在旁遮普邦首府昌迪加尔市有近 3000 名儿童举行了集体婚礼。参加婚礼的新郎或新娘年龄仅有 4～13 岁。尽管印度法律禁止童婚,但受传统习俗和经济因素的影响,童婚在印度相当普遍。每年约有 20 多万对未成年人结婚。据印度 2001 年人口普查数据显示,15～18 岁的女性中,已婚者接近 45%。

> 新娘拉德哈·贾特夫只有 11 岁。这是她第一次见到凯拉什。凯拉什 20 岁了,几乎大她一倍。他们一结婚,拉德哈就要离开父母,到她丈夫家中生活。她没有和他们见过面。她父母家在32 公里外。拉杰格尔周围的村庄几乎没任何汽车,公交车也很少,因此这段路段显得很远。"我不怕",拉德哈坚持说。她为结婚而感到兴奋。她的举止仍然稚气十足:艳丽的化妆和闪亮夺目的鼻圈没能把她变成女人。她的妹妹杰奥西在她身边蹦蹦跳跳,很兴奋,她羡慕拉德哈的婚礼。对她来说,这只是一个游戏。在拉杰格尔城外的神庙里,官员登记了当天 32 对结婚者的名字。这些新婚夫妇中,有 25 对至少一方是未成年者。而这个寺院只是中央邦和邻近拉贾斯坦邦数百座人们涌去结婚的寺院之一。

---

① http://www.gmw.cn/01gmrb/2001－08/03/19－4287428D24D287BD48256A9D0000BD5A.htm.

一些官员说印度每年的童婚者多达20万对，但是根本没有官方统计数字。联合国儿童基金会称，这是一种习俗，许多妇女没有获得接受教育的机会就被迫出嫁了，好像一件被家人卖掉的财物。她们往往因为过早生育而损害了自己的健康。①

尽管法律禁止童婚，但绝大多数执法者或政府官员都不敢或不愿意认真执行有关法律。因为那很难而且存在危险。

维尔玛是妇女儿童福利署的官员，她刚开始从事这项工作。她听说有3个来自同一个家庭的未成年姑娘要在这个村子结婚。所以，前一天，她到达村子访问了这个家庭，要求看一看这3个女孩的出生证明。她想劝这个家庭不要把未成年女儿嫁出去，但是没有成功。那天晚上，有人来敲了她的门。她开门了，一个青年男子抽出刀来猛砍她的双手和头颅。她的一只手被砍断了，另一只手受了重伤。砍断的手后来做了9个小时的手术才被接上……警方逮捕了一个行凶的23岁的青年。②

早在1929年，英国殖民当局在童婚现象最严重的拉贾斯坦邦宣布了禁止童婚的法律：18岁以下的男子和14岁以下的女子不准结婚。1949年，男女结婚的最小年龄分别修改为18岁和15岁。1978年，男女结婚年龄提高为21岁和18岁。为了抑制童婚现象，2006年2月，印度最高法院颁布法令，要求在全国范围内推行婚姻强制登记制度。根据这一法令，新娘和新郎必须申报年龄并进行登记，婚姻才有效。2006年12月，印度联邦院又通过一项遏制童婚的有关法案。该法案提出，主持未成年人婚礼的宗教人士或其他人员将被判处最高两年监禁和10万卢比（约合2200美元）的罚款。

4. 街头流浪儿童

1993年世界卫生组织的一个报告指出，导致街头流浪儿童产生的原因主要有：家庭破裂、武装冲突、贫困、天灾人祸、饥荒、体罚和性虐待、剥削、移民、城市化与人口过度拥挤、传统习俗（acculturation）、被家

---

① http://news.sina.com.cn/w/2005-06-17/18236973396.shtml.

② http://news.sina.com.cn.

庭抛弃等。在拉丁美洲的危地马拉和哥斯达黎加以及亚洲的菲律宾出现了这种极端的案例,即,政府心照不宣地接受或参与到谋害街头流浪儿童的社会清除活动中。①

印度一家专门从事拯救街头流浪儿童的非政府组织(Ⅰ–India)认为:"不要被印度的经济增长所蒙蔽,对于大多数人而言,他们世代的生活条件并没有得到改善。数亿人生活在种姓制度和性别歧视的包围之中、生活在贫困—童工—文盲—贫困的轮回中。他们在世界上最恶劣的生存环境中苟延残喘。与非洲或其他地方的儿童相比,印度儿童的营养更加不良、卫生条件更加恶劣、失学更多、文盲更多、早婚更多。"②

印度是世界上流浪儿童最多的国家,也是童工最多的国家。虽然印度政府采取了一些措施和政策宣布童工违法,但是,营养不良、饥饿、健康、吸毒、行窃、性剥削、警察与铁路部门的折磨以及体罚和性虐待等问题与街头流浪儿童形影相随。③

印度的街道成了约1800万儿童的家。吸毒、酗酒和抽烟在这些无家可归的儿童中猖獗蔓延。④ 大多数儿童靠擦皮鞋、乞讨甚至盗窃为生,遭受歧视,甚至被视为垃圾。生活在街头的流浪儿童通常失去了家庭的关爱和保护,大多数儿童年龄在5~15岁之间,每个城市的流浪儿童人口都不一样。街头流浪儿童住在垃圾箱里、公园里或者街道上,一些儿童白天在街上度过,晚上与贫病交加的父母住在一起,一

---

① "Bands of children back on streets in San Jose". www. amcostarica. com. http://www. amcostarica. com/050702. htm. Retrieved 2008 – 02 – 07. "Armedcon: Countries, Guatemala – Historic Award to Guatemalan StreetChildren Families". www. essex. ac. uk. http://www. essex. ac. uk/armedcon/Countries/Americas/Future/Text/Guatemala006. htm. Retrieved 2008 – 02 – 10. "Death squads roam Davao – UN, monitors". The Manila Times Internet Edition. www. manilatimes. net. Archived from the original on 2008 – 06 – 26. http://web. archive. org/web/20080626024021/http://www. manilatimes. net/national/2008/feb/13/yehey/top_stories/20080213top6. html. Retrieved 2008 – 02 – 12.

② http://www. i – indiaonline. com/sc_crisis_stats. htm.

③ http://en. wikipedia. org/wiki/Street_children 2011 – 1 – 14.

④ Young doctors' minister to India's street children, CNN. com.

些儿童由于失去了成人的监护或关爱完全住在街上。

街头流浪儿童白天乞讨或沿街叫卖的收入晚上交给家人，他们可能在上学，有家的归属感，由于家庭的极度贫困，他们最终可能会选择永远流浪街头的生活。他们与家庭的关系纽带很脆弱，时断时续。他们常常遭受虐待、放任不管、剥削。女孩子会在很小的年龄被迫卖淫。许多街头流浪儿童离家出走是因为他们遭受毒打或遭致性虐待。更为悲惨的是，他们离家出走后面对的是更进一步的虐待，成为被剥削的童工和卖淫者。虐待不仅剥夺了他们的肉体安全，也给他们的心灵带来了创伤。

印度的街头流浪儿童生活在街头的主要原因是他们的家庭因为贫困和移民本身就没有家，或者是被抛弃，或者是孤儿，或者是为了免遭虐待而离家出走的。他们总是营养不良，缺少教育和医疗，早早地就当童工。卖淫、性虐待和吸毒是他们遭遇的主要问题。虽然同是印度公民，但他们与中产阶级的儿童却生活在不同的世界。作为一个被孤立的民族，他们成为地球上最贫困的民族之一。①

这些 5 到 18 岁的街头流浪儿童靠擦皮鞋、洗车、找车位、捡破烂、卖彩票和报纸等为生。他们也在汽车修理铺、建筑工地和旅馆当苦力和帮工。日平均收入在 15 到 20 卢比之间。

捡破烂儿童每天天不亮就起来开始周而复始的工作。他们赤着脚、弯着疼痛的腰扛着重重的麻袋，里面装满了一天捡来的破烂。他们的衣服又脏又破又不合身，根本就无法抵御潮湿和寒冷。街头流浪儿童的生活十分艰辛，他们每天都在市区和火车站把每个垃圾堆翻过底朝天，与此同时，还必须与野狗和牲畜争夺与搏斗。他们把捡来的可循环的垃圾分成废纸、塑料、瓶子、骨头、金属以及人们扔掉的腐烂食物。他们把这些垃圾装满麻袋、用捡来的食品填满饥肠辘辘的胃。如果没有捡到破烂，他们就会行窃求生。如果捡够了破烂，他们就会冲向路边的小食摊缓减饥饿。所有拾破烂儿童都有固定的废品收购商收购他们的破烂。他们获得的只是一点可怜的报酬，有时候这点可

---

① http://www.i-indiaonline.com.

怜的报酬也会被收购商没收用来偿还之前强行借给他们的钱。他们时常忍饥挨饿。如果他们同另一个废品收购商谈了个好价钱,就会遭受毒打和捆绑。傍晚,他们又开始捡破烂。然后分类卖给废品收购商,夜晚就在街上或墓地闲逛,在那里常常遭到剥削和虐待。年龄大的捡破烂者和心术不正的成年人给他们毒品吸食或威胁他们提供性服务,他们因此而染上艾滋病,以及许多其他性病和威胁生命的疾病。

街头流浪儿童把大部分的钱都花在了吸毒、酗酒、吸食致幻剂和赌博上。他们常常卷入街头群殴。由于钱少而时间多,他们很容易陷入有损身心健康的环境中。

拾破烂者并非乞丐。他们工作很努力,把捡破烂视为一种职业。他们靠此赚钱,也得到了用不完的自由支配的时间。他们彼此忠诚和保护对方,分享食物和收入。这些拾荒者会骄傲地认为他们是自己生活的主人。

印度首都德里有40万街头流浪儿童。大街小巷就是他们工作的地方,同时也是其中10万儿童的家,因为他们无家可归。街头流浪儿童从事捡破烂、卖茶水、路边卖小吃、擦皮鞋、沿街叫卖等工作。流浪的生活是艰辛和危险的,他们面临虐待和警察的冷酷无情,容易受到毒品的危害,身心健康得不到保障。①

在斋普尔,街头流浪儿童遭遇的问题是长期存在的。就像印度其他城市一样,斋普尔市具有两面性;一方面是繁荣的珠宝业和旅游业,另一方面是随处可见的贫民窟和极端的贫困。作为贫穷的沙漠之邦——拉贾斯坦邦的首府,斋普尔在最近几次干旱时成为大规模移民的中心。这些移民和其他穷人以及他们的孩子住在违法临时搭建的蜗居里、帐篷里甚至是人行道上的一块毯子里,还常常遭到市政当局的驱赶。在斋普尔有成千上万赤贫的孩子、离家出走的孩子和孤儿,过着吃了上顿不知下顿在哪里的日子。对于他们而言,教育成了不可企及的奢侈品,或者是不相关的东西。他们失去了幸福的童年,对未来的幸福生活也不抱多大希望。

---

① http://gvnet. com/streetchildren/India. htm.

在斋普尔，街头流浪儿童的主要工作就是拾破烂，一些才六岁左右的孩子天不亮就起床背着一只大口袋在垃圾堆中筛选可回收的废品。人们常常见到他们用手和脚同猪狗一起在垃圾堆中搜寻和争夺。在斋普尔，人们常常见到生活在人行道边的家庭，或一排排睡在火车站的流浪儿童。

也许印度最贫困、处境最不利的群体当属千百万街头儿童。他们在社会的夹缝中求生，缺少爬上社会顶层的阶梯。他们像父辈一样地生活，他们的孩子也将像他们一样地生活下去。

（三）城乡弱势群体

根据印度全国第十一次发展规划统计，印度贫困线下人口超过3亿。虽然，印度成功地把贫困人口从1973年的55%减少到2004年的27%。但全国11亿多人口约有1/3生活在贫困线下，大部分穷人生活在农村，贫困状态对于约30%的农村人口来说仍然是一个漫长的过程。由于农村人口移民城市，在过去三十年里农村贫困人口在某种程度上有所减少。全国农村地区贫困人口主要集中在表列种姓和表列部落中。2005年两类群体占了农村贫困人口的80%，虽然他们只是农村人口的一小部分。在导致贫困的原因中，根据 S. M. Michael 的观点，由于种姓制度的原因，贱民占穷人和失业人口的大多数。种姓制度在农村地区很普遍，贱民们仍然遭到隔离。①

印度最贫困人口大部分生活在半干旱的热带地区。这些地区由于水资源匮乏和周期性的旱灾阻碍了绿色革命在其他地方所实现的农业变革。从北方邦东部到阿萨姆平原，尤其是比哈尔邦北部洪水泛滥地区贫困现象非常严重。

森林地区的部落民也深受贫困的困扰，他们在失去资源后生活更为贫困。在沿海渔业地区，由于环境恶化、资源匮乏、易受自然灾害，人们的生存状况也在恶化。印度农民贫困的主要原因是缺乏生产资

---

① William A. Haviland, Anthropology: The Human Challenge, 10th edition, Thomson Wadsworth, 2005, ISBN 0 – 534 – 62361 – 1, p. 575.

料和资金。文盲率高、缺医少药、几乎没有社会福利等现象在农村贫困人口中十分普遍。①

从印度官方公布的数字来看,印度在减轻贫困方面是取得了一定成效的。1990年全国贫困线下人口占总人口的37.5%,到2000年,贫困线下人口降至26.1%。但要实现2015年将贫困人口再减半的预定目标,印度却还面临着艰巨的挑战。印度目前仍然有超过1/4的人口生活在贫困线以下。重要的健康指标如孕产妇死亡率和五岁以下婴幼儿死亡率也没有明显的改善,消除营养不良的努力所获得的成就不高。富裕人口与贫困人口之间的差距在不断扩大。几乎一半的贫困人口(约1.33亿)集中在社会发展指标最差的北方邦、比哈尔邦和中央邦等邦中。城乡之间的不均衡发展状况十分明显,农村地区集中了贫困人口的3/4。官方统计数据表明,印度仍然有2.6亿~2.9亿贫困人口。如果用每人每天1美元的消费这一贫困标准来衡量,则贫困人口约为3.9亿。

印度1993~1994年度依据人均消费支出数据划定的贫困线,在农村地区是322卢比每人/月,在城镇地区为398卢比每人/月。消费支出不包括卫生与教育的支出,因为印度宪法规定,卫生与教育这两项社会服务由政府提供。1999~2000年度,印度计划委员会制定的贫困线是农村地区328卢比每人/月,城镇地区为454卢比每人/月。2004~2005年度,农村人口实际人均月消费支出为559卢比,城市为1052卢比。尽管印度2005年经济增长率为7.5%,但农村中10%最贫穷人口每日消费支出仅为9卢比(约合20美分),城市中10%最贫困人口每日人均消费也仅有13卢比。② 10%最贫困人口的消费支出与城乡人均消费支出相比有显著差距。

按照印度政府颁布的贫困标准和印度计划委员会的数据,1983年和1993年贫困线下人口占全国人口总数分别为44.48%和35.97%,贫困人口总数分别为3.22亿和3.20亿。10年间,贫困率虽然下降了

---

① http://www.ifad.org/poverty/chbibl.pdf 2011-01-11.

② http://www.cpad.gov.cn.

约 8.5 个百分点,但贫困人口的绝对数量并没有减少。到 2000 年,农村人口贫困率为 27.09%,人数为 1.93 亿;城市人口贫困率为 23.61%,人数为 0.67 亿,全国总的贫困人口为 2.60 亿,占人口总数的 26.10%。从总的趋势看,1983 年到 2000 年的 10 多年里,印度的贫困率在下降,但贫困人口数量仅减少了几千万。

1. 贫困人群

印度贫困的发生有着相对明显的地域性和特定人群。印度的东部和东北部地区相对于全国其他地区贫困人口多,而贫困人群又主要集中在农村中的无地、少地农户。表列种姓和表列部族群体是无地农户的主体。印度东部和东北部地区主要包括奥里萨邦、西孟加拉邦、阿萨姆邦、比哈尔邦和北方邦东部等地区。印度最贫困的 4 个邦,北方邦、比哈尔邦、中央邦和奥里萨邦是印度的人口大邦,4 个邦的总人口占到全国总人口的 39%,这 4 个邦中都有超过 55% 的人口生活在贫困线下。这些邦的人口密度高,文盲率高,城市化水平低,土地人口承载率高,而粮食单产量低,这许多因素共同导致高贫困率。这几个邦的贫困人口占全国贫困人口的 1/3,其中比哈尔邦又是东部地区最贫困的邦。多年来这些邦的贫困状况始终没有多大改变。1983 年时,奥里萨邦、比哈尔邦、西孟加拉邦和泰米尔纳德邦都有近 50% 的人口处于贫困线下,但到了 2000 年,泰米尔纳德邦和西孟加拉邦已经将其贫困人口减少了近一半。但奥里萨邦和比哈尔邦仍旧是贫困率最高的邦。

这些贫困地区的经济活动主要为农业,生产发展缓慢。例如,从 1951 年开始,印度全国农业年增长率平均为 2.5%,但比哈尔邦却只有 0.7%。全国粮食产量自 1950 年年均增长率为 2.32%,略高于 2.24% 的年均人口增长率。但比哈尔邦的人口增长率为 2.13%,粮食年均增长率却只有 0.84%。奥里萨邦的年均人口增长率为 1.82%,粮食年均增长率为 0.42%;西孟加拉邦人口增长率为年均 2.09%,粮食年均增长率为 1.29%。由于这些地区的粮食增长率低于人口增长率,人口密度大,人均土地占有面积日益减少,而城市化程度低,工业不发达,人均收入始终低于全国平均水平。

在这些贫困地区,无地和少地农户、农村中的各类匠人、表列种姓、表列部落人群以及妇女和残疾人为主要的贫困人口。

20 世纪 80 年代初期,印度农村大约有农户 1.05 亿户。有大约 5000 万户为边际农户(政府将拥有土地小于 1 公顷的农户界定为边际农户),这些边际农户平均拥有土地小于 0.5 公顷;此外还有大约 1000 万无地农户。印度有学者认为,在无灌溉条件情况下,一个农户大约需要 4~6 公顷耕地才可维持生存。在有灌溉条件和科技种田的情况下,1 公顷耕地即可维持生存。依据上述数字和观点,农村中的 5000 万边际农户和 1000 万无地农户,即全部农户中至少约 60% 的农户无法单纯依靠自有土地生存。他们必须寻找其他的就业机会才可维持最低家庭生存需求。尽管印度政府制定了土地最高限额法令,将大地主手中限额外的土地分配给无地农户,但这种土地改革由于各种原因进行得不彻底,高等种姓仍然拥有 90% 的土地,并且是好耕地。低等种姓拥有的土地多是碎小和边缘地块。另外,随着人口的膨胀,农村中传统大家庭的解体,土地碎化现象日益严重,户均土地占有量越来越低,无地农户有增加的趋势。

无地和少地农户成为农村地区的主要贫困人口,约占农村人口的 3/4。由于没有土地,他们难以摆脱贫困。如北方邦北部的比基诺(Bijnor)县是一个可以种植各种高产农作物如小麦、水稻和甘蔗等的地区。这里的农民根据土地占有情况大致分为 4 种类别:富裕的、中等的、少地的和完全无地的贫民。富裕农户平均拥有 2 公顷以上的土地。少地农户通常约只有 0.4 公顷土地,他们不得不租赁别人的土地耕种或者寻找其他的替代收入,如帮助他人耕种。完全无地的农民则只能靠打工维持基本生存。在整个比基诺县,约有 20% 的村民为无地农民,另有 40% 的村民所拥有的土地不足以维持生存。对于农村居民来说,没有土地就等于没有生活保障。因此农民们梦寐以求的就是得到一块自己的土地。印度政府多年也一直在进行着土地再分配的工作。但无地农民要想通过政府分得一块属于自己的土地并不是一件容易的事情。例如在这一地区的一个村子里有一位名叫纳斯兰的妇女,她的家庭就属于无地农户。从 20 世纪 50 年代中期结婚后开始,她和她的丈夫就一直梦想着能有自己的土地。她的丈夫季节性地替别

人照看一个芒果园,可以获得大约 2000 多卢比的工钱。她自己借了
3000 卢比买了一头母水牛,饲养水牛卖牛奶。他们觉得日子还过得
去。但他们还是希望能够从政府那里分得一块土地,因为按照规定他
们可以分得 0.2 公顷的土地。虽然这么一小块土地是无法维持生存
的,但他们还是盼望着。为了得到土地,早在几年前他们就给了负责
土地管理的官员 500 卢比的贿赂,希望那位官员将他们的名字在众多
的等候人名单中往前挪一些,以便早一些得到土地。但直到 1991 年,
他们还不知道自己是否能够得到土地,能够得到多少土地。①

　　在印度,除了这种无地和少地的农民生活贫困之外,还存在着为
数不少的为法律所禁止的"契约劳工",他们是农村中最为贫困的人。
所谓"契约劳工",就是借钱的人向债权人借钱时,双方要订立书面或
者口头合同,债务人在无法还债时同意通过为债权人劳动的方式偿还
债务,这个债务人被称作是"契约劳工"。债权人与债务人之间订立的
这个"契约"是非常苛刻的。"契约劳工"(Bonded Labor)制度的可恶
之处在于,债权人不仅通过这种方式恣意剥削债务人,并且其"契约"
对债务人的直系亲属(包括直系亲属中的长辈)也形成约束力。由于
债权人的恣意盘剥,借钱的人有可能一辈子都还不清高利贷,这就导
致债务人的子女有可能生来就成为"契约劳工",并近一步陷入世世代
代还不清债务的境地。印度的一些童工就是"契约劳工"制度的产物。
早在 1976 年印度政府就已经颁布了《契约劳动制度(废止)法案,
1976》(Bonded Labor System (Abolition) Act ,1976),并制定和实施了"契
约劳工"解救计划。但是直到今天,印度仍然存在着不少的"契约劳
工"。"契约劳动"不仅存在于农村,在各行业中,甚至在家庭中,都存
在着。但以农村最为严重。印度全国究竟有多少人沦为契约劳工,没
有人能统计出一个确切的数字。据印度有关人士的估计,仅在卡纳塔
卡邦就有 20 万,这还不是最终数字,有许多人的契约劳工身份因各种
原因并没有被统计入官方数字中。农村居民借钱的原因很多,主要包

---

① Don't marry me to a plowman! *Women's everyday lives in Rural North India*,Patri-
cia Jeffery and Roger Jeffery, Westview Press, 1996. pp. 4 - 12.

括贫穷、意外事件的发生如牲畜的死亡、患病、自然灾害、为子女操办婚事或举行其他各种宗教社会仪式。在农村，当这种契约劳动关系形成时，有相当一部分债务人将自己年幼的孩子抵押给债权人做契约劳工。当这种情形发生时，做父母的实际上是把子女当做自己的私有财产抵押出去了。农村地区高利贷盛行和农户不能从正规渠道如官方银行得到资金帮助有直接关系。当农村居民急需资金用于生产和应对紧急事件时，他们不得不向私人借贷。

在贫困率很高的比哈尔邦，85%的人口居住在农村，80%的劳动力从事农业生产；尤其是南部平原地区，由于人口膨胀，人口密度过高，达到每平方公里609人，导致人均耕地占有量日益减少，无地和少地农户日益增多。约有25%的农户完全没有土地，靠租种他人土地或在农忙季节打短工为生。这些在农田里为他人打工的无地农民被政府称做"农业工人"。农业工人实际上一年当中只有几个月有活可干，其就业时间有着很强的季节性。在农闲时他们不得不外出打工。即便是在农忙季节，由于雇佣他们帮工的雇主付给的报酬很低，以至于有越来越多的年轻人不愿意在农村打工。十几、二十几岁的男青年纷纷涌进城镇，到大大小小的各种工厂、企业中打工，或是到旁遮普邦和哈里亚纳邦这类农业发达地区做农业工人。

表列部落民的贫困率很高，这有很多原因。一是因为表列部落民生产方式落后，生产率低。一些原始部落至今仍旧实行轮耕或刀耕火种。据统计，在东北部的几个邦，奥里萨邦、安得拉邦和喜马偕尔邦，大约有60万表列部落家庭居住在山区坡度较大的地方，并在这里以轮耕的方式耕种。印度政府早已意识到这种生产方式对脆弱的自然环境的破坏，印度农业部也在这些地区推行一些控制和替代措施，但进展十分缓慢。此外，分散的小农户没有灌溉设施，缺乏抵御自然灾害的能力，土地肥力下降，甚至于野生动物、病虫害都严重制约着农业产量。还有一些表列部落同森林有着极其紧密的联系。许多部落，尤其是一些原始部落，依靠森林物产生存。印度政府于1988年出台了国家森林政策，规定凡与森林管理有关的所有机构应该确保当地表列部落参与林业生产，以保证他们的就业。但这并不能解决原始部落民的贫困。由于政府划定的国家公园、自然保护区、野生动物保护区和其他环境恢复工程占用林地所产生的后果,表列部落村寨依旧缺少发展,贫困没有得到减轻。

表列部落民贫困的另外一个原因与经济发展过程中对弱势群体的忽视甚至剥夺有关。表列部落历史上多居住在森林、草原等人口密度较低的地带,过着较为原始封闭的生活。但随着经济发展和各种基础设施的建设,表列部落民赖以生存的土地被大量占用,许多大型的灌溉设施、水坝、水电站、矿山和其他工业设施就建在他们的村落旁。同时大量的外来人口进一步挤压了表列部落人口的生存空间。与表列部落民相比较而言,外来者有着强大的经济、社会优势。外来者无论在教育水平、劳动技能、经商能力甚至在资金方面都显示出绝对的优势。失去传统的赖以生存的生计和土地的转让使得表列部落民陷入贫困状态,他们在经济发展的过程中没有获得相应的利益。尽管印度政府设计和实施了一系列的计划和工程,但却没能从根本上解决问题。据统计,从1951年到1990年大约共有2130万人口发生迁移,主要发生在安得拉邦、比哈尔邦、古吉拉持邦、马哈拉施特拉邦、中央邦、拉贾斯坦邦和奥里萨邦等,其中,大约有854万(占40%)为表列部落。这些离开了传统栖息地的表列部落人口中只有大约212万人(占24.8%)得到了安置。据印度政府农村发展部(Ministry of Rural Development)的数据,截至1999年1月,在安得拉邦、阿萨姆邦、比哈尔邦、古吉拉特邦、喜马偕尔邦、卡纳塔卡邦、中央邦、马哈拉施特拉邦、奥里萨邦、拉贾斯坦邦和特里普拉邦,经过政府登记已发生表列部落土地转移的案件46.5万件,涉及土地面积达91.7万英亩(1亩合0.1644英亩),但其中只有20万件土地转移案件有可能给15.6万个表列部落家庭带来益处。① 而其他的土地转移案件给原土地所有者带来的可能只是损害,甚至是生存机会的剥夺。

与普通农村家庭相比,表列部落家庭所拥有的土地普遍较少。表列部落农户中,约有42.9%的家庭为边际农户,有24.1%的家庭为小

---

① http://rural. nic. in.

农户,只有2.2%的表列部落家庭拥有10公顷以上的土地。

在印度农村,没有土地意味着贫困。解决土地问题成为各邦政府的一个老大难。2001年7、8月间,喀拉拉邦的瓦亚娜德(Wayanad)县有32人因饥饿死亡。死亡事件引发了持续48天的骚乱。一个名叫"部落民与贱民行动委员会"(Adivasi Dalit Action Council)的非政府组织以此为契机带领表列部落民同政府开始谈判,提出分给每一户没有土地的表列部落民家庭5英亩土地。迫于压力,最终政府承诺在2002年1月开始向每户无地的表列部落民家庭提供1英亩土地。但据喀拉拉邦官方统计数字显示,喀拉拉邦有表列部落民32万人,在发生因饥饿死亡32人的瓦亚娜德县就有约11.4万人。如果政府真的向每一户无地的表列部落民家庭提供1英亩土地的话,将会产生大约1.7万多英亩的土地缺口,政府从哪里获得可用来分配的土地呢?显然,问题十分棘手。政府的承诺恐怕永远只是一种承诺。无地的农民只有苦苦地继续等待。即便是一些分配到土地的农民也无法因此摆脱贫困。事实上,一些无地农民拒绝接受政府分配的土地,因为政府分配给他们的土地都是无法耕种的不毛之地,没有水源,远离居民点。对于没有任何资金和生产资料的贫困农民来说,这样的土地是无法耕种的。

无地的农村劳动力,只能依靠打工维持生计。在北方邦的阿拉哈巴德县,有一个小村子,50户人家,有居民290人;其中,成年人171人,5~10岁儿童101人。村子里的大多数居民都是部落民。村子位于多石地带、土地全部靠自然降水,没有任何灌溉设施,一年只能种一季庄稼。大多数家庭依靠出卖劳动力为生。村子里那些没有土地也找不到活干的家庭的状况是十分可怕的。在2004年,这些人平均每个月大约只有10天有活可干,而每天可获得的报酬仅为10卢比,约合0.2美元。大多数家庭依靠到树林里捡拾柴火出售维持生活。尽管印度政府为贫困人口制订了许多的救助计划和福利计划,但这些计划却从来没到达过这个小村子。无论是小学生免费午餐计划、残疾人年金、寡妇年金、粮食补助卡、普遍农村就业计划或母亲福利计划,这里的村民们也从来没有享受过。①

　　农村中的贫困农户，为维持生存，几乎所有有劳动能力的家庭成员都要或多或少地外出做工，包括妇女和儿童。在农忙季节，来自东部奥里萨邦、西孟加拉邦和北方邦等地的农业工人大量涌入旁遮普邦和哈里亚纳邦等农业发达地区。他们通常是拖家带口，男女老幼全家一起劳作，就住在临时搭起的小棚子里。农忙过后，他们就带着勤劳苦作换来的血汗钱回家。旁遮普邦的农场主们十分欢迎这些来自东部的农业工人，不仅因为他们吃苦耐劳，而且不必为他们提供诸如住处等任何生活与劳动保障。

　　除了做农业工人之外，大量的农村剩余劳动力涌入城镇，寻找就业的机会。在城市中，这些穷人所能找到的挣钱的地方通常是在街道或马路上，如拉三轮车、擦皮鞋、贩卖水果等。除了这些零散地分布在街道上的打工者，在城市郊区的工厂里还有成千上万来自农村的农民工在包工头手下做工。古吉拉特邦的南部地区近些年来经历了一个快速城市化的过程，其城市化程度高于其他地区。在该邦的平原地带，从南到北形成了一条工业生产走廊。南部的苏拉特市以宝石加工和人造丝生产为支柱产业。在这些工厂中做工的多是农村剩余劳动力。在海边的盐场、在城市中的建筑工地上，到处都是农民工。出于城市建设的需要，采石场、砖厂需要大量的工人。就连城市郊区的农场主也在清晨到城市里熙熙攘攘的劳务市场上雇用临时工。这些打工者大多是 15～25 岁的男性。

　　打工者的打工方式很多，有日工、临时工、季节工、长期工等。他们一旦没有了工作返回到农村，仍旧面临贫困。

　　近 10 年来，尽管印度经济持续高速增长，但贫困人口却未能从中受益，尤其是农业人口。2006～2007 财政年度的农业增长率不到 3%。在马哈拉施特拉邦、卡纳塔克邦等农业大邦，许多农户需要向银行借贷购买种子、农药和肥料，但当因为天气和病虫害等原因而减产甚至颗粒无收时，借贷农户就无法按时还款，这时银行按照规定就会拒绝

---

　　① http://www.righttofoodindia.org.

继续放贷。这些农民只好向私人钱庄高利举债。而这种高利贷的利息会高达 30% ~ 40%。恶性循环使许多农户欠下巨额债务,走投无路时,户主就会抛下妻儿自杀。农民自杀事件集中发生在几个主要农业邦。在印度中部棉花和柑橘种植区维德尔帕,近两年来,农民自杀现象引起人们的关注。印度人将维德尔帕称为"农民自杀之都"。据当地一家关注农民自杀现象的民间组织称,2006 年,仅维德尔帕所辖 6 个县,自杀农民的数量就超过了 1250 人。① 印度国有银行曾根据总理辛格的指示,向农民提供 8.15 亿美元的农业贷款,减免所有贷款利息,帮助农民偿还部分债务,但这还是解决不了根本问题,因为多数农民是还不起本金的。据《中华工商时报》2007 年 5 月 9 日的报道,印度农业部长帖瓦尔在回答国会质询时表示,尽管政府拿出巨额经费补助农民,但在过去的 4 年时间里,印度 7 个主要农业邦和直辖区,仍有 8263 名农民因沮丧和绝望而自杀。为此,政府已经决定不再采取补助的方式向农民提供这类帮助。

凡是到过印度的人,都会实实在在地看到和感觉到印度贫困人口的存在。无论你走到哪里,你都会看到穷人,看到乞讨。这种眼见的贫困常常会使人怀疑印度政府公布的贫困率和贫困人口总数,会认为政府的数据是保守的,是低估了贫困状况。这种现象是有原因的。

首先,印度宪法保证所有公民有自由迁徙的权利。农村的穷人来到城镇后,就在没有权属的土地上搭建窝棚,天长日久就形成了贫民窟。另外一个原因恐怕和印度政府的贫困标准与政策执行有关。近年来,有学者指责政府制定的贫困标准过低。有学者认为,为了减少财用于对贫困群体救助的支出,政府将贫困线标准定得过低。还有一些非政府组织或学者通过实际调查得出结论,认为在政策执行过程中,原本一些应该被认定为贫困家庭的弱势群体由于各种原因被排除在外。同时由于腐败等其他原因,一些相对富裕的家庭却被认定为贫困家庭从而获取政府的各种补贴。

如在中央邦,为甄别出贫困人群,当地行政管理部门制定了一份

---

① 　http://world. people. com. cn.

调查问卷,然后依据调查问卷的得分确定被调查者是否属于贫困线下家庭。贫困线下家庭可以得到政府的救助和其他各种福利。受访者根据提问回答问卷中的各种问题。这些问题包括收入、房屋和土地等状况。问卷总分的分数越低表明其贫困程度越高。但由于问卷设计和调查人员掌握尺度等各方面原因,许多明显应纳入贫困范围的家庭却获得了较高的分数,从而被排除在受助家庭之外。如中央邦政府在实施农村整体环境卫生工程中,以每户补助 650 卢比的方式共资助了 100 万户家庭修建厕所。但在贫困调查中,凡是修建了厕所的贫困家庭都为此增高了 3~4 分。同样,一些贫困家庭在政府的扶贫计划"农村住宅计划"(Indira Awaas Yojana)中,用政府补助的 2 万卢比将茅草屋翻建成瓦房后,尽管房子的总面积只有 20 平方米,但也因此增加了这些家庭的分数,从而可能被排除在贫困家庭名单之外。一些更为贫困的家庭,所住房屋完全是政府的"农村住宅计划"所建,尽管总面积很小,但附带厕所。这样的房屋给这些贫困家庭带来的意想不到的后果就是不再被列入贫困家庭名单中。一个家庭所拥有的衣服、收音机、自行车等物品也会增加他们的问卷分数。

在中央邦,一些经济学者通过调查认为该邦的贫困人口并没有像政府所宣布的那样已经减少,反而是增加了。但中央邦政府的农村发展部还是宣布在过去的五年时间里,贫困人口减少了 5.9%,为 37.43%。这一数字引起了相当大的争议。有专家认为,在中央邦,至少有 50 万户生活在贫困线下的家庭没有被纳入贫困家庭名单中。政府公布的贫困率因此受到许多人的怀疑。

2. 饥饿人群

减轻和消除贫困是一个艰巨的任务,但对于印度政府来说减少和消除饥饿人口是一个更为迫切的任务。贫困人口并不等于饥饿人口。饥饿状态是一种赤贫状态。在印度,饥饿人口占到贫困人口的相当大的比重。尽管在 20 世纪 90 年代里印度成功地将饥饿人口总数减少了很多,但离"千年发展目标"的实现还有很大的距离,饥饿人口的绝对数量依旧较高。

1983 年,印度贫困人口中约 33.9% 处于饥饿状态,到 2000 年,这一比重下降为7.7%。在近20年的时间里饥饿人口有了很大的减少。依据印度国家抽样调查组织的数据,饥饿人口在1983年的第38次调查时约1亿人口,为总人口的15.7%,1993~1994年度的第50次调查时为3700万,占总人口的4.5%,到1999~2000年度的第55次调查时为1850万,占总人口的2.1%。数据显示饥饿人口明显下降。但1850万的饥饿人口依然是一个庞大的群体,饥饿问题依旧严重。

据世界粮农组织(FAO)的估计,在20世纪90年代后半期,仍有1/5的印度人口因长期处于饥饿状态而导致营养不良。印度著名经济学家帕特奈克(Patnaik)和1998年诺贝尔经济学奖得主阿玛蒂亚·森(Amartya Sen)都认为印度的饥饿问题在某种程度上一点也不亚于非洲的撒哈拉地区。印度尼赫鲁大学经济研究与计划中心的经济学教授帕特奈克女士认为,根据1999~2000年度的全国样本调查,农村地区有大约40%居民的营养状况低于非洲撒哈拉以南国家。问题突出集中在妇女和儿童身上。她认为,印度营养不良儿童人数是撒哈拉以南非洲国家的两倍。这主要是因为印度妇女和儿童地位低下,得不到足够的关注,由于男性是家中的主要经济支柱,保证男人先吃饱成为贫困家庭无奈的选择。

印度在经历了20世纪60年代至70年代的粮食危机之后,因成功实行了"绿色革命",粮食产量自80年代逐年提高,不但能够基本自足,而且还向外出口。但持续的粮食增产并没有减轻贫困和减少饥饿人口,依旧有大量的人口由于贫困而长期处于极度饥饿状态中,甚至因饥饿和营养不良而导致死亡。有数据显示,印度人均日粮食消费从1990年的476克降低到2001年的418克。人均卡路里(食物热量)的摄入量也从1988年的2200卡路里降低到2000年的2150卡路里。在印度经济高速增长,国民收入不断增加的时候,为什么会有那么多的人反倒吃不饱饭甚至饥饿致死?有人认为这与中央政府调整和实行新的公共分配体系有关。自1997年中央政府改变了粮食补助卡普遍发放政策之后,能够获得粮食补助卡的家庭大为减少。一些贫困家庭根据政府制定的标准不属于特别受助家庭。这导致相当一部分家庭因为没钱以市场价格购买粮食而忍受饥饿。另外还有一些极端贫困家庭即便是领取了粮食补助卡，但仍旧没有钱去政府的补助粮店购买政府补贴价格的粮食。2005年，印度环境与粮食安全中心发表的一个报告称，对拉贾斯坦邦和贾坎德邦的40个村子的1000户表列部落民家庭的调查显示，几乎99%的家庭都处于长期饥饿状态。这些家庭大多不能保证每日两餐吃饱。由于营养不良，导致较高的疾病发生率和婴幼儿死亡率。贾坎德邦是新近从印度北方部划分出来的一个自然资源丰富的部落邦，但在该邦的农村地区有约232万户家庭生活在贫困线以下。这些家庭每年约有6~9个月处于饥饿状态中。在该邦首府Ranchi附近一个叫做克杰里纳库姆（Khijri Namkum）的小村子里，共有72户人家，全村只有一户家庭可以全年吃饱饭。有10户家庭所拥有的土地可以生产出全家半年的口粮。其余的近60户都是没有土地的家庭，依靠出卖劳动力，可以有3个月有饭吃。按照印度政府的粮食救助政策，这些赤贫的家庭都符合政府粮食救助标准，应该得到政府的粮食补助卡，到政府公共分配系统所属的低价粮店里购买价格补助粮。但这个小村子里只有15户人家得到政府颁发的粮食补助卡。在邻近的另一个小村子里，45户人家没有一家得到过政府颁发的粮食补助卡。有一位母亲曾流着眼泪无奈地看着幼小的孩子死于饥饿。当地的居民认为，约有70%的农村家庭存在不同程度的缺粮状况。但根据政府的全国样本调查数据，贾坎德邦境内只有10.46%的家庭存在季节性缺粮。官方数据又一次和居民的实际感受产生差距。①

残疾人家庭的贫困率远高于普通家庭。由于丧失劳动能力，残疾人家庭大多常年处于饥饿状态。根据官方数据，仅在中央邦就有残障人口113.1万人，其中78%即89万人生活在贫困线以下。虽然政府为残障人建立了社会保障年金（social security pension），但事实上只有少数人能够获得社会保障年金。残障人口得不到社会保障的救助，主要是由于社会对残障人的漠视、歧视和官僚机构的腐败等原因造成

---

① Hunger in picture – postcard Jharkhand By Anosh Malekar. pp. 1 – 2. http://info-changeindia. org/index2. php option = com_content&do_pdf = 1&id = 207.

的。在政府消除贫困的各项工程或计划中,专门针对残障人口的保障工程或计划没有得到应有的重视。这说明政府没有充分意识到疾病或残障是导致贫困的重要原因。在中央邦巴德瓦尼县的帕蒂村有一个名叫纳图的患有精神疾病的残疾人。他和妻子住在一个非常小的茅屋里。他的妻子靠打零工维持着他们的生存,但因为要照顾残疾的丈夫她有时不得不留在家里。村委会和村民都认为纳图家应该获得政府的救助,但这个家庭却得不到政府的救助。按照规定,凡有残疾人的家庭都可以获得"粮食补助计划"的补助。纳图也申请了补助,但由于纳图没有精神残疾证明,他的申请没有能够得到批准。按照规定,纳图需要拿到公立医院精神科医生出具的精神残疾证明书才可以申请补助。但由于巴德瓦尼县的公立医院没有精神科医生,这就使得像纳图这样的人无法得到政府的救助。在中央邦,约有7万像纳图这样的精神残障人。①

究竟有多少人处于饥饿状态,没有一个确切的数字。根据印度计划委员会的估计,全国约有8%的人口每天吃不饱两顿饭。但据联合国粮农组织的估计,印度人口中有2.75亿人处于常年饥饿状态,也就是说,每4个人中就有一人吃不饱饭。

印度媒体经常会报道一些贫困地区发生因饥饿而死亡的事件,但那些地方官员通常会否认死亡原因为饥饿,会宣称经过调查这些死亡者死于某某疾病,通常如腹泻、疟疾等。但这种解释时常不被大众认可。有专家学者指出,贫困地区出现因疾病死亡的现象,主要是由长期营养不良导致的。

据印度国家样本调查数据,全国约有6000万户贫困家庭,有5%的人口处于饥饿状态,每天吃不到两顿饭。2000年中央政府启动了一个"粮食补助计划"(Antyodaya Anna Yojana),该计划就是针对这5%的极端贫困的饥饿人群的。也就是说,并不是所有的贫困线以下家庭都可以得到由"粮食补助计划"发给的价格更为优惠的补助卡。该计划的受益家庭主要集中在农村,包括无地农业工人、边际农、农村手工匠人,如陶

---

① http://www.righttofoodindia.org.

匠、铁匠和地毯编织匠人等。在城镇中主要指人力车夫、手推车夫、水果蔬菜小贩等靠打零工维持生计的城镇贫民。这类受益家庭每个月可以以每公斤小麦粉 2 卢比和每公斤稻米 3 卢比的极低补助价格在配额商店里购买一定量的粮食。2001 年 7 月制定的标准是 25 公斤，从 2002 年 4 月起，每户每月的标准提高到 35 公斤补助粮。计划开始实施时的受益家庭为 1000 万户。2003～2004 年度该补助计划扩大了受益家庭范围，增至 1500 万户，约占到贫困线以下家庭的 23%。新增加的受益者主要是户主为寡妇、临终病人、60 岁以上老人的家庭，他们都是没有可靠的生计手段或社会支持的贫困家庭。2005～2006 年度，这一计划覆盖面再次扩大，总受益家庭达到 2506 万户。①

据印度环境与粮食安全中心 2005 年对拉贾斯坦邦和贾坎德邦的 1000 户表列部落民的调查显示，在有定额补助卡的家庭中，约有一半的家庭持有特别粮食补助卡，这些家庭可以凭借该卡以极低价格获得政府的补助粮。但事实上，只有不到 10% 的家庭能够买到足额的配给。这些家庭得不到配额的主要原因是配额商店店主拒绝卖给他们足额的定量，店主利用价格差，将政府的补助粮拿到黑市去销售，从而攫取超额利润。在贾坎德邦，近一半贫困家庭甚至根本就没有领到过定额补助卡。同样，据报道，在北方邦，有许多持有补助卡的家庭，在过去的几年间，从没有得到过一粒补助粮。一些极端贫困家庭说，如果他们一个季度能够买到一次配给补助粮他们就认为十分幸运了。商店店主和村委会的头儿们相互勾结，扣压补助卡，然后私分补助粮。由于官僚腐败和监督缺位等原因，在补助粮和贫困家庭之间，生长出无数的"蛀虫"，包括官方粮食仓库管理人员、供应监察官员和每一环节上所有官方、非官方人员，这些"蛀虫"成了真正的受益者。奥里萨邦是印度贫困人口十分集中的地区。尽管该邦政府向贫困家庭颁发了许多补助卡，但媒体上仍不时地出现极端贫困者因饥饿而死亡的消息。这些报道让该邦政府官员感到十分诧异，不明白补助卡上显示已经购买了补助粮的这些贫困者为什么还会饿死？据媒体揭露，这些极

---

① http://fcamin. nic. cn/dfpd.

端贫困者事实上根本就没钱购买补助卡上的粮食,他们得到补助粮的唯一方式是将补助卡抵押给农村中放高利贷者,然后再从放贷者那里"借"粮食。放贷者凭借补助卡以政府补助的价格获得补助粮后,以更高的价格再把粮食"借"给穷人。

3. 贫民窟人群

根据印度 2001 年的普查,大约有 4000 万人居住在城镇中的贫民窟里,占城镇总人口的 14.12%。生活在城镇中的贫困人口大约为 6500 万。尽管城镇地区的贫困人口比例已经从 1972~1973 年度的 52%,下降为 1999~2000 年度的 23.6%,但 6500 万的绝对数字仍旧是一个庞大的群体。

城市中大规模贫民窟的存在意味着大量的贫困人口聚集在一起。来自农村的贫困人口迫于生存压力来到城市,从事着最繁重、最脏和最累的体力劳动,换取最低的报酬,维持着最低的生活标准,支撑他们的是摆脱贫困的愿望。一些持悲观观点的印度官员也清醒地意识到,城市并不是为农村贫困人口提供就业的好地方,他们在这里事实上找不到好工作,也挣不到多少钱,贫困还是紧随着他们。印度的无地或少地农民并不是被城市的繁华吸引来的,他们是被农村的贫困逼迫着别无选择地走进城市,住进了贫民窟。他们不但忍受非人的居住环境,而且忍受着贫困,因为这里是他们生存的最后避难所。

但印度城市提供就业机会的能力却很有限。在德里等大城市里,一方面由于正规经济部门增加的就业机会近些年来没有显著增加,另一方面,农村流动劳动力由于本身文化水平低,有许多还是文盲,没有技能,所能填补的只是城市人不愿从事的又脏又累的体力劳动,这些工作几乎全部属于政府界定的非正规经济部门,其报酬十分微薄,甚至不足以维持整个家庭的基本生存。但对于来自农村无地或少地的农民来讲,这是他们唯一的生计。

根据印度政府的统计,孟买有 60% 的人口生活在贫民窟。在这些贫民窟的居民中,大概有 20% 的人居住在稳固但条件差的建筑内;包含 1947~1960 年之间政府建立的房屋;20%~25% 的人居住在临时建筑的房屋内;还有 55%~60% 的人居住在临时搭建的、更不稳固的、条件更差的居所内,没有水电和公共厕所。但是许多研究机构认为,目前将近70%孟买人居住在贫民窟,因为政府没有把马路边居住的大约100万的人口计算在内。①

在孟买有一个著名的贫民窟叫 Dharavi,人口有53万多人(1986年),现在估计已超过100万,许多是移民的第二代。大多数 Dharavi 居民都属于贱民种姓,但也有其他种姓和部落,还有少数民族,如基督教徒、穆斯林和佛教徒。②

Dharavi 贫民窟位于孟买市中心,占地535英亩,正好就在两条城市铁轨之间,确实方便贫民的出行与打工。Dharavi 过去是一个沼泽地,居住着 Koli 种姓的渔民,第一代移民在河沟里捕鱼,把鱼卖给葡萄牙人以及后来的英国人和南方的城市居民。现在沼泽地干涸了,渔业消失了,现在来自古吉拉特邦的移民在此建立了一个陶瓷工人居住地,马哈拉斯特拉邦的制革种姓移民到此建立起了皮革业,其他工匠,比如北方邦的刺绣工人在此建立起了成衣行业。

随着孟买城市的发展和工业化,Dharavi 成了下岗工人、赤贫移民到印度的商业首都追求财富的"人口扎堆地"。"任何一贫如洗的人到了孟买都能找到一个家和谋生的机会。"Dharavi 的人口大约在60万到100万之间,这个数据之所以不确切,是因为2004年以前印度官方一直把这一地区视为非法居住地。这里没有政府、没有富人、没有慈善,只有穷人和辛勤劳动。

Dharavi 贫民窟公共卫生问题十分严重,到处是露天排水沟,老鼠成群的胡同,缺少厕所,其他问题还包含雨季的洪水泛滥。2006年每1440个居民中才有一个厕所,当地有一条小河成了当地居民大小便的场所,导致当地流行接触性传染病。此外,当地还缺少足够的水资源。孟买市政官员披露了撤除 Dharavi 贫民窟的计划,把所有贫民窟的居民搬迁到其他地方免费的公寓,投资13亿美元开发商业公园、酒店、

① http://zengjinyan.wordpress.com/2006/11/04.

② "Dharavi, by Katia Savchuk & Matias Echanove". Urban Typhoon. http://www.urbantyphoon.com/dharavi.htm. Retrieved 2010 – 03 – 05.

河滨饭店甚至建一所大学等。

在印度马哈拉斯特拉邦政府看来,这些位于城市地价最高地区的拥挤的贫民窟实在是有碍观瞻,因此当局决定斥资 2600 亿卢布(约合 30. 17 亿英镑),改造这个印度西部的海港城市。因而,自 2004 年底开始,该邦斥资千亿卢比,在首府孟买实施一项城市建设计划,目标是"将孟买变成上海"。这一计划得到了当地中产阶级的赞赏。但该计划使多达 80000 幢的破旧房屋被夷平,导致了 30 余万贫民无家可归,引发了贫民的强烈抗议。①

此外,孟买还有大量的人行道居住者,约有 100 万,他们使用围墙或栅栏把住所与人行道和街道隔离开来。材料包括布、波纹钢、纸板、木板、塑料,有时还有砖和水泥。人行道居住者主要是 30 到 50 年前到孟买的第一代移民,从此就居住在人行道上。他们完全被地方、邦和国家的政策所忽略。1985 年孟买一家致力于解决城市贫民住房问题的全印最大的非政府组织"区域资源促进联盟"(SPARC)一项对约 6000 户人行道居住者家庭的调查表明,有一半的家庭主要来自马哈拉斯特拉邦最贫穷的地区,另一半来自印度其他最贫困的地区。许多人是因为遭受旱灾、饥荒、地震或宗教迫害或暴乱而移民到此。还有一些人是因为在原来的地方难以生存下去而逃难到此。② 就在当年,印度最高法院授权孟买市政公司撤除人行道上的住房。在 SPARC 的援助下,人行道居住者的住房权利得到认可,通过谈判成功地达到共存的目的。③

在印度的各个城市中还有许多无家可归者,他们就露宿在路边街头。如在中央邦,大约有 2.3 万个家庭无家可归,他们露宿旷野或街

---

① "印度孟买为赶超上海用推土机铲平贫民窟",http://news. sina. com. cn/w/ 2005 – 02 – 18/03335129706s. shtml.

② Development Gateway Foundation: Urban Development: Empowering Slum Dwellers: Interview with Sheela Patel, 7 September 2004.

③ University College London: Department for International Development: Urban Government: Capacity Building: SPARC: Demolitions to Dialogue: Mahila Milan – learning to talk to its city and municipality.

头。这些人主要是极端贫困的来自农村的流动劳动力、流浪儿童和贫困妇女。由于这些家庭没有固定的住址,也就得不到政府的救助,政府的各种以居住地为基础的福利救助项目都和他们无关,因为他们不属于任何机构管理。为给这类人提供一个栖身之处,1988 年印度政府开始实施"城市无家可归者留宿计划"(Night Shelter Scheme for Urban Shelterless),修建可为露宿者提供庇护的房屋。留宿处包含有公共卫生间、浴室、饮水处以及物品存放箱等基本设施。留宿者须交纳一定的费用。留宿处每张床位的最高建造费用被限定为 20000 卢比,中央政府通过住宅建设公司给予 50% 的补助金,另一半分别由各邦政府和执行机构负担。由于这一计划需要邦政府负担一半资金,因此实施得并不理想,计划最终停留在纸上。

印度学者 M. M. Rehman(1992)在其《受压迫者社会经济与教育》(Society Economy and Education of the Deprived)一书中给我们提供了丰富的案例,典型地反映了印度城乡贫民的生活图景,使我们对印度各类弱势群体的生活状况有个具体的感知。

Kalpana 一家的生活写照

Kalpana 是一个 14 岁的女孩,出生在西孟加拉邦 Purnea 县一个叫做 Jhaldaha 的村子里。为了生活,同父母、弟弟妹妹一起迁徙到首都德里。父母亲到处打工,搬了几次家,有时住在树下,有时住在露天坝,有时住在用塑料布、泥土和树枝搭建的窝棚里。父母身体不太好,有时几天甚至一周也找不到工作。这种情况下他们只好靠喝水、吃垃圾堆里和菜市场捡来的残汤剩饭为生,并因此而生病。母亲一直病得不轻,常常暗自落泪,问父亲如果她死了,这五个孩子该怎么办,尤其是只有一岁的小儿子,母亲和全家人都很爱他。一天,小弟弟发高烧不幸死去,母亲因此病得无法去打工,只好靠父亲挣一点点钱为生。为了弥补收入不足,Kalpana 经常去垃圾堆捡残汤剩饭,但并不是每次都能够去那儿捡破烂,母亲不让她去,因为怕被坏人欺负,主要是那些跟他们一样捡破烂的男孩子和青年。他们时常欺负、侮辱和猥亵她和其他跟她一样的女孩子,有时候甚至想强奸她们。为了能继续在垃圾堆和菜市场捡破烂和残汤剩饭,她们只好任由这些人猥亵和抚摸她们的身体,否则就会被赶出垃圾堆和菜市场。Kalpana 的母亲感觉到了这一点,却无能为力,只能叹气、焦虑和闷闷不乐。Kalpana 一家只能靠她捡破烂和残汤剩饭为生,因为她父亲一病不起,在病中迷迷糊糊地要母亲带他回老家、渴望着能吃上一口米饭。没多久,父亲去世了,全家人只能靠母亲和 Kalpana 捡破烂为生。大弟弟在一家路边小食摊打工糊口。全家人居无定所,食不果腹,不知到第二天会怎么样。

Abu 一家的生活写照

Abu 生于印度最贫困的比哈尔邦一个叫 Bhagalpur 的县,他是一个 20 多岁的青年,家里有老母亲、妻子和两个孩子。他和一个朋友满怀希望离开家人来到了德里,在一家工厂当临时工,每天挣 10 卢比,干了 3 年,梦想着有一天能找到一份好工作,把家人接过来一起生活。他作为一个房客和朋友住在一起,他朋友租住的杂物间太小了,他只能睡在外边一个破旧的帆布床上。白天到路边的一个很不卫生的露天小吃摊吃午饭,晚上和朋友随便凑合一顿。三年后,他不得不把家人接到德里来一起生活,他向邻居租了一个简陋的小屋供一家五口居住。一开始家人吵着要回去,可是回去又能怎么样呢?慢慢地他们逐步适应了刺鼻的贫民窟空气、潮湿的地板、不通风的小屋、喧嚣有害的贫民窟环境、嗡嗡叫的苍蝇和携带传染病的蚊子以及许多从未听说过的东西。他们被都市里的奢华与贫困、肮脏和悲惨所形成的对比惊呆了。他 7 岁的女儿和 5 岁的儿子所接受的"洗礼"就是去垃圾堆寻找食品和破烂,他妻子过了好几个月才摆脱掉农村带来的羞涩和面子。Abu 由于是非技术工人,所挣的钱难以填饱 5 张肚子和遮掩 5 个佝偻的身体。他们学会了为鸡毛蒜皮的事情与邻居争吵和扭打等坏脾气与习性。都市的生活完全颠覆了他们原有的生活。

Abu 学会了抽烟卷(bidis),有时还喝啤酒,这给他暂时的"快乐"和解除疲劳。Abu 生了一场大病并失去了工作，一家人陷入困境，由于一位废品商的帮助和邻居们的慷慨，使他们一家脱离了困境。Abu 康复后开始找工作，由于没有技术，只能帮人卖菜、卖肉、当泥瓦匠、更夫、捡破烂等等。一天他的邻居帮他找到了一份美差，就是当三轮车夫，每天交 12 卢比给车主，剩下的才归自己。三轮车夫的工作十分辛苦，每天都在凸凹不平、坑坑洼洼的大街小巷艰难穿行，要面对粗鲁的乘客、为 50 派沙（0.5 卢比）与吝啬的乘客讨价还价。尽管很辛苦，但他不能放弃，他的身体很快如同秋露被蒸发干了，眼睛也变得模糊不清了。内心的痛苦证实了他那无尽的失望和巨大的无望。慢慢地他和三轮车交上了朋友，雨天，他就坐在里面避雨，困了就在里面打个盹儿，修车、洗车和上油时就和三轮车聊天。但是，如果完不成 12 卢比的提成上缴任务，就有失去三轮车的危险，如果哪一天没有挣够 12 卢比，他不但没有了生活费，还要上缴 1.2 卢比的利息。他害怕生病，每天不得不与德里流行的病毒性高烧、咳嗽、感冒、头疼、夏日里的太阳、冬天里的寒风搏斗，七年的时间里没有睡过一个囫囵觉，整日里风里来、雨里去。他说，他就像他的三轮车一样——已经破烂不堪了。他的锁骨从他那脏兮兮的衣服里高高地凸起。

看看他租住的陋室。这简直就是一个说不清形状的洞穴，没有窗户、不通空气、潮湿且阴暗。但他妻子和母亲却尽力使其干净和整齐。斗室里有一个破旧的用作厨房的木架子，架子上是一个不知什么年代购买的生锈的灯芯铁炉子，他妻子从邻居家借"定量供应卡"购买煤油来用其做饭。定量卡是贫民窟里最宝贵的通行证，他们没有。他们只好经常从垃圾堆里捡些燃料来做一餐简单的饭菜。架子上还有一些用来盛水的塑料罐，水是贫民窟里最重要的东西了。取水是贫民窟最大的问题，水资源是如此的匮乏，取来的水只能用于饮用和做饭，几乎没有可用于洗衣和洗澡的水。泥巴墙上挂着一些餐具。斗室里已经没有放床的地方了，斗室里还有一些破烂的容器盛着一点点饭菜，角落里有一只锡箱子装着他们冬天的衣服。冬天里一家人像牲口一样卷缩在租来的"天堂"里相互取暖。①

以上是 Kalpana 和 Abu 两家在首都无处不在的贫民窟里的生活写照。

(四)弱势群体中的弱势群体——表列种姓与表列部落

印度弱势群体种类繁多,难以一一全面地描述,各类弱势群体都与贫困问题,尤其是种姓问题和部落民族问题交织在一起,由于资料和篇幅的限制,本书重点研究印度弱势群体中的弱势群体——表列种姓和表列部落,他们占了印度人口的1/4。

种姓制度是印度所独有的一种社会现象。它根据内婚制、等级制和基于职业污洁程度的劳动分工,人为地把人分为三六九等,使一些社会群体饱受剥削、歧视、排斥和凌辱,并被剥夺了各种各样的权利。印度的表列种姓和表列部落就是这样的群体,他们可以说是印度弱势群体中的最弱势群体。印度宪法第46条规定:"国家应特别注意增进弱势群体(weaker sections)的教育利益和经济利益,尤其是表列种姓和表列部落的教育利益和经济利益,并应保护他们不受社会的不公正待遇和各种形式的剥削。"很显然,他们不仅是弱势群体,而且是弱势群体中的弱势群体。印度政府社会公正与合法权益保护部(The Ministry of Social Justice & Empowerment)的主要职能是处理表列种姓、表列部落、其他落后阶层、残疾人、老年人、街头流浪儿童和毒品受害者等处于不利地位、生活在社会边缘人群的福利、社会公正与合法权益保护等问题。从该部的工作职能就可看出,表列种姓和表列部落就是其给予立法保护和特殊照顾的重要群体。

表列种姓在印度又被称为"不可接触者"或"贱民",表列部落在印度又叫做"少数民族"或"部落民"。白种雅利安人来到印度后,征服了早就生活在印度的土著,如皮肤黝黑的达罗毗荼人和一些原始部落,征服者按肤色把雅利安人分为三个等级,即婆罗门(祭司)、刹帝利(武士)和吠舍(商人);把被征服者作为第四个等级——首陀罗(奴

---

① Rehman, M. M. *Society economy and education of the deprived*, Delhi: Anupama Publications. 1992. pp. 268–273.

隶），首陀罗只配干低贱的苦活、脏活，专门为前三个等级服务。印度的种姓制度起源于此。

贱民是违反种姓法规和逆婚（Pratiloma：指低种姓男子，尤其是首陀罗男子与婆罗门女子生育的后代）的产物。如果说首陀罗是"可接触的首陀罗"，那么贱民则成为"不可接触的首陀罗"。首陀罗是有种姓的，而贱民却成了失去种姓、地位不如猪狗、不可接触甚至不可被看见和想起，过着生不如死生活的群体，只配做高种姓认为低贱、肮脏不洁、污染人身心的工作，如搬运动物死尸、剥动物皮、捡破烂、当清道夫、清扫粪便等。不可接触制度产生于此。

一些部落被征服后，不得不躲进深山老林，过着离群索居、刀耕火种的生活，他们的各种发展机会因此被剥夺掉了，成为印度教徒剥削、欺骗、敲诈勒索的对象。这就是印度政府把他们登记造册，称他们为表列部落，对他们进行立法保护和政策照顾的原因。

不可接触制度是种姓制度的产物。同部落民相比，不可接触者还遭受高级种姓的歧视、凌辱和排斥，遭受的苦难更为深重。在高级种姓者的心中，不可接触者成了污染源，高种姓者不许他们同用一口井、只准他们住在村外与河流的下游。在过去，高级种姓者接触到贱民，如同现代人接触到艾滋病人一样。

本书把他们作为弱势群体来展开研究正是源于以上原因。

二、表列种姓和表列部落的成因

表列种姓和表列部落是印度弱势群体中的弱势群体，要了解他们，就得先了解印度的种姓制度，因为种姓制度与表列种姓和表列部落的产生密切相关，尤其是与表列种姓相关的不可接触制度的产生和发展更为密切。下面先介绍一下这两个群体各种各样的称谓。

（一）表列种姓和表列部落的各种名称

表列种姓是印度官方对印度贱民或不可接触者的称谓。不可接触者被人为地排除在社会等级之外,是社会地位最低的群体。不可接触者被认为是由于群体极度的不纯洁,被阻断了与高尚人群和神的联系,而成了另类(discrete)低种姓的人。他们有各种各样的名称,如不可接触者(Untouchables)、哈里真(Harijans,神之子;这个好听的名字是Narasimha Mehta 创造的,圣雄甘地采纳了这个称谓并使之流行)、外部种姓(Exterior Castes)、受压迫阶层(Oppressed Classes)、地位低贱的阶层(Depressed Classes,是英国政府官员使用的名称)、被剥夺种姓者(Outcastes)和贱民(Pariahs,流浪者、社会遗弃的人,这个词起源于泰米尔语的 para 或 parai,意思是"打鼓者")。在古代印度,不可接触者还有许多名称,如摩奴①创造的称谓 Mlechha(肮脏的,被开除印度教的人)和 Chandala(出生低贱的人、贱民)、第五阶层(Panchama)、瓦尔纳之外的人(Avarna),此外,还有 Nishada(渔夫,婆罗门父亲和首陀罗母亲生育的后代),Paulkasa(杀死婆罗门之后,被驱逐出种姓之外的刹帝利),Antyaja(种姓之外的,地位最低的人)和 Atishudra(首陀罗之外的,比首陀罗地位还低的)等。②

　　表列种姓一词最早出现在 1936 年英印政府颁布的《表列种姓法》③中,该法是根据 1935 年 4 月英印政府的《印度政府法》制定的,该法把 429 个被视为不可接触者的种姓、种族和部落登记造册,给他们一个名分,始称为表列种姓。在此之前,这些群体通常叫作"地位低贱的阶层";而 Dalit(泛指 Broken men 身心憔悴者、Stepped on 被践踏

---

①　摩奴是印度神话中的人类祖先,古印度《摩奴法典》(Manusmitri)的制定者。

②　International Humanist and Ethical Union. *Glossary*. http://www.iheu.org/glossary 2006 – 3 – 16.

③　该法收录了 1911 年政府备忘录中界定表列种姓和表列部落的 10 条标准,就是把那些不是 100% 印度教徒的种姓和部落定为表列种姓和表列部落。这 10 条标准是:否认婆罗门至高无上;不听婆罗门或印度教宗师的祷文;否认吠陀权威;不祭印度教的神灵;不请婆罗门当家庭法师;根本就没有婆罗门法师;被拒绝进入印度教的寺庙;接触或在一定距离内都会造成污染;土葬;吃牛肉并不敬牛。参见 Dr. Sanjay Paswan. Dr. Pramanshi Jaideva. *Encyclopedia of Dalits in India* (*In* 11 *Volumes*). *Education*. (*Volume*10). Delhi: Kalpaz Publications. pp. 204 – 205.

者、Opressed 受压迫者）一词最早出现在 1931 年的新闻报道中，用来代替"不可接触者"，直到 1970 年代随着贱民豹党运动（Dalit Panther Movement）在马哈拉斯特拉邦的兴起和发展，才流行开来。这个词含有处于下层社会、被剥夺基本权利的意思，指由于出身低贱而遭受压制和排斥的人。① 有时候泛指表列种姓和表列部落这两个弱势群体，更多时候是指表列种姓。

鉴于印度不可接触者名称繁杂，我国学者习惯上把不可接触者称为"贱民"，指那些从事印度教徒认为肮脏不洁、有污染的低贱职业的群体。也有学者直接把 Dalit 音译为"达利特人"。为了行文的方便和便于读者理解，我们把表列种姓、不可接触者或受压迫者（Dalit）统称为"贱民"，与另一弱势群体"部落民"对应起来。

印度表列部落的名称也非常的多。他们一部分是印度最早的原始澳大利亚人种土著部落，被雅利安人驱赶到深山老林中；另一部分来自中国西藏、缅甸，甚至还有一些部落民与中国云南的傣族有渊源，他们现在生活在印度的阿萨姆邦。② 雅利安人征服土著居民后，逃往印度南方的部分土著和被撵进深山老林的土著成了今天的部落民，另一部分留下来的成了奴隶（首陀罗），他们分散在全国大部分地区。在印度东北部山区的居民大部分是部落民，主要是过去进入或并入印度版图的，属于蒙古人种。殖民地时期，印度境内保留着 500 多个相对独立的土邦，其中许多就是部落。印度的大多数部落民生活在交通不便的偏僻地区，如林区和山区，过着与世隔绝的原始生活，很多世纪以来一直被隔离于主流文化之外，遭受印度教徒的剥削、压迫和欺骗，被剥夺了基本的权利，在经济上和教育上与表列种姓一样同属于印度最落后的群体。印度国内外学者对他们有不同的称呼，如"土著部落民"（Adivasis）、"原始居民"、"山区部落"、"森林部落"、"落后部落"、"落后的印度教徒"、"少数民族"等等，印度政府把他们登记在册，称他们

① Michael, S. M. *Untouchable*: *Dalits in Modern India.* London; Lynne Rienner Publishers, Inc. c1999. p. 2.

② 何平：《移居印度的云南傣族——阿洪姆人》，《世界民族》1999（1）.40.

为"表列部落"（Scheduled Tribe）。

（二）表列种姓和表列部落形成的根源

1. 外族侵入。贱民的社会起源历史或过去称为不可接触的首陀罗的历史由来已久。大约在公元前1500年前后，一批操印欧语的雅利安游牧部落从他们的故乡中亚细亚高原南下，经西北部山口侵入印度，逐步占据了印度河流域和恒河流域，征服了当地土著居民达罗毗荼人（Dravidians）和原始澳大利亚人种的部落民。入侵者是白种人，自称是高贵的种族。他们把当地居民达罗毗荼人和部落民称为"蔑戾车"（Mlechha，意为野蛮人）；或称为"达萨"（Dasa，意为敌人，黑人），说他们是黑皮肤的、没有鼻子的人。后来，被征服的敌人的概念演变为奴隶，即首陀罗。首陀罗一词最初可能是指被征服的一个部落名称，后来则成为被征服土著居民的泛称。雅利安人为了保持自己的血统，自称为雅利安瓦尔那（Varna原意为颜色、肤色，后演变为种姓），被征服的土著居民则称为达萨瓦尔那。雅利安人早先过着原始的游牧生活。入侵印度以后，吸收了达罗毗荼人的文化，逐渐由游牧转为定居农业。

2. 等级文化和宗教文化。随着氏族社会的瓦解和阶级的分化，在雅利安人的社会内部逐渐形成了三个不同的等级：即婆罗门、刹帝利和吠舍。被征服的达罗毗荼人成了第四个等级，即首陀罗（奴隶）。种姓制度也因此而逐步形成。婆罗门是祭祀贵族，掌握神权，垄断宗教和文化，地位最高；刹帝利是军事贵族，掌握行政和军事权力，地位仅次于婆罗门。以上两个高级种姓占有大量生产资料，靠剥削为生，构成统治阶级。吠舍是小生产者，是中下层自由民，他们必须向国家缴纳赋税。首陀罗是被征服的达罗毗荼人、部落民和失去土地的自由民，实际上处于奴隶地位。婆罗门制定了各个阶层必须遵守的行为规范"达磨"（Dharma，意为法规），即在职业、饮食、婚姻、宗教生活、权利义务等方面作了严格的规定。这样，种姓制度就被以法律的形式固定下来，从而形成了严格的等级制度。

印度史诗《法论》①和《传承经》②涉及瓦尔纳制度，《黎俱吠陀》③是最早讲述四个种姓的文献。《黎俱吠陀》说，婆罗门生于创造神大梵天的嘴，刹帝利生于大梵天的臂，吠舍生于大梵天的胸，首陀罗生于大梵天的脚。《颂歌》(Bhagavad Gita)说种姓的来源是由创造神亲自按照他们的德(Guna)和行(Karma)制定的。古代史诗清楚记载了远古的瓦尔纳制度和种姓制度。

关于种姓制度和不可接触制度起源的历史一般都追溯到雅利安人以及他们与印度土著民族的交往方式。雅利安人作为一群有共同语言和宗教的高度自我意识的互相联系的部落群，自侵入印度后，一直同当地土著民族发生冲突，轻视土著，认为他们文化上落后，宗教礼仪不洁，唯恐避之不及。一些土著被雅利安先进的军事技术征服后，就退缩到雅利安人未占领的地区，而另一些未逃走的土著就成了雅利安统治地区的低贱种姓。在《黎俱吠陀》后期的文献中，经常提到生活在雅利安社会边缘的原始森林居民，有些就是 Chandalas（不可接触者或贱民）。

Webster 认为，虽然贱民在吠陀时代后期遭受深重的屈辱，但像今天这样的不可接触制度是在公元前600年到公元200年才出现的。在《法论》和考提利亚的《政事论》(Kautilya's Arthasastra)中，详尽地阐述了不可接触制度起源的"混合种姓理论"。然而，这一理论以及瓦尔纳理论和根据职业及其污染程度划分种姓等级的理论，都是在《摩奴法典》中获得经典证据的。④

在《摩奴法典》中，不可接触制度是惩罚高种姓成员与低种姓成员或无种姓成员之间杂婚的结果。这种混杂婚姻的后代就成了不可接触者。父母双方的种姓差距越大，其后代的地位就越低。婆罗门父亲

---

① 《法论》(Dharmashastras)是印度古代关于道德和法的教诲。
② 《传承经》(Smritis)是由律书、史诗和往事书组成的宗教文献。
③ 《黎俱吠陀》(Rigveda)是指知识和学问，是印度最古老的"圣典"和诗集，也是印度四部《吠陀》经典中最早最重要的一部。
④ Webster, John C. N. The Dalit Christians: A History. Delhi: ISPCK. 1994. p. 2.

与首陀罗母亲生育的孩子就叫做 Nishada,从此就成了渔夫;首陀罗父亲和婆罗门母亲生的孩子就叫 Chandala,是不可接触者中最低贱的。在《摩奴法典》中,低贱职业不是导致不可接触制度的原因,相反,是不可接触制度惩罚人去干低贱肮脏的职业。在后摩奴时代,新增加的低级种姓属于不同的种族和文化。在公元 200 年之后,不可接触制度愈演愈烈,施加到更多的群体身上,Chandala 成了一个贱民标签,不仅指某一个部落群体,而且是雅利安人认为处于社会最底层的所有群体。

以上是北印度的情况,而来自南印度的文献表明雅利安人所征服的土著就是达罗毗荼人(Dravidians),达罗毗荼人迫不得已迁徙到了南方。只是后来雅利安人的影响逐步扩展到南方,不可接触制度才在那儿出现。

著名人类学家胡屯在 1963 年出版的《印度种姓》一书是关于种姓研究最好的书之一。他认为种姓起源于印度雅利安之前的部落里的宗教禁忌和劳动分工。不可接触制度是礼仪不纯洁的结果。他说:"不可接触者的产生部分起源于种族、部分起源于宗教、部分起源于社会习俗。不可接触制度的思想起源于禁忌是比较肯定的。"[1]另一位著名的人类学家海门多夫(Von Fuerer Haimendorf)认为不可接触制度是一种城市化进程,是由不干净和礼仪不纯洁的职业导致的。不可接触制度在城市和半城市地区得到发展,就不可避免地逐步渗透到乡村。[2]

印度学者 Ghurye 认为当雅利安人来到印度时,建立了自己的社会组织,他们把社会划分为四个等级。原始印度人被排除在他们的社会、文化和宗教组织之外,作为第四等级的种姓被打入了瓦尔纳等级社会的最底层,形成了首陀罗种姓。他进一步地把首陀罗分为两个群体,即可接触的首陀罗和不可接触的首陀罗。这些不可接触的首陀罗就是所谓的不可接触者,只配干扫地、清扫粪便、捡破烂以及制革的工

---

[1]　Hutton, J. H. 1963. Caste in India. Oxford: Oxford University Press. p. 207.

[2]　Michael, S. M. *Untouchable*: *Dalits in Modern India. London*; Lynne Rienner Publishers, Inc. 1999. p. 4.

作。他们在过去只能吃树叶、猪肉和诸如此类的其他东西。由于他们的不清洁和污染,他们被严格禁止进入上面三个高级种姓使用的宗教场所、道路或其他场所,因为他们的身体,甚至他们的影子会污染婆罗门、刹帝利和吠舍三个高级种姓。根据"达磨"理论,首陀罗是不允许从事高级种姓的职业来提高自己的社会地位。印度传统文化是建立在宿命论、轮回理论和先验论基础上的,在吠陀时期,只有再生族才有资格获得社会流动和职业流动,首陀罗的社会流动和职业流动是绝对被禁止的。①

在宗教生活方面,只有婆罗门、刹帝利和吠舍可以学习吠陀经典、参加宗教仪式。首陀罗根本无权参加雅利安人的宗教生活,即使听一听或看一看婆罗门教的圣典《吠陀》也是不容许的。《摩奴法典》规定:"假如首陀罗故意听人诵读《吠陀》,须向他耳中灌以熔化的锡和蜡;假如他诵读《吠陀》原文,须割去他的舌头;假如他记忆《吠陀》原文,需将其身体劈成两半。"其残忍的规定,令人发指。

各种姓在法律面前不平等之程度也是罕见的。《摩奴法典》规定:"婆罗门侮辱了首陀罗,只罚款几个钱;相反,首陀罗辱骂高种姓时,就要割掉他的舌头。""婆罗门对杀死一个首陀罗所作的忏悔,同杀死一只猫、一只青蛙、一条狗或一只乌鸦所作的忏悔一样。"而低级种姓的人如果杀死婆罗门,罪犯就要被三次投入火中,或成为武装人员的活靶子。②

时至今日,即使他们皈依了其他宗教,也依然遭到歧视。贱民遍布南亚地区,包含不同种姓的群体,说各种语言,他们信仰印度教、锡克教、伊斯兰教、佛教以及基督教,属于印度—雅利安人种、达罗毗荼人种和蒙达人种。2006 年 Sachar 委员会的报告显示,贱民和部落民的宗教信仰不局限在印度教。90% 的佛教徒、1/3 的锡克教徒以及1/3 的

---

① Paswan, Sanjay. Jaideva, Pramanshi. *Emancipation and Empowerment*(*Volume* 8). *Encyclopaedia of Dalits in India* (*in* 11 *Volumes*)Delhi:Kalpaz Publications. 2002. p. 195.

② [法]迭朗善译,马香雪转译:《摩奴法典》,商务印书馆 1996 年版,第 193~207 页。

基督教徒来自贱民和部落民。

印度大部分贱民都是印度教徒,虽然,马哈拉斯特拉邦和一些别的邦的贱民皈依了佛教,在印度,佛教常常被称为新佛教。

印度穆斯林社会也分为不同的等级。原低种姓皈依者的子孙仍然受到贵族(Ashraf,其祖先为阿拉伯人、伊朗人或中亚人)的歧视,这与伊斯兰教的教义是有矛盾的。

锡克教虽然明确地反对种姓思想,但是,许多与印度文化有直接关系的家庭中,仍然不允许在不同种姓中通婚的。对锡克教贱民的暴力犯罪依然存在。

印度的许多基督教社会仍然奉行种姓制度,还保留着社会分层,皈依基督教并不必然会使贱民摆脱种姓制度。高种姓基督教徒对贱民的歧视依然存在。

3. **种姓制度与不可接触制度**。不可接触的首陀罗——贱民是种姓制度的产物。几千年来,他们在社会上受压迫、受歧视,一直处在社会的最底层。在《摩奴法典》中提到的旃陀罗,就是不可接触的贱民。贱民产生的主要原因有以下几点:

一是低贱的职业。被婆罗门视为做"污秽"职业的人,如抬死尸、清除粪便、做屠夫、皮革匠等。从事这些职业的人,被婆罗门视为贱民。而贱民中,旃陀罗是最污秽不洁的人。

二是违犯种姓制度,特别是违反婚姻制度被开除种姓的人。这些人被称为"被逐出种姓的人"或"没有种姓的人"。《摩奴法典》规定首陀罗男子与婆罗门女子结婚,属于"逆婚",所生子女,失去种姓,成为旃陀罗,即所谓"出生卑贱的人"。《摩奴法典》中提到被开除种姓的原因还有:出海谋生的、盗窃婆罗门财物的、因土地之争作伪证的,以及服侍首陀罗的人也被归入贱民之列。一个古代印度人,若是被开除种姓,犹如宣布死刑一样,甚至被看做比死刑还残酷。因为死刑只是一时的痛苦,而被开除种姓则是永生的痛苦。

4. **历史与传统的因素**。原来住在山林地区,或被剥夺土地后被撵进极不适宜耕作地区的部落,被主流社会隔绝后,一直处于落后状态。他们后来在被较先进的民族同化时,在种姓中没有了他们的地位,被认为是遭唾弃的人,即贱民。例如,尼达沙在《吠陀》文献中是一个土著部落的名称,这个部落被征服后,尼达沙就改为贱民的名称。此外,旃陀罗、阿约噶瓦、鲍尔卡萨等原来都是部落,被征服后改为贱民的名称。①

《摩奴法典》规定:旃陀罗只能住在村外,穿死人的衣服,用破碗吃饭,戴铁首饰,狗和猴子是他们的唯一财产,晚间不得进村寨,白天进村要按照国王的命令用符号区别自己。② 直到近代,贱民的地位仍然没有多少改变。例如,喀拉拉邦的帕赖扬贱民,在 19 世纪末同人们讲话时,还不敢自称为“我”,而必须说“你的奴隶”;不敢提“我的子女”,只能说“你奴隶的猴子”;不敢说“我要吃饭”,而只能说“你奴隶要去喝水”,等等。说话时必须用手挡住自己的口,以免空气传染给较高的种姓。更为荒谬的是,贱民的影子也不准落在婆罗门的身上,因为贱民的影子也会玷污婆罗门。17 世纪至 18 世纪末,在印度教封建王室统治时期,规定贱民在上午九点以前和下午三点以后,不准进城,因为这时贱民所投射的影子最长,容易落到婆罗门身上玷污他们。马德拉斯邦有一种贱民,被禁止穿遮住腰部以上、膝盖以下的衣服,还被禁止理发、打伞和穿鞋子。这种既荒谬而又残酷的压迫形式,不仅存在于古代印度,而且经过中世纪的发展,一直延续到现在。是高级种姓凌辱、歧视和压迫贱民的一种形式。③

Chamar(皮革匠)是种姓间杂婚的后代,从事被人瞧不起的、低贱的制革工作,被划入不受社会尊重的范围。在一个传说中他们是被雅利安人征服的一个种族。至少,有理由相信 Chamar 在种姓等级中是一个异类,随时受高级种姓的摆布。在另一个传说中,有五个婆罗门兄弟在走路时,碰到了一头死牛,有四个继续往前走,第五个停下来把死牛拖到路边。因此,他的兄弟们开除了他的种姓。从此,清除污染和被污染的死牛成了他和他子孙后代的职业。Chamar 是贱民中人数最多的一个亚种姓,地位在贱民中同厕所清洁工一样是最低的。贱民

① 陈佛松:《印度社会中的种姓制度》,商务印书馆 1983 年版,第 24 页。
② [法]迭朗善译,马香雪转译:《摩奴法典》,商务印书馆 1996 年版,第 50~252 页。
③ 陈佛松:《印度社会中的种姓制度》,商务印书馆 1983 年版,第 26 页。

由于所从事职业的污洁程度,又分为三六九等。洗衣工是贱民中地位最高的,他们可以随意辱骂厕所清洁工,而厕所清洁工只能默默忍受。在印度,Chamar 以及其他表列种姓,尤其是 Dhobi、Dharkar、Dusadh、Dom(清洁工、拾荒者)等地位的确很低。在村子里他们当奴仆以换取食物和衣服。他们过去是,今天在一些地方依然是苦力,是没有土地的农民,几乎没有希望改善自己贫困的境遇。他们从事的传统职业就是制革、制鞋、农业、清除死牛的尸体(Chamar)、洗脏衣服(Dhobi)、养牛(Dusadh)、做农活(Dharkar)、砍柴(Passi)、种植并销售花果蔬菜(Khatik)等等。

屠夫、皮革匠、渔夫、制革和耕地因为与杀生有关所以成了污染、低贱、不洁的职业。制造、销售和饮酒,因容易乱性而失去尊严,也成了低贱职业。理发、洗衣、扫地因与肮脏有关也是如此。

到了 19 世纪末,不可接触者的社会生活状况变得如此恶劣,完全被排除在印度教社会之外。由于没有了根、遭受排斥和压迫,不可接触者开始皈依基督教和伊斯兰教,他们从基督教的慷慨和伊斯兰教的兄弟情谊中得到了一点心灵的安慰。他们千百年来遭受印度教高级种姓的屈辱,得不到他们的帮助。对于不可接触者来说,印度教成了使他们恐惧的真实根源。《吠陀》经典的圣洁和绝对正确、种姓制度无人性的法规、"达磨"令人厌恶的说教以及出身地位的不合理规定,对于不可接触者而言,成了印度教社会伪造来折磨他们的真实工具。这些伤害和毁灭了不可接触者生活的理论说教,是不可接触者遭受各种说不清的社会苦难的真实原因。

三、表列种姓和表列部落争取地位和权利的斗争

(一)人文主义者的文化唤醒

种姓制度和不可接触制度的种种不合理的、荒谬的规定,使低级种姓和贱民遭受种种不公正的待遇、歧视、剥削和压迫。在印度历史上,首陀罗和贱民为争取权利、地位与自由,同高级种姓及其种姓制度

进行过斗争。比如，公元前 6 世纪，有个乞丐的儿子名叫马克哈利·果萨拉(果萨拉,意为"牛圈出生的人")，他是首陀罗利益的代表,主张完全取消种姓制度,废除婆罗门教。他认为,婆罗门和贱民血管中流的血液都是红色的,人类是生而平等的。他的观点深受下层人民的拥护。但统治阶级对果萨拉十分痛恨,对他及其信仰者进行残酷迫害,并烧毁其著述。① 到了近代,印度资产阶级启蒙思想家罗姆·摩罕·罗易,在 1828 年建立了宗教改革团体——"梵社"，主张对宗教进行改革,否定因果轮回,反对种姓对立。他认为种姓对立抹杀了印度人民的爱国情感,涣散了人民的革命斗志,主张改革宗教。罗易的这种进步思想对于唤起贫苦大众的觉醒虽具有重要的意义,但未能从根本上动摇根深蒂固的种姓制度。

在英国人统治期间,针对不可接触现象,殖民地政府为贱民制定了一些保留政策,为他们在政府机构保留配额,政府学校向贱民开放,对于歧视贱民学生的事件还给予法律制裁。此外,殖民地政府对这样一些贱民群体和部落民群体进行列表登记,称他们为"表列种姓"或"受压迫者"，1931 年,印度人口统计委员会使用"外种姓"来称呼贱民,因为有些贱民不愿意人们称呼他们为受压迫者。也正是英国人的列表登记和按种姓来划分选举投票区,唤醒了贱民和部落民的反抗意识和争取权利的意识。

(二)成立"受压迫者"组织

贱民领袖安贝卡博士曾以"受压迫者"为名建立了一个组织,成为不可接触者事业的急先锋。他创办报刊反映不可接触者的苦难和呼吁,号召他们奋起反抗;他组织成立"被压迫阶级福利协会"，以改善不可接触者的教育和经济地位为目的;他利用法庭维护不可接触者的利益,组织集会抗议歧视不可接触者,抗议不许他们进入寺庙、不许使用池塘等,并在抗议活动中公开焚烧了《摩奴法典》;他为表列种姓在立法会议中取得保留席位立下大功。

---

① 陈佛松:《印度社会中的种姓制度》,商务印书馆 1983 年版,第 37 页。

(三) 为贱民争取权利和解放的政治斗争

在为贱民争取权利和解放的斗争中,值得一提的是,安贝卡和甘地两人之间的严重分歧。1929 年,英国政府举行了三次圆桌会议来为印度讨论新的宪法和政府体制。安贝卡被提名为受压迫阶层的代表,参加了三次圆桌会议。国大党和甘地在 1930 年抵制第一次圆桌会议,同意参加 1931 年的第二次圆桌会议。正是在第二次圆桌会议上甘地和安贝卡两人之间开始了痛苦而长期的敌视。对于安贝卡来说,甘地的指导思想和消除不可接触制度的计划简直就是诅咒。安贝卡认为对不可接触者的政治保护应放在第一位。他认为高级种姓把不可接触者作为一个群体与其他种姓隔离开来,并给予不公平的对待,而且在现实中不可接触者并没有成为印度教社会的一个组成部分。安贝卡认为不可接触者不可能被同化到印度教社会或给予与高种姓印度教徒同等的权利。因此,他强调应实行独立的选举以保护不可接触者不受高级种姓的统治,不被剥夺公民权利。冲突的结果就是,从圆桌会议开始一直到甘地逝世,安贝卡都把甘地视为敌人,而不是不可接触者的救星。

在处理解放不可接触者与印度独立的关系问题上,甘地认为只要建立了独立的民族政府,即使保留了种姓制度,不可接触者问题都可以得到解决;安贝卡却认为如果不取消不可接触制度,建立的民族政府不过是由婆罗门统治的新的压迫不可接触者的政府,与其如此,还不如请求英国统治者的帮助和保护。在召开第二次英印圆桌会议前夕的一次会见中,甘地斥责安贝卡分裂祖国,指出贱民也是印度教徒,将贱民同种姓印度教徒从政治上分离开是一种自杀行为。安贝卡则针锋相对地说:"你认为我有祖国,实际上我没有祖国。为什么要把对待我们不如猫狗、连一口水都拒绝给予的国家和宗教当成自己的呢?"[1]

为消除不可接触制度,提高自己的地位,表列种姓在三个阶段开展了不同的运动。在第一阶段,不可接触者 1924 年在南方的特拉梵

---

[1]　尚会鹏:《种性与印度教社会》,北京大学出版社 2001 年版,第 106 页。

科开展运动争取进入庙宇的权利。这一阶段的领导人是迦提劳·普尔。[①] 此后,夏西和森德在孟买建立了被压迫者委员会。安贝卡为了加强和巩固表列种姓的解放事业,并使之在全国开展直到取得最后的胜利,1942 年在他的努力下,诞生了全印被压迫者联盟。

第二阶段,在为消灭种姓制度和清除不可接触制度的改革运动中,北方邦的雅利安梵社、孟加拉的梵社和孟买的祈祷社最为出色。这些协会为了个人的自由和平等努力改善表列种姓的社会经济地位,消除了许多社会弊端。不可接触者终于获得了进入公立学校受教育的权利、进入庙宇的权利、使用水井、池塘、道路等公共设施的权利。这一阶段的许多改革家、思想家、诗人和教育家高举社会改革的火炬,为消除不可接触制度作出了很大的贡献。

第三阶段,应该提及圣雄甘地及其哈里真追随者协会(Harijan Se-vak Sangh)所做的工作和服务,甘地受自治(Swaraj)精神的鼓励,在印度多元化的社会文化氛围中,发动了哈里真改革运动,努力改善他们的命运,提高他们的觉悟,加强他们的团结。甘地称不可接触者为"哈里真",意为"上帝之子"。据说,小时候,有个叫乌卡的不可接触者在他家当帮工。母亲不许他与乌卡接触。甘地母亲说:你不要摸他的身体,因为他是满身罪恶的人。但甘地不信常常去触摸乌卡的身体,对他表示同情。他曾说过:不可接触制度是一个健康机体上的丑恶的赘物。假如我必定要再生,我来世愿作一个不可接触者,以分担他们的悲痛和侮辱。他在《我灵魂的痛苦》一书中指出:印度教徒应该和不可接触者接近,要向对待自己的兄弟姐妹一样对待他们,寺庙、学校、一切公用水井、道路和休养所,都应该向不可接触者开放。这些政治主张对于唤醒不可接触者的觉醒具有重要意义。为了实现废除不可接触制度的政治主张,甘地曾进行两次绝食斗争。他在 1932 年的绝食

---

① 迦提劳·普尔(Jotirao Phule,1827~1890)出生在西印度 Poona 的一个 Mali(种植和销售花果菜的农民)贱民种姓家庭,是印度早期著名的贱民活动家,他的学说建立在首陀罗和贱民的非雅利安起源上,他反对贱民通过模仿高种姓生活来实现社会流动的思想和主张。

中说:如果把不可接触制度取消了,这就除去了印度教的一个污点,其政治意义超过印度的独立。1933 年 5 月,他绝食了 21 天。他说:"这次绝食诚心诚意为我自己和我的同事涤除罪恶而祈祷,以求对哈里真事业更大的警觉和诚意。"1941 年,甘地发表了《建设纲领》,极力主张取消不可接触制度。他利用各种方式筹集经费,作为不可接触者的教育基金。但是,甘地废除不可接触制度的主张却遭到印度教保守派的激烈反对。① 然而,甘地为废除不可接触制度所作的种种努力,对于唤起不可接触者的政治觉悟,促进不可接触者与印度教徒的团结,提高不可接触者的社会地位起了积极作用,具有一定的进步意义。经过甘地的努力,有些地方一度向贱民开放过庙宇,印度教的政治家、改革家与活动家愿意接纳不可接触者为印度教徒。但由于甘地领导的哈里真运动没有触动印度的现存种姓制度,因而没有从根本上改变不可接触者的悲惨处境。

(四)其他形式的斗争

随着现代工业的发展和社会的不断进步,世代受迫害的不可接触者正在日益觉醒。他们反迫害,争取自由、解放和权利的活动逐步加强,有些地方还通过暴力进行斗争。20 世纪 50 年代,印度南方的不可接触者在共产党的领导下向地主开战,争取各种各样的权利。1973 年孟买出现了一个宣称要进行"全面革命"的不可接触者组织——"困豹党"(又译"不可接触者豹党")。他们认为自己的情况与美国黑人有许多相同之处,因而模仿美国黑豹党的名称来命名。他们举行了多次游行示威,标语牌上写着:"受压迫的人民起来,拿起武器",冲击孟买市政厅。困豹党领导人说:当前一切政党都不能解决种姓问题,只有起来斗争才能获得自身的解放。但他们的每次示威游行和集会都遭到政府的镇压。1978 年,印度北方邦组织了无地农工斗争大会,在新德里多次举行大规模的集会和游行示威。这一系列的斗争表明,不可接触者的政治觉悟和认识水平正在不断提高。1980 年以来,不可接触

---

① 陈佛松:《印度社会中的种姓制度》,商务印书馆 1983 年版,第 29 页。

者政党——大众社会党在北方邦多次执政，不可接触者妇女玛雅娃蒂（Mayawati）成了该邦的首席部长。这对于提高不可接触者的社会地位起了很大的作用。1997年7月，喀拉拉邦不可接触者家庭出身的科切里尔·拉曼·纳拉亚南（Kocheril Raman Narayanan）出任印度第13任总统。这些都是不可接触者为争取自由、解放和权利而斗争的结果。

　　国际社会的关注，不可接触者政党的努力给政府增加了压力。在南非德班联合国反种族大会之后，2002年1月印度贱民学者、专家和活动家在中央邦首府博帕尔集会，认为种姓制度导致的不可接触制度等同于种族歧视和种族隔离，起草了《博帕尔受压迫者权利宣言》（*Bhopal Declaration on Dalit Rights*）和《21世纪的21条行动纲领》，①得到了中央邦首席部长的支持和实施，纳拉亚南总统发表了讲话声援不可接触者组织的行动，同时还呼吁私营企业执行政府的保留政策，为提高不可接触者和部落民的地位作出贡献。瓦杰帕依政府虽然没有作出回应，但宣言在印度不可接触者和部落民中产生的影响是巨大的。可以说是新世纪弱势群体的宣言书。2006年，印度总理曼莫汉·辛格承认不可接触制度类似于种族隔离。②

　　由于部落民生活在相对封闭的地区，他们没有遭受不可接触者在种姓地区所遭受的人为的歧视，但他们与非部落民生活在一起，同样会受到歧视，此外，他们还遭受更多的剥夺、压迫和欺骗。他们为争取权利和平等的斗争主要是争取更多的自主权，以提高自己的社会经济地位、政治地位和教育水平。东北部地区的部落甚至要求独立的斗争和要求一直令印度政府深感头疼。

实例：荒谬的不可接触制度

　　这是英国殖民地政府官员布赖恩在印度哈里亚纳邦古贡（Gurgaon）县（位于印度首都新德里西南郊20公里处）农村记录下的一段关于农

---

① 这个宣言是为受压迫者争取更多的权利和更多的保留配额，为防止遭受暴力伤害，甚至要求允许贱民持枪保护自己。

② http://www.pakdef.info/forum/archive/index.php/t-9151.html.

村不可接触现实的对话。

　　苏格拉底像平常一样,同村中的长老们坐在一起,这时,一个皮革匠,走了过来却被告之坐在远离地主们的地方。

　　苏格拉底:他做了什么要受到这样的惩罚?

　　村民们:他是一个皮革匠。

　　苏格拉底:为什么皮革匠必须远离你们而坐?

　　村民们:他是不可接触者而且不干净。

　　苏格拉底:如果他触摸到你,你就被污染了吗?

　　村民们:当然。

　　苏格拉底:你们都是在这个村子里出生的吗?

　　村民们:你为什么这样问? 什么意思?

　　苏格拉底:别管我什么意思? 我是一个老人,我的思路有时
　　　　　　候会很跳跃、集中不起来。

　　村民们:是的,我们都出生在这里。

　　苏格拉底:孩子出生时,你们去请接生婆吗?

　　村民们:当然,村子里有一个接生婆。

　　苏格拉底:我想,她是地主的老婆吧。

　　村民们:绝对不是。我们的女人是不会做这种事情的。

　　苏格拉底:那么是谁做呢?

　　村民们:接生婆(chuhri 是不可接触者的一个职业姓氏)。

　　苏格拉底:当接生婆照料你的妻子时,她会触摸到她们吗?

　　村民们:当然会。

　　苏格拉底:那么她是第一个接触到新生儿并照料新生儿的
　　　　　　人。她的手指是最先放入新生儿嘴里的?

　　村民们:是这样的。

　　苏格拉底:那么你们的妻子、母亲包括你们自己从出生的那
　　　　　　一刻起都被污染了。你们的高贵种姓跑哪儿去
　　　　　　了,乡亲们?

　　一些村民对此非常愤怒,但那些比较明智的村民承认了他们
这一愚蠢的自相矛盾的陋习,惭愧地低下了头。

这段对话是布莱恩在 1920 年记录下来的,当时他是一个殖民地官员,想发展古贡县附近的农村地区,治理水患。① 从那时起,万流入恒河、归大海。但是这一侮辱人格的种姓毒瘤症状却没有缓解。甘地要把贱民转变成"神之子女"(哈里真)的努力失败了;安贝卡要把他们改变成佛教徒的努力同样也失败了。

四、表列种姓与表列部落的现代遭遇

(一) 贫困

独立之前的印度就是一个举世闻名的饥荒之国,大多数国民处于极度贫困状态。据统计,仅 1900 年到 1947 年,印度因灾荒饿死的人数就达 2650 万人。当时土地逐步集中到地主手中,垄断资本集团控制了印度的工业命脉。印度独立后,尼赫鲁宣称要以建设"社会主义类型社会"为目标,印度政府也在五年计划中把实现"社会公正"、"消灭贫困"作为经济发展的主要内容。然而,虽然独立以后的印度经济有所作为,但正如有的印度学者所指出的,印度"包含着两个截然不同的世界——先进技术的、奢侈的、垄断的和剥削的富裕世界与贫困世界"。当代印度不仅贫富悬殊,而且两极分化的局面始终不减。据统计,居民中收入最高的 10% 在全印国民收入中所占份额,从 1950 年的40% 扩大到 1985 年的 50%。20 世纪 70 年代初,仅塔塔和比尔拉两个最大的集团所拥有的财产,就超过 1 亿印度人的财产总和。据印度一些专家估计,印度处于贫困线以下的人口在独立初期为 40%,从 20 世纪 50 年代中期到 70 年代后期,这一比例始终保持在 50%。②

尽管城市化的步伐在加快,印度依然是农业人口占主要地位,尤

---

① Paswan, Sanjay. *Emancipation and Empowerment* (Volume 8). *Encyclopaedia of Dalits In India* (in 11 Volumes) Delhi: Kalpaz Publications. 2002. pp. 260 – 261.

② 欧东明、李学林:《印度社会的公平与效率问题》,《南亚研究季刊》,1999,(4): 58 – 61.

其是在表列种姓和表列部落地区。印度表列种姓人口中的81.28%和表列部落人口中的92.61%生活在农村地区。由于这一现实原因,贫困问题相当尖锐。因而印度政府发展规划的重点指向人口占多数的农村地区。

根据1991年的人口普查,表列种姓和表列部落在第一产业的就业比例分别占全国的77.11%和90.03%,在第二产业的就业比例分别占全国的9.83%和3.85%,在第三产业就业比例分别占13.06%和6.12%。表面上,表列种姓和表列部落第一产业的就业率很高,然而考虑到他们的贫困程度,说明他们所从事的职业收入很低。他们在第二和第三产业的就业率低于其人口比例。表列种姓和表列部落女性劳动力的就业率分别是25.98%和43.71%,远高于其他阶层的女性。[1] 这一差异在表列部落女工中更为明显,唯一的解释就是表列种姓和表列部落女性因为贫困而不得不大量外出工作。

土地是表列种姓和表列部落的命根子。根据1991年的全国人口普查,印度74%以上的人口住在农村,而表列种姓和表列部落占农村总人口的85%以上。农村人口多和以农业经济为主体成了表列种姓和表列部落的两大显著特点,74.50%的表列种姓人口和87.19%的表列部落人口靠自耕地和当无地农业工为生。从1961到1991年的人口普查来看,表列种姓和表列部落的四大职业是自耕农、无地农工、家庭作坊工和其他种类的工人。

从1961年到1991年,表列种姓自耕农的比例从37.76%下降到25.44%,无地农业工的比例从34.88%上升到49.06%。表列部落的自耕农的比例从68.18%下降到54.50%,无地农业工的比例从19.71%上升到32.69%。家庭作坊工的比例只占2%左右,其他种类的工人大约20%。[2]

---

[1]　Department of Education. Government of India. *The National Commission for Schedule Caste and Schedule Tribes*. 1996. p. 38.

[2]　Ministry of Human Resource Development. Government of India. *The National Commission for Schedule Caste and Schedule Tribes*. 1996. p. 58.

主要依靠农业和相关活动为生的表列种姓和表列部落贫苦农民正不断地失去原本属于他们赖以生存的土地,尽管多数土地都是一些很小的边角地。从1961年到1991年,很多拥有小块土地的自耕农变成了无地农民。这一现象表明在他们的职业模式几乎没有向上发展的灵活性和多样性。农民们被强行赶出自己的土地,土地所有权不被认可,应分配给他们那些超出柴明达①地主土地最高限额的剩余土地和其他种类的土地,被拖延着不给等等。表列种姓和表列部落约占印度人口的25%,大多数人生活在贫困线之下,几乎没有什么别的物质财产可作为身份地位的象征,因此,他们拥有土地的重要性无须多言。土地不仅是他们生活来源的保证,而且也赋予了他们社会地位。

由于贫困人口中大部分是表列种姓和表列部落,因此,消除贫困和社会歧视,提高表列种姓和表列部落人口的社会地位和生活水平一直是印度政府社会经济发展规划中最重要的目标。

(二)暴力

在现代印度社会,贱民所遭受的迫害是极其残酷的。1968年在泰米尔纳杜邦贾伐尔县的一个村子里,贱民要求增加工资,有42名妇女和儿童被雇主锁在一间木屋里活活烧死,凶手却被法院释放,逍遥法外。在古吉拉特邦,一个贱民的孩子因误入高级种姓的寺庙而被活活打死。在全国各地迫害贱民的案件更是层出不穷,仅1973年就有8186起,到1978年增至15059起。但实际上,迫害贱民的事件要比这些公开披露的数字大得多。到了1989年,表列种姓和表列部落遭受的暴力伤害案件为19422件,1990年上升到21245件,1991年达到22424件,1992年有了小幅度的下降,案件总数为22049件。② 见表1。

---

① 柴明达:在印度意为土地所有者。印度德里苏丹国时期,土地制度发生较大变化,但仍有许多土地为印度教土邦王公世袭相传和私有,这类土地所有者称"柴明达"。

② Department of Education. Government of India. *The National Commission for Schedule Caste and Schedule Tribes.* 1996. p. 85.

表1　1990、1991 和 1992 年表列种姓和表列部落所遭受的各类暴行案件

年度 案件类型	1990 年			1991 年			1992 年		
	表列种姓	表列部落	总计	表列种姓	表列部落	总计	表列种姓	表列部落	总计
谋杀案件	584	124	708 3.33%	610	146	756 3.37%	693	118	811 3.68%
心理伤害案件	1691	259	1950 9.18%	1706	320	2062 9.03%	1619	232	1851 8.40%
强奸案件	885	339	1224 5.76%	784	334	1118 4.99%	835	383	1218 5.52%
纵火案件	599	59	658 3.10%	602	70	672 3.00%	619	61	680 3.08%
其他人身伤害案件	13908	2797	16705 78.63%	13944	3908	17852 79.61%	14574	2915	17489 79.32%
总计	17667	3578	21245 100%	17646	4778	22424 100%	18340	3709	22049 100%

Source: Government of India. *The National Commission for Schedule Caste and Schedule Tribes.* 1996.

　　然而,这些数据未能真实地反映印度各地的实际情况,它们只是各地政府汇报给福利部的数据。表列种姓和表列部落实际所遭受的暴力伤害案件远高于表中的数据。比如,1992 年德里地区只报告了 2件,但印度表列种姓和表列部落委员会接到并处理的举报案件是 5件,这 5 个案件分别是强奸案 1 件、谋杀案 3 件、其他人身侵犯案件 1件。可见,并非所有的暴力案件汇总到了福利部。①印度政府办事效率低、官员腐败闻名于世。除了官僚主义、文牍主义造成的办事效率低之外,印度在处理此类案件力度不够的另一个原因是处理案件的警察和有关政府官员主要是高种姓的人。农村地区的民间暴力活动常常得到警察的默许、勾结甚至积极支持。事实上,直到今天,发生在表列种姓和表列部落身上的各种暴力案件时有所闻。印度关于表列种姓

①　Department of Education. Government of India. *The National Commission for Schedule Caste and Schedule Tribes.* 1996. p. 88.

和表列部落的网站有很多,都在为他们的合法权益呐喊呼吁,报道他们所遭受的迫害。你只要在 google 或 yahoo India 上输入 dalit(贱民)和 adivasi(部落民)两个词,就会发现成百上千有关贱民和部落民的网页和信息。

造成暴力冲突的原因很多。尼赫鲁执政后,开始进行土地改革,实行最高土地限额制度,即把原来属于柴明达地主超出限额的部分收购为国有,然后分给没有土地的贱民。由于土地改革不彻底,带来了很多问题。高种姓地主通过各种方法突破了政府规定的最高限额,依然占有大量的肥沃土地,没有土地的贱民依然没有土地。很多无地农工就是过去的雇工或契约劳工。在土地问题、农作物的分成问题以及各种利益分配上,高种姓地主和贱民经常发生冲突,冲突事件在北方地区经常发生,尤其是比哈尔邦最严重,直到现在,印度的报刊上经常报道比哈尔邦发生流血冲突的消息。此外,政府为弱势群体制定的保留政策,使贱民们有机会在政府机关、国营企业和学校里,与高级种姓平起平坐,让高种姓觉得受到威胁和挑战,引起了他们极度的不满。

(三)歧视

独立后,印度政府通过制定宪法条款、颁布相关法规,为弱势群体制定在议会、立法院、政府机构、国营企业和教育机构的配额保留政策,以及一系列的经济扶持计划,提高了部分弱势群体的社会地位、政治地位、经济地位和教育水平。在议会、机关、学校、企事业单位都能见到他们的身影。然而,能够享受到这些利益的人毕竟是少数。印度目前的社会阶层主要分为婆罗门、刹帝利和吠舍组成的高级种姓阶层,占人口的 1/4 不到;主要由原首陀罗组成的其他落后阶层,占人口的 1/2;最后是由表列种姓和表列部落组成的弱势群体或贫弱阶层,占人口的 1/4。

农村地区的歧视现象和歧视心理依然十分顽固。虽然 1950 年通过的宪法宣称要取消不可接触制度,提高不可接触者的社会地位,还规定不可接触者享有教育等权利。由于执行不力,不可接触制度仍然存在。1955 年,印度议会通过了一项法案,允许不可接触者进入庙宇、商店、饭馆、理发店和使用公共水井。但直到现在为止,一些地方,不可接触者依然不能使用公共水井,不能进入庙宇,甚至连邮局也不让进去。种姓意识和由此引起的歧视、排斥和偏见依然如故。在比哈尔邦,一个由高级种姓控制的村子里,每逢雨天,不可接触者经过地主门前时,必须收拢雨伞,脱掉鞋子,以示敬意。一些地方不可接触者不许住在村子里,只能住在村外指定的地方,如河的下游地段。城里的不可接触者则往往住在贫民窟里,过着凄凉屈辱的生活。不可接触者受歧视、受侮辱的事件数不胜数。

表2 1978年印度农村表列种姓遭受歧视的情况调查表

邦名	调查的村庄数	不许表列种姓使用或享受服务的村庄数				
		水井	寺庙	饭店	理发	洗衣
安德拉	60	17	16 *	14 *	18 *	48
古吉拉特	141	89	130	126	130	130
卡纳塔卡	100	100	100	100	100	100
喀拉拉	68	* *	68	—	—	—
中央邦	199	92	95	—	127	145
马哈拉斯特拉	69	29	26	4 *	—	17 *
奥里萨	50	50	50	50	50	49
拉贾斯坦	75	61	63	—	—	—
泰米尔纳杜	148	115	136	36 *	—	72 *
哈里亚那	44	7	23	—	—	—
北方邦	170	55 *	87	113 *	—	63 *

资料来源:《表列种姓和表列部落委员会报告(1978~1979)》,德里,1980年。转引自邱永辉:《现代印度的种姓制度》,四川人民出版社1996年版,第193页。

 * 有些村庄资料不全。

 * * 村子里没有水井,不可接触者像其他人一样从河里取水,但只能从下游取水。

从表2中可看出,水井和寺庙很多乡村仍然是绝对不许不可接触者使用的;其他几个服务项目也只有几个邦允许不可接触者享受。

五、印度政府的立法保护和政策保障

鉴于印度弱势群体经济上遭受剥削和剥夺,社会生活中上遭受暴力、侮辱、歧视和压迫的客观现实,独立后,印度政府首先制定一系列的法规和政策保护和扶持弱势群体。

(一)保护弱势群体的宪法条款、相关法规和保障机构

事实上,早在英国殖民地时期就已经制定一些法规和政策来保护和帮助弱势群体了,这个问题前面已有介绍。独立后,印度政府为保证表列种姓和表列部落的全面发展,保护他们免受各种剥削,议会在宪法中制定了许多保护条例。如,宪法第 15 条规定,不得仅仅由于宗教、种族、种姓、性别、出生地等理由,而使任何公民在下述方面丧失资格、承担责任、遭受限制或接受附加条件:(1)商店、公共饭店、旅社及公共娱乐场所;(2)全部或部分由国库维持,或供大众使用的水井、水池、浴场、道路及公共场所之使用。宪法第 17 条废除"不可接触制",以任何形式实行"不可接触制"必须禁止,并依法惩处。宪法第 23 条禁止买卖人口和无偿强迫劳动。宪法第 24 条禁止雇用 14 岁以下的儿童在工厂、矿山或从事危险职业。多数从事危险工作的儿童都来自这两个群体。第 275 条涉及给表列种姓和表列部落的补助拨款问题。宪法第 164 条规定在比哈尔邦、奥里萨邦和中央邦应该设立一个负责表列部落、表列种姓和其他落后阶层的福利事务的首席部长。宪法第 330 条、332 条、334 条和 371 条涉及在下议院和各邦立法议会保留席位的问题。第 335 条规定在不影响行政效率的情况下,在任命与联邦事务和各邦事务有关的公职人员时,应考虑表列种姓和表列部落成员的要求。

篇幅很长的宪法第五附表涉及表列地区和部落地区提高管理水平的问题,诸如为保护这两个群体的利益,禁止土地转让、放贷等。第六附表涉及这两个地区的自治、选举、森林保护、划界、建立公共机构、教学语言、发放经营许可证、征税等具体问题。此外,第九、第十一和

第十二附表的部分内容也涉及这两个群体。在截至 2004 年 7 月 1 日的 92 条宪法修正案中有 22 个条款涉及这两个群体的有关问题。

与表列种姓和表列部落相关的法规有 6 个:《1955 年公民权利保护法》《1976 年契约劳工法》《1977 年公民保护条例》《1989 年表列种姓和表列部落(防止暴行)法》《1995 年防止暴行条例》和《1996 年村民委员会法》。但与宪法第 17 条有关的重要法规有两个,即《1955 年公民权利保护法》和《1989 年表列种姓和表列部落(防止暴行)法》。最早在 1955 年颁布《不可接触制度触犯法》和《消除种姓弊端法》,是为了废除对表列种姓所实行的不可接触制和消除由此造成的社会弊端。1977 年修改了这个法案,更名为现在的《1955 年公民权利保护法》,根据该法,触犯不可接触制度者,一经查明,严厉惩处。为审查对表列种姓和表列部落犯下的暴行,《1989 年表列种姓和表列部落(防止暴行)法》于 1990 年 1 月 31 日开始施行。这个法案对暴行种类作了详细的说明,提出对此类犯罪严惩不贷,建立特别法庭加速审理此类案件。印度各级政府还制定了补充条例,给暴行受害者给付救济金和恢复遭破坏的设施。如《1995 年的防止暴行条例》就规定给受害者家属 10 万卢比的救济金,如果受害者为养家糊口之人,救济金为 20 万卢比;因遭受暴行而致残的人享受同样的救济金。表列种姓和表列部落是印度主要的农业劳工,而大多数无偿契约劳工来自表列种姓和表列部落。1976 年的《契约劳工法》废除了契约劳工制度,解放契约劳工并恢复他们的自由。但各地政府执行《1955 年公民权利保护法》所采取的措施并不理想,有 14 个邦和直辖区尚未成立特别法庭来处理相关案件。1993～1994 年度福利部给实施《1955 年公民权利保护法》的 14 个邦和直辖区发放了 4400 多万卢比的补助金。有些邦并没有认识到执行该法的必要性和急迫性,未向福利部申请补助金。

《防止暴力法》第 21 条要求各邦和中央直辖区定期检查《防止暴力法》的执行情况,目的是更好地执法,尽快鉴别出表列种姓和表列部落人口容易成为暴力犯罪牺牲品的地区,以便采取预防措施阻止此类暴力犯罪的发生。根据福利部的现有统计数据,只有 8 个邦确认出 69 个县和村庄为暴力倾向区或暴力敏感区。印度政府希望各邦和中央直辖区开展定期检查工作,鉴别暴力犯罪倾向区,以便采取预防措施阻止暴力犯罪的发生,减少生命财产的损失。各邦和中央直辖区对于《1989 年表列种姓和表列部落(防止暴行)法》的执行情况很不令人满意。该法第 14 条要求各邦建立特别法庭,加快暴力案件的审理,但只有安德拉邦和拉贾斯坦邦建立了此类特别法庭。其他邦只是利用现有法庭在完成常规案件审理的情况下,审理针对表列种姓和表列部落的暴力案。①

除了制定宪法条款和相应的法规之外,考虑到由于宗教、种姓、人种、语言以及贫富差距所组成的极端错综复杂的印度社会现实,印度政府分别组建了社会公正与合法权益保护部(The Ministry of Social Justice & Empowerment)、部落事务部、落后阶层委员会、东北地区发展部以及全国表列种姓和表列部落委员会来处理印度弱势群体社会发展中各种各样的复杂问题。社会公正与合法权益保护部的前身是福利部,1998 年更改为现在的名称,而福利部又是 1985 年从内务部独立出来的。社会公正与合法权益保护部的主要职能是处理表列种姓、表列部落(少数民族)、落后阶层、残疾人、老年人、街头流浪儿童和毒品受害者等处境不利、处于社会边缘人群的福利、社会公正与合法权益保护等问题。目的是帮助他们凭借自己的努力奋斗进入主流社会。此外,印度妇女和儿童发展委员会也同样十分关注来自这两个群体的妇女和儿童。

鉴于部落民的社会经济发展状况十分落后,1999 年印度政府决定把原隶属于社会公正与合法权益保护部的部落事务司独立出来,单独组建部落事务部,目的是更好地关注表列部落的社会经济的全面发展。为配合印度部落事务部的工作,印度政府于 2001 年组建了东北地区发展部,作为联邦政府的一个重要部门,该部的工作就是处理东部地区 8 个部落邦的社会经济发展问题。这 8 个邦是阿鲁那查尔邦(为印度占领的中国领土,约 8 万平方公里,居民为藏民)、阿萨姆邦、

---

① Ministry of Human Resource Development. Government of India. The National Commission for Schedule Caste and Schedule Tribes. 1996. pp. 152 – 153.

锡金邦、那加兰邦、曼尼普尔邦、米佐拉姆邦、梅加拉亚邦和特里普拉邦。

除表列种姓和表列部落之外,印度还存在着大量社会和教育发展落后的阶层(或种姓),他们主要由首陀罗、少数贫困的婆罗门、基督徒、佛教徒和低贱职业者组成,印度政府把这几个群体称为"其他落后阶层"。这些落后阶层的事务 1985 年以前是由内务部的落后阶层司负责的。1985 年以后由福利部和社会公正与合法权益保护部下设的全国落后阶层委员会和全国落后阶层财政与发展合作基金会两个机构来负责处理其他落后阶层的问题。①

1990 年印度议会颁布的第 65 条修正案,修改了宪法第 338 条,把全国表列种姓和表列部落委员会写入宪法中。该委员会下设四个部门:行政与协调部,负责行政与人事管理、举行保护政策实施进展评估会;政府机构公务员职位保护部,负责这两个群体在政府机构的职位保留政策,调查伪造种姓证书案件,鉴定某个种姓或部落能否进入中央表列种姓和表列部落名单;暴力防犯与公民权利保护部,负责两个群体的公民权利保护,涉及暴力、无偿契约劳动、最低工资等问题;经济与社会发展部,负责各级政府开展的各类扶持计划的督促评估,以及有关两个群体的教育、部落研究、土地改革、暴力和侮辱案件投诉、政府机关职位保留问题投诉、市场、财政、合作发展等问题。随着表列种姓和表列部落工作的深入,2003 年印度议会第 89 次宪法修正案又修改了宪法第 338 条,把原来的"全国表列种姓和表列部落委员会"一分为二,分别组建"全国表列种姓委员会"和"全国部落委员会"并对两个委员会的工作职能和职责、人员构成、任期等作了具体的规定。②这样就从法律上和制度上对弱势群体的各种合法权利予以保证。

(二)表列种姓与表列部落的经济发展计划

独立后,印度政府主要是通过立法对弱势群体予以保护,制定保

① Ministry of Social Justice and Empowerment. http://goidirectory. nic. in/ 2006 - 3 - 8.

② The National Commission of Scheduled Castes. http://goidirectory. nic. in/ ,2006 - 3 - 8.

留政策提高他们在政府机构、国营企业和教育机构的比例,以此来改善他们的政治地位和社会地位,基本上顾不上什么具体的经济发展计划来切实提高他们的经济地位。第一个五年计划算不上是个计划,只是制定一些设想,经济体系完全是殖民地时期的。第二个五年计划开始模仿苏联建立社会主义类型的社会,大力发展国营企业,进行土地改革,把地主超出限额的土地以各种方式收归国有,分给没有土地的贱民和其他贫农。第三个和第四个五年计划主要是大力发展国有工业和农业,解决温饱问题。只是到了第四个五年计划的末期,才提出针对表列种姓和表列部落的专项经济发展计划,在第五个五年计划开始实施。此前的综合部落发展计划和社区发展区计划的效果都不够理想。1979 年开始实施的农村综合发展计划的主要目的在于改善农村贫民的生产、生活条件,尤其集中于表列种姓、表列部落和农村妇女。① 1991~1992 年度和 1992~1993 年度,受益于这项计划的部分农村贫困家庭中,表列种姓和表列部落家庭占了一半。拉吉夫·甘地总理在 1989 年 4 月 28 日宣布开展贾瓦哈尔就业计划,该计划由全国农村就业计划和农村无地农民就业保证计划合并而成。贾瓦哈尔就业计划有两个辅助计划:英迪拉新建住房计划和百万口水井计划。② 这三个计划为表列种姓、表列部落以及无地农民修建了住房和水井,提供了一些临时就业机会。在制定社会发展规划的最初几年里,印度政府以为通过努力实现经济增长就可以使贫穷阶层的人口获益。然而

---

① 农村综合发展计划最初在 2300 个发展区(印度的乡镇建制)试行,中央和各邦政府各支出 50% 的资金。该计划主要措施就是向生活在贫困线以下的小农、边际农和无地农民提供补助和贷款;同时向他们供应种子、化肥、农药等生产性投入,提供各种技术性服务;政府投资兴修一些水利设施;开办各种职业培训;兴办一些小型农村工业以增加就业机会。参见 Planning Commission. Government of India. 8*th Five Year Plan* (*Vol.* 2). http://planningcommission. nic. in/plans/planrel/fiveyr/8th/vol2/8v2ch2. htm, 2006 - 3 - 31.

② 这三个计划是针对生活在贫困线下的 4400 多万户农村贫困家庭制订的。大部分贱民和部落民都生活在农村,按一个家庭五口人计算,印度贱民和部落民家庭约有 5000 万户。在 20 世纪 90 年代的住房计划和水井计划中,给表列种姓和表列部落修建了 100 多万套住房,近 40 万口水井。参见杨文武:《印度的贫困与反贫困研究》,《南亚研究季刊》,1997,(3).75 - 81.

事实并非如此,政府规划者从经验中认识到,如果不从贫弱阶层尤其是表列种姓和表列部落的角度来制定有针对性的法律保护措施和综合经济发展计划,那么纯粹通过经济增长来消除贫困和提高贫弱阶层的目标是难以实现的。因此印度政府专门针对部落民和贱民制订了经济发展计划。

1. 部落二级规划(Tribe Sub - Plan)

这个计划是 1972 年由教育和社会福利部的一个专家委员会专门针对部落的实际情况提出的,第五个五年计划(1974 ~ 1979)期间在印度大部分部落地区实施了这一战略计划,目的是发展部落经济、保护部落不受各种剥削。这一计划涉及的项目为通路、通自来水、通电、医疗卫生、住房、邮电、教育培训、寄宿学校、妇女扫盲等。由于表列部落主要聚居在孤立的小片地区,部落二级计划开展了一项识别此类部落片区的工作,还意外地识别出 75 个原始部落。在已启动的 194 个部落二级发展项目中,每个项目都在部落人口占一半以上的发展区实施。此外,在全国还选择 250 个发展区实施新修改的区域发展计划,这些发展区的部落人口至少有 1 万,超过总人口的一半。

印度政府规定,凡是属于部落发展的计划或项目,做到专款专用。经费上的专款专用显著地扩大了这个计划的影响。第五个五年计划期间,实施部落特别计划的地区获得了近 76 亿卢比的经费,占全国总经费预算的 4.29%,1992 ~ 1993 年度此项目经费增长到 302 亿卢比,占全国总经费预算的 12.27%。① 一个年度的经费预算就超过了第 5 个五年计划的总预算,而且也超过了部落人口的比例,可见印度政府的决心和扶持力度。

印度全国表列种姓和表列部落委员会在第一个年度报告中建议:"国家分配给各邦和直辖区的经费预算不仅要根据部落的人口比例制定,而且考虑到他们在过去被剥夺了发展机会,处于极贫状态这一事

---

① Annual Report (2000 – 2001). *The Tribal Sub – Plan*. p. 332. http://tribal. nic. in/chapter4. html 2006 – 3 – 31.

实,预算的比例应高于他们的人口比例。"①委员会认为,福利部作为
部落发展的关键部门,应敦促各邦和直辖区政府增加部落二级计划的
经费配额。由于1993~1994年度全国许多地区的部落二级计划经费
低于当地部落人口的比例,委员会建议他们在下一个五年计划期间扭
转局面,增加此项经费。

2. 中央表列部落特别资助计划

该计划是继《部落二级规划》之后制订的另一项经费援助计划,经
费由福利部提供。1993~1994年度,中央向实施部落特别资助计划的
地方政府投入了29.484亿卢比。印度政府希望各地政府公正地用好
这笔经费,用于发展农业、园艺、养蚕和养殖业,切实增加部落家庭的
收入。印度政府还指示福利部每年都检查经费的使用情况和取得的
成绩。这的确是针对部落民的实际制订的家庭增收计划,如果长期执
行下去,会对提高部落民的生活水平起到很好的作用。

3. 表列种姓特别配额计划

该计划的目的类似于部落二级发展计划,第五个五年计划期间也
在印度各地实施。表列种姓特别配额计划的经费从第六个五年计划
起稳步增长。第六个五年计划达到3614亿卢比,占印度全国经费预
算总额的7.66%,第七个五年计划达到7385亿卢比,占预算总额的
8.27%,1993~1994年度为3487亿卢比,占印度预算总额的10.65%。
虽然印度全国的经费预算总额在稳步增长,但分配给特别配额计划的
经费比例却未达到理想水平(即未达到表列种姓16.5%的人口比
例),实际经费投入被打了6%~10%的折扣,也就是说还有6%~
10%的经费没有到位。事实上,印度政府要真正保护表列种姓的利
益,特别配额计划的经费不仅应增加,而且应用好、用足,使经费的预
算和实际支出迅速达到理想的水平。

4. 中央表列种姓特别资助计划

这是继特别配额计划之后,印度政府下拨给各邦和直辖区的另一

---

① Ministry of Human Resource Development. Government of India. *The National Commission for Schedule Caste and Schedule Tribes.* 1996. p. 39.

笔经费。1993~1994年度,拨给各地的经费达到27.2亿多卢比。印度福利部颁布新的指导方针,要求把这笔钱用于表列种姓家庭收入增长计划。福利部也会定期检查中央特别资助经费的使用情况。①

此外,在"六五"期间(1980~1985),一项由中央政府资助的计划在大中小城市铺开,通过把手工清扫粪便干式厕所改装成水冲式厕所,把厕所清洁工从低贱的工作中解放出来,提高他们的社会地位。这是一项覆盖14个邦的37个城镇的试点计划。目标是使865万表列种姓家庭越过贫困线。到1984~1985年度,有871万表列种姓家庭受益。第七个五年计划期间,一些在第六个五年计划期间受益的家庭继续获得资助,目的是使他们能够永远越过贫困线。

另一个是各邦为表列种姓提供小额贷款以增加他们家庭收入的表列种姓发展公司的数目增加到195个,覆盖了17个邦和中央直辖区,资本总额达到17.3亿卢比。这些公司可使270万户表列种姓家庭通过银行贷款受益。向他们发放的小额贷款和银行贷款累计达到63.5亿卢比。②

印度政府在表列种姓和表列部落的经济发展上虽然尽了很大的努力,但对于他们的经济状况并没有实质性的改善,弱势群体经济贫困状况积重难返。即使在城市里,由于缺少资金,大多数表列种姓和表列部落现在仍居住在贫民窟里。在农村地区,由于在传统职业中仍使用落后的生产方式,他们收益很低,遭受着贫困的困扰。今天经济局势的变化异常迅速地使许多传统职业被新职业取代。很多贱民手工艺人成了无地农业劳动者,生活水平反而下降了。弱势群体的专项经济计划发展也只是使部分人受益。表列种姓和表列部落作为民主福利社会的一员虽然获得了平等分享经济发展成果的机会,但由于他们过去长期被剥夺了发展的机会,那些生活在最底层的贫弱者却难以

---

① MHRD. Government of India. *The National Commission for Schedule Caste and Schedule Tribes*. 1996. pp. 43 – 44.

② Dr. Sanjay Paswan. *Encyclopaedia of Dalits in India* (*In* 11 *Volumes*) *Emancipation and Empowerment* (*Volume* 8). Delhi. Kalpaz Publications. 2002. pp. 213 – 215.

享受到繁荣和由此带来的社会平等。

5. 农村普遍就业计划(Sampoorna Gramin Rozgar Yojana)

该计划宣布于2001年8月15日,在全国所有的邦和地区实施,以增加就业机会。农村发展部每年拨付500万吨粮食给各邦或直辖区政府用于这一计划,涉及资金500亿卢比。这个计划的设计思想是,通过在农村地区修建持久耐用的社区基础设施,加强政府对农村的投入,一方面可以使农民获得额外的就业机会,获得工资性收入,保证贫困人口的最低粮食需求,同时也可以改变农村落后的经济、社会基础设施面貌。该计划的受益人群主要为表列种姓和表列部落、妇女以及领回从事有害工种童工的家长。① 村委会或基层自治委员会根据当地的需要制订具体计划同时上报获得批准。纳入该计划的土木工程必须是劳动密集型的,建设的重点是持久耐用的基础设施,如水土保持、小流域开发治理、水源保护、造林、村庄道路、村小学校校舍、卫生站或集贸市场等。项目的原则是能够增加就业机会并对当地的经济社会发展起到促进作用。严格禁止修建宗教性建筑、纪念性标志性建筑、大型建筑物或桥梁以及政府办公用建筑物等。政府预计该计划每年大约可产生10亿人/日的就业机会,每人/日可获得最低5公斤粮食(实物)的报酬。除按照此工程的规定给以实物报酬外,各邦政府还可根据各自情况自行制定给付额外现金报酬,报酬必须直接支付给劳动者本人。该计划严格禁止任何承包商或中间人介入。出于尽可能多地增加就业机会的目的,该计划严格禁止使用机械作业,以防机械代替人力劳动。

6. 国家以工代赈计划(National Food for Work Programme)

2004年10月13日开始实施这一计划。在全国150个最落后的县实施,其中大部分地区为表列部落和表列种姓贫困人口聚居地。这个计划的目标是,向每一个符合标准的贫困家庭中最少一人提供100天/年的就业机会,保证其获得最低标准工资,使那些在困难时期没有

---

① 为了保证儿童健康发展,印度法律禁止儿童从事有毒有害工种劳动。为了鼓励家长领回从事有害工种的童工,解决这些家庭的收入问题,政府特地将其纳入就业计划受益群体范围。

足够的能力购买配额口粮的家庭能够得到就业机会。该计划所提供的工作种类主要是能够增加社区资产的劳务。2004～2005年度,中央政府为该计划所需粮食所作预算为2574.6亿卢比。①

7. 自我就业计划

为促进就业,尤其是非正规部门的就业,城市住房和消除贫困部制订了"自我就业计划"(Swarna Jayanti Shahari Rozgar Yojana),其主要内容是资助城镇贫困群体个体建立经营性个体工商户,对希望就业的个体进行职业培训。同一切救助性、福利性计划一样,这个计划特别关注的是贫困线下群体、妇女、表列种姓、表列部落和残障人口。

印度是一个农业人口众多的发展中国家。据印度政府2001年的人口普查数据,人口总数为10.27亿,其中农村人口为7.41亿,占人口总数的近70%。由于城乡之间、地区之间的经济社会发展差距显著,3/4的贫困人口集中在农村地区。与此相关的是,农村的各项基础设施、生存环境、教育和医疗等社会保障程度都大大地落后于城市。在从事农业生产的2亿多劳动人口中,有近一半的人被政府称做农业工人,实质上指的是无地或少地农户家庭中的主要劳动力。这些农业工人和农村其他剩余劳动力的就业问题是政府重点考虑的问题之一,也是减轻农村贫困的关键。

乡村自我就业计划(Swarnjayanti Gram Swarozgar Yojana)是目前正在进行中的主要的农村贫困人口自我就业计划。由开始于1999年的农村综合发展计划(IRDP)及其附属计划如农村青年自我就业培训、农村地区妇女儿童发展计划以及百万口水井计划等合并重组而成。可以获得该计划贷款的受益群体主要为贫困线下群体,尤其是表列种姓、表列部落和妇女等人群。受助名额的50%保留给表列种姓和表列部落,40%保留给妇女,3%保留给残障群体。

印度中央政府制订的这些福利性或救助性计划,在一定程度上缓解了贫困家庭的贫困状况。但在经济社会发展缓慢的一些地区,如印度北部、东北部一些邦的表列部落聚居区,政府的这些计划大多没有

---

① http://india.gov.in/sectors/rural/national_food.php.

得到很好的执行。北方邦东部是印度最为贫困的地区之一,在这里,政府的许多计划,如就业、灌溉基础设施建设等计划,由于各种原因都被打了折扣。

更为严重的是,政府旨在消除饥饿和减轻贫困的许多计划在被腐败者蚕食。有调查显示,在一个贫困的表列部落聚居区有超过90%的被调查户从没受益于综合儿童发展计划,78.77%的家庭中的子女没有受益于免费午餐计划;76.5%的家庭没有受益于以工代赈计划。政府在农村地区实施的普遍农村就业计划在该地区只有不到1%的受益者。

(三)表列种姓与表列部落的保留政策及实践

表列种姓和表列部落的经济发展是他们的社会经济地位走向平等的一个主要途径,因此宪法的缔造者们制定了特别条款,保证国家积极促进弱势群体的社会经济发展。事实上,在独立前,印英政府就认识到改善社会弱势群体社会、经济、教育和福利状况的重要性,为弱势群体(即今天的表列种姓和表列部落)制定激励措施和照顾政策。独立后,印度在移植殖民地宪法的同时,也移植了有关弱势群体的保护条款。宪法第16条规定为表列种姓和表列部落在政府机构、教育机构(尤其是重点大学和重点中学)和公营企业保留一定比例的配额。印度政府根据宪法规定,在上述机构,根据表列种姓和表列部落的人口比例,分别为他们保留了15%和7.5%的配额。

但保留政策在施行过程中,并未达到预期目的。原因是复杂多样的,从对表列种姓和表列部落在下面几个部门的就业情况来分析,就可见端倪。

1. 政府部门的职位保留情况

1993年,在印度政府部门的四类职位中[1],表列种姓和表列部落

---

[1] A类职位指印度行政管理部门、警察部门和森林管理等部门的领导职位;B类职位如区乡发展官、警察局长和大专院校的教师等;C类职位包括办公室文员、森林管理员、助理巡警等;D类职位包括警察、森林防护员、司机、清洁工、园丁、厨师、职员、勤杂工等等。

在 A 类职位中的比例分别是 9.8% 和 3.06%,在 B 类职位中的比例分别是 12.17% 和 2.35%,在 C 类职位中的比例分别是 12.91% 和 5.43%,在 D 类(不含清洁工)职位中的比例分别是 20.73% 和 6.87%,在 D 类清洁工职位中的比例分别是 64.35% 和 3.71%。①很明显在 ABC 三类高级职位中,表列种姓和表列部落的职位配额达不到印度政府规定的 15% 和 7.5% 的职位保留数额。

表列种姓在中央政府部门工作的比例明显要高一些,而表列部落的情况却不令人满意,主要原因是表列部落不愿意离开偏远而交通不便的家庭。因此,印度表列种姓和表列部落委员会认为一个可行的改进办法是铁道部、邮政部和电信部在偏远地区建立分支机构,招聘部落民就近上班。委员会最近在中央邦巴斯塔县所作的调研表明,尽管当地部落民的就业形势十分尖锐,但当地高官却伙同当地就业交易所伪造注册名单,招聘外地人从事 C 类和 D 类职位的工作,而这些高官恰好就是外地人。

2. 国营企业的职位保留情况

1993 年,在国营企业中,表列种姓和表列部落的人数达到 55.4 万,占职工总数(211 万)的 26% 以上。但表列种姓和表列部落职工主要集中在 C、D 两类低级职位上,尤其是近 90% 的清洁工都是表列种姓和表列部落。AB 两类高级职位很少招收新人,大多数职位都是在机构内部通过提拔任用或轮岗实现的。大多数机构已达到饱和状态,已没有什么可扩展的岗位空间了。② 与私营企业相比,人人都想进国营企业,在那里可享受到各种各样的福利和待遇。

3. 国有银行的保留政策

英·甘地总理 1969 年使印度银行业国有化之后,表列种姓和表列部落的保留配额政策就引入银行机构,而且是直接招聘。印度联邦储备银行的提拔政策是基于资历加适应能力的。候选干部的适应能

---

① MHRD. Government f India. *The National Commission for Schedule Caste and Schedule Tribes*1996. p. 100.

② Ibid. , p. 101.

力,通常是由笔试和面试成绩来评判的。保留名额政策只适用于 C 级和 D 级。由于有效地执行了保留政策,表列种姓和表列部落在银行的比例增长较快,尤其是普通职员、低级职员和清洁工人数增长很快。1994 年 1 月 1 日的资料显示,在国有银行(含其他金融机构),表列种姓和表列部落的干部分别占总数(249016 人)的 10.24% 和 3.34%;他们的银行职员数分别占总数(470873 人)的 14.45% 和 4.56%;低级职员数占总数(181619 人)的 23.30% 和 5.84%;清洁工占总数(34200人)的 52% 和 5.29%。实际上,对于传统上从事清洁工作的表列种姓和表列部落,印度政府没有特别的保留名额政策,在各级政府部门中,大多数清洁工历来都属于表列种姓和表列部落。在印度政府机构中的 13 万多名清洁工中,68% 以上来自这两个群体。[1] 高种姓的人宁愿饿肚子也不屑于这种"低贱"的工作。

4. 成品油经销优先分配权

根据1980 年6 月政府石油化工肥料部的指导方针,印度石油有限公司、印度斯坦石油有限公司、国际石油有限公司和印缅石油有限公司把 25% 的汽油、柴油、高级煤油销售权保留给表列种姓和表列部落。由于东北部地区的大多数居民是表列部落,所以销售权的保留比例达到70% ~90% ,与其人口的比例大致相当。

指导方针进一步规定,如果当年表列种姓和表列部落符合条件的人选不足,未用完的保留指标可留存至下一年使用,但当年的指标要分配给符合条件的普通种姓的人。如果下一年还用不完指标,保留指标将作废。1993 ~ 1994 年度石油部的统计数据表明,表列种姓和表列部落经营加油站的比例只占全国 15 413 家加油站的 5.02% 和1.72% 。一类石油产品经销点的比例分别是 4.74% 和2.54% ,二类石油产品经销点的比例分别是 11.13% 和 4.26% 。[2] 他们所占的份额远未达到15% 和 7.5% 的保留名额政策。在代理权分配中表列种姓和

---

① MHRD. Government f India. *The National Commission for Schedule Caste and Schedule Tribes* 1996. p. 102.

② Ibid. , p. 104.

表列部落的比例很低,主要是因为他们当中难以找到在代理工作上拥有雄厚财力、经验、知识、天赋、热情、兴趣的合格人选。看来印度政府还须制定一些有效的措施和诸如能力培养方面的援助机制,才有可能实现其美好的愿望。

职位配额保留政策有许多不尽如人意之处,比如,表列群体在高级职位中的比例就根本达不到15%和7.5%的规定。清洁工的比例远远超过贱民的人口比例,是因为这个工作原本就是该贱民干的,高种姓的人是对此不屑一顾的,宁愿饿肚子也不会当清洁工。按照"效率优先"和"成绩优先"的原则,他们是难以进入到高级职位的;有些工作,如成品油和加油站代理,还需要雄厚的财力、能力和知识作为基础,没有这些,保留指标只会被浪费。印度有不少官员和学者曾说过,他们一眼就能识别谁是贱民,贱民由于长期生活在底层、长期过着悲惨的生活、长期营养不良、长期被剥夺各种基本权利,包括受教育的权利,他们的智商明显比普通人低、反应明显比普通人慢。一些贱民目光呆滞、神情萎缩,这就是为什么称他们为 broken men 或 depressed men[①] 的原因。而导致这个结果的根源就是不可接触制度,而产生不可接触制度的根本原因就是渗透到印度教徒骨髓里种姓意识。

虽然,印度政府对弱势群体进行立法保护,制定配额保留政策和各类经济发展计划用于改善和提高弱势群体的社会地位、政治地位、经济地位和教育水平,尽了很大的努力,也取得了显著的成绩;但弱势群体的问题不是一夜之间凭着良好的愿望就能解决的。表列种姓和表列部落问题错杂复杂,积重难返。他们几千年来遭受着压迫、剥削、剥夺、歧视、隔离和排斥,灾难深重、处境悲惨,想在短时期内解决他们的问题,使他们与高种姓享受公平、平等的待遇,受到公正、平等的对待,是很困难的。从印度建国初期,尼赫鲁政府雄心勃勃地认为,通过保留政策,经过10年的努力奋斗,一个实现现代化的民主的公正的印度、一个法律面前人人平等的印度即将展现在世人面前。然而尼赫鲁

---

① 　这两个英文词组的含义是:身心憔悴者,绝望者,精神委靡者。现在引申为贱民,受压迫者之意。

的希望破灭了,保留政策延长了一个又一个十年,而且要求得到保留政策照顾的群体越来越多。

六、表列种姓与表列部落社会现状

独立后,经过半个多世纪的全方位发展,在各种经济援助计划的帮助下,尤其是在政府保留政策的保护下,弱势群体中的一部分提高了自己的政治、经济、社会和教育地位,形成了一个小范围的中产阶级或精英阶层,这个阶层由政府官员、律师、工程师、教授和医生所组成,他们多半是弱势群体的第一代或第二代高级知识分子。然而,尽管表列种姓在教育上和职业上取得了很高的成就,但在种姓文化生活中,他们难以融入高级种姓的圈子中,他们仍然不被高级种姓认同和平等对待,因为高级种姓者传统的种姓等级心理和情结依然没有消失。有些人进入城市,成为大学教授之后不得不改名换姓,就是为了避免遭受歧视。一位印度学者曾在德里几所高级中学拥有硕士和学士学位的表列种姓教师和干净种姓教师之间,对两个群体是否愿意共同用餐、接受彼此的茶点和香烟、同用一口井、通婚、借钱等项目做问卷调查,结果发现干净种姓里的大多数教师要么表示不愿意,要么不作回答。[1]

在城市和乡村,一些贱民知识分子成为社会活动家,为贱民的团结和觉醒、为贱民的利益奔走呼吁。2001年在南非德班召开的联合国反种族歧视大会上,印度贱民人权组织与一些国际人权组织极力要求将种姓问题纳入联合国反种族主义大会的日程。"种姓制度是不是种族歧视"引起了国际社会的关注,在印度朝野上下争论不休。

种姓等级并非只存在于种姓印度教徒中,在贱民中也有等级,比

---

[1] Negi, B. P. S. Social Integration of Caste teachers in *Sociological Perspectives on School Education in India*. edited by Prof. S. P. Ruhela. Delhi: Indian Publishers Distributors, c1999. pp. 207 – 244.

如,洗衣工会认为自己比皮革工等级高,而皮革工会认为自己地位比扫厕工高,在他们当中也存在歧视现象。精英阶层中一部分人接受教育之后,并不是利用自己的知识和能力去帮助自己生于斯长于斯的群体,而是远离他们,甚至远离自己的父母亲人,不愿再与他们来往。由于意识到自己社会地位上升、明白接受高等教育和参与政治的作用,他们在自己的种姓中保持着等级的攀升,这阻碍他们形成合力与高种姓给他们造成的社会弊端作斗争。教育在这方面似乎并没有教给他们有效方法来消除他们自身的不利因素。实际上,那些享受到保留政策利益的人与未享受到政策利益的人之间又形成了新的不平等。在一些农村地区,保留政策的贱民既得利益者们投身于政治,而非既得利益者却远离政治、反感政治,对这些既得利益者又妒忌又看不起。

　　有学者认为,促进今日表列种姓社会、经济和政治地位提高的因素有八个:①教育机会;②保护性区别对待(保留政策)。③向城镇移民给表列种姓改变传统职业、过上与种姓等级制度不同的世俗生活,开辟了新的通道。近几十年来,由于农民没有了土地、经济贫困、没有收入,加快了移民的进程。结果,全印各地的表列种姓涌入城镇寻找工作。乡村小工业的衰微和传统贾吉曼尼制度①的崩溃也加快了这一进程。④工业化和城市化创造了新的经济机会、提供了更为宽泛的职业选择以及导致职业模式改变的空间流动和移民。⑤民主世俗制度(在全体公民中消除种姓歧视,促进机会平等的价值观、思想和表达的

---

　　① 贾吉曼尼(Jajmani System)是指北印度普遍存在的一种主仆关系。在南印度,同样的制度名为耶吉曼鲁(Yejamru)。一些学者认为这是一种"非竞争的"制度,各种姓互相合作和依赖;另一些学者则指出了其阶级实质和竞争的存在。在"贾吉曼尼制度"下,低级种姓处于被奴役的地位,是高种姓的奴仆,为高种姓提供各种不计时、不计量的服务;高种姓给他的仅是一小块束缚他们的土地和节日小费,而这一切都是由礼仪和习俗所决定并世代相传的。因此,贾吉曼尼制度是劳动分工和种姓法规相结合的产物,是一种剥削关系,是在印度教的名义下使低种姓依附于高种姓、使高种姓"合法"地压迫低种姓和不可接触者的阶级结构。但这种制度的长期存在,却在客观上起到了使种姓制度具有很大的适应性的作用,也是种姓制度得以长期存在的一个重要原因。

自由、团结友爱和社会公正)。⑥种姓协会。⑦代际职业流动(同一代人中从手工向非手工、从种姓职业向世俗职业的转变,教育和工业化促进了这种流动)。⑧效仿(主要是通过梵化①方式效仿高级种姓,通过西化②方式效仿精英阶层)。③

一些贱民成功地适应了独立后的印度,在商业和政治上达到了较高的水平。一些贱民经济上还很富有。尽管颁布了反歧视法,许多贱民仍然遭受社会耻辱和政治迫害。贱民常常被剥夺了教育、住房、财产、宗教自由、择业(许多贱民每天获得的收入不到一美元)、法律面前一律平等(89%对贱民的犯罪案子最后都宣判无罪)等方面的基本权利。

在城市地区以及公共场合,歧视现象基本消除。一些贱民成功地融入城市社会中,在公共场合,种姓身份也不很明显和重要。然而,在印度农村,种姓身份仍然很明显,贱民常常被排除在宗教生活之外,不可接触制度在农村地区或多或少依然存在,对贱民的歧视现象私下里依然存在,诸如不能一起用餐、上学,高种姓们依然不愿意贱民使用他们的水井和庙宇,不愿意接受他们的食品,更不会与他们通婚。当然在城市和工业地区由于现代化的力量,这种情况改变了很多。

在今日印度教育水平和社会发展水平最好的喀拉拉邦,不可接触制度已不存在,并被视为违法。但是,喀拉拉邦的贱民接受教育的机会却是有限的。虽然,许多贱民印度教徒的生活状况得到改善,但是,

---

① 梵化就是指低级种姓和贱民阶层为了提高自己的社会地位,尽量模仿婆罗门的生活方式,比如吃素、从事洁净职业和践行高种姓的习俗(实行童婚,不允许寡妇再嫁,用鲜花祭神等)。

② 西化指通过接受现代西方教育、习俗和生活方式,提高自己的政治经济地位,进入上流社会和知识精英阶层,由此摆脱自己的不利处境。西化在贱民中尤为盛行。有些西化了的贱民在思想感情上完全与自己的阶层脱节了。他们在接受良好的教育后,有了好的工作,穿戴整洁,谈吐优雅,举止得当,丝毫显示不出他们的出身背景了。有些人甚至隐瞒了自己的贱民氏名。

③ Dr. Sanjay Paswan, Dr. Pramanshi Jaideva. *Encyclopaedia of Dalits in India* (*In 11 Volumes*) *Emancipation and Empowerment* (*Volume* 8). Delhi. Kalpaz Publications. 2002. pp. 219 – 221.

贱民们争取进入庙宇的斗争远未结束,仍然引起很多论战。在一些边远地区反对贱民的偏见和暴力伤害依然存在,比如,比哈尔邦高种姓地主组织的极端主义民兵组织。他们反对平等对待贱民,采取暴力的方式镇压贱民。该组织 Ranvir Sena 被印度政府视为恐怖组织。[1]

保留政策和工业化也给部落社会带来了很大的变化。早先因工业化和保留政策富裕起来的部落民逐步移民城镇,形成新的中产阶级或精英阶层。在农村地区,受过教育者和未受过教育者存在着差异,住房外观不同,生活水平不同,抱负、理想和世界观都不同。部落社会本身对农业没有什么偏见,由于现代教育的影响、就业市场的萎缩,不少部落学生即使找不到工作,也不愿意干农活了。

七、根深蒂固的种姓制度

(一)种姓制度不断强化的表征

1. 种姓的分化与膨胀

种姓制度在印度社会经历了数千年之久,由于社会性质的不断变化,社会和生产分工的发展,以及职业的增加和种姓的混合,这就使各种姓的阶级内容和地位发生了变化,等级制度也愈加复杂化。种姓制度的另一个变化是种姓数目的增多,从原来的四大种姓派生出数以千计的亚种姓。据 20 世纪 50 年代的统计,印度有 3500 个亚种姓;到了1970 年代,亚种姓增加到 10000 个左右,仅婆罗门就有 2000 个亚种姓。贱民也约有 600 个亚种姓。[2] 1935 年,圣西门委员会第一次使用表列种姓这个词来表示印度社会中的这一群体。表列种姓是一个集体名词,用来指代所有不可接触的种姓。1950 年,印度宪法把全国各邦的所有不可接触种姓归入这一类。根据宪法第 341 条规定,印度总统在与各邦邦长协商后,宣布各邦的表列种姓名单。就印度表列种姓

---

① http://en. wikipedia. org/wiki/Ranvir_Sena 2011 - 2 - 12.

② 陈佛松:《印度社会中的种姓制度》,商务印书馆 1983 年版,第 23 页。

的数目而言,全国各邦登记在表列种姓名单中的表列种姓数目将近500个,仅北方邦就有66个。在已知的表列种姓中最突出、人数最多的表列种姓是 Chamar 或 Camar(皮革匠)。

2. 种姓集团出现

古代印度种姓制度的情况前面也有详细介绍,这里不再赘述。到了印度中世纪时期,朝代虽有更替,统治阶级所信仰的宗教也各有不同,但种姓制度依然保存下来,并在某种程度上有所发展,首陀罗和贱民依然遭受高种姓的残酷奴役。到了18世纪,英国殖民者入侵印度以后,随着社会性质的变化,一部分经商的吠舍种姓变成了大资产阶级,如瓦尼亚和巴尼亚(意为商人)种姓。印度著名的比尔拉财团就属于瓦尼亚种姓。印度独立后,比尔拉财团和塔塔财团被称为"新德里宝座背后的支柱"。婆罗门不再是解释和执行国家法律的权威,其权威由英国律师所代替。过去,印度对罪犯的处理通常由种姓会议裁判,即把犯人的手插入火中或沸水之中,如罪犯不受伤,便宣告无罪。而现在对罪犯的处理则要到英国法庭上去裁判。1876年,孟买高等法院规定:任何一个种姓会议,若擅自插手裁判所,应立即受到法律的制裁。这就降低了婆罗门的权威。但婆罗门由于接受西方教育较早,在文化领域内仍然很有势力,他们在殖民政府中充当文官、职员、律师、医生和教师等职务。在近代印度,凡是有条件接受西方教育的种姓,地位都有所提高。印度北方的卡亚斯塔种姓(文书或会计),由于接受西方教育较早,由原来的首陀罗等级上升到仅次于婆罗门的种姓。近代印度的知识分子多数出身于婆罗门、卡亚斯塔和瓦尼亚三个种姓。印度独立后,政府中的各级官僚机构也主要由这三个种姓把持。

随着印度资本主义的发展,交通条件的改善,分散在各地属于同一种姓的小集团逐步联合起来,成为一个较大的集团。在一个地区内,政治经济力量较大、人口较多的种姓,变成那里居统治地位的种姓。例如,卡纳塔克邦的林噶亚特种姓和安德拉邦的喀马种姓,他们主要经营农业,靠输出农产品获利,其政治经济力量足以和当地的婆罗门相抗衡。

3. 种姓专业组织出现

与此相应的是"种姓协会"的出现,其活动范围不限于一个村庄或相连的几个村庄,而往往是一个县、一个邦甚至全国范围。例如,全印婆罗门大会、全印刹帝利协会和全印卡斯亚塔协会等。这些协会为了扩大影响,提高自己的社会地位,为本种姓争取就业机会和竞选席位,经常举行代表大会,发行报刊,集资开设银行、旅社、医院、慈善团体,以及专供某一种姓结婚之用的礼堂等。比哈尔邦的雅达夫(Yadav)、库尔米(Kurmi)和科里(Koeri)三大其他落后阶层农民种姓,为了培养人才,专门筹集资金建立自己的高等教育机构。在全邦 350 所学院中,至少有 60 所学院属于这几个种姓。① 可见种姓协会在印度政治生活中占有重要地位。

(二)种姓制度长期存在的原因

1. 村社是古代种姓制度长期存在的经济基础

17 世纪以前,印度广大农村普遍存在着村社制。一个村社,大的有上千户人家,小的也有几十户,土地公有,农业与手工业相结合,有固定的分工,经济上自给自足,行政上有较大的自主权,居民过着闭关自守的生活。马克思说:"从很古的时候起,这个国家的居民就在这种简单的自治制的管理形式下生活着……居民对各个王国的崩溃和分裂毫不关心;只要他们的村社完整无损,他们并不在乎村社受哪一个国家或郡主统治,因为他们内部的经济生活是仍旧没有改变的。"② 在村社内部,种姓与阶级结合,高级种姓把低级种姓和贱民紧紧束缚在村社的土地上,长期进行奴役和剥削。历代统治阶级为了巩固自己的统治地位,都竭力去维护村社制度。所以,印度王朝虽然不断更迭,但村社却很少变动,它具有比较牢固的稳固性和保守性。因此,村社长期存在,依附于村社的种姓制度也就必然长期存在。

---

① 陈佛松:《印度社会中的种姓制度》,商务印书馆 1983 年版,第 22 页。

② 华中师范学院历史系印度史研究室:《马克思恩格斯列宁斯大林论印度》,1979年,第 15 页。

2. 历代统治阶级和高级种姓利用婆罗门教和印度教维护种姓制度

婆罗门教大约产生于公元前7世纪。婆罗门僧侣自称是大梵天（造物神）①派到人间的使者，创立了婆罗门教。他们认为唯有梵天是真实存在的，是世界最高的主宰，而世间一切现象都是虚幻的。婆罗门教宣扬等级神圣化，利用原始的万物有灵和灵魂转移的观念制造出一种"因果报应，人生轮回"的理论。人死后必定要经过轮回，恶有恶报，善有善报。为此，婆罗门制定了"达磨"，各种姓都要严格遵守，说各个等级只有遵循"达磨"，安分守己，来世才能转生为较高的种姓；否则，就要降为最低种姓，甚至投生为猪狗。这种说教，实际上是要穷苦大众忍受一切痛苦，永远处于被剥削、被压迫的地位。印度教产生于公元7世纪，它是婆罗门教经过同佛教的长期渗透和融合所形成的一种宗教。它的教义仍然沿袭婆罗门教的善恶有因果、人生有轮回之说，成为印度历史上最大的宗教，印度80%以上的人口为印度教徒。印度教所宣扬的三大纲领就是：吠陀天启、祭祀万能、婆罗门至上。赤裸裸地宣传一切都是天意，要所有的人安分守己。

3. 英国殖民主义者竭力维护种姓制度

18世纪英国殖民主义者侵入印度之后，为了达到对印度"分而治之"的目的，竭力维护种姓制度和高级种姓的利益。原加尔各答印度教大学校长詹姆斯·凯尔曾说过："种姓制度对我们的统治是有利的，因为种姓精神与民族团结是相矛盾的。"1917年，英国在印度举行选举时，对各种姓按比例分配名额，企图加深各种姓之间的矛盾和仇恨，以达到"分而治之"的目的。②

4. 执政党的两面性

（1）印度政府和国大党曾多次表示废除种姓制度，却并未真正实

---

① 印度教徒信奉的三大主神分别是创造神大梵天（Brahma）、保护神毗湿奴（Visnu）以及破坏神湿婆（Shiva）。大梵天又叫糊涂神，高兴时，世间太平，发怒时，世间不稳定，信徒少；毗湿奴在佛教中又称为遍入天，信徒很多；湿婆专司毁灭和生殖，信徒很多。

② 陈佛松：《印度社会中的种姓制度》，商务印书馆1983年版，第36页。

施。1913年国大党在其宣言中说:要"废除因宗教和种姓制度而产生的职业限制"。1931年在国大党通过的人权宣言中提到,印度人民有"不分种姓、信仰或性别的平等的公民权"。1948年,印度国会又通过废除种姓制度的决议案。然而由于措施不力和历史原因,没有完全付诸实施。

(2)印度各政党为了自身的利益,利用各种姓集团,作为自己的选票库,并不真正想消除种姓制度。进入新世纪后,国大党再次上台,就是获得了穷人阶层——低级种姓、贱民和部落民的选票,才得以战胜瓦杰帕依的人民党的。目前,种姓制度在印度的城市,尤其是农村顽固地存在着。甚至在举行大选时,各党派候选人也要千方百计地拉拢选区内种姓集团的首领,以增加自己的选票。

5. 种姓文化的长期积淀

在历史上低级种姓、奴隶、贱民甚至资产阶级思想启蒙家都只是在宗教和思想领域里开展反对种姓制度的斗争,由于没有触及印度的经济和政治制度,所以都没有从根本上动摇等级森严的种姓制度。

在当代印度,种姓成了人们的一种身份符号、一种象征。婆罗门、刹帝利等高级种姓总是以自己的高贵姓氏感到自豪。一个人可以决定将来想干什么甚至改变自己的姓氏,但却改变不了自己的出生。一个人生于什么种姓集团,是自己无法选择的,不可能不打上其种姓集团的烙印。很多低级种姓和贱民不断声称自己属于高级种姓,通过"梵化"和"西化"的方式,提高自己的社会地位。但保留政策的诱惑使得他们又不愿轻易改变自己的种姓。一些皈依基督教的贱民就没有享受到保留政策的好处。

6. 种姓制度的封闭性

种姓制度自身的特性也是它长期存在的原因。种姓制度有三个基本特征,即世袭的职业、严格的内婚制和等级制。各个种姓的职业世袭固定不变,并且保持严格的界限,这是种姓制度的第一个特征。《摩奴法典》规定,研究宗教法典、做宗教仪式和其他"洁净"的职业,地位最高;所谓"残害"动植物生命(如渔夫、猎人、屠夫和榨油匠等)以及接触"污秽"(如理发、接生、洗衣等)的职业,地位最低。改变职业是有罪的,要被开除种姓。低级种姓不能从事高级种姓的职业,反之亦然。《摩奴法典》规定:"低级出生者想以高级种姓的职业为生,国王则剥夺其财产,并立即放逐之。"①从法律上固定了各种职业的世袭性,保证了高级种姓的特权。种姓制度的第二个特征是禁止各种姓之间通婚,只在同一种姓内部通婚。严禁低级种姓男子与高级种姓女子通婚,违规者,处以体罚。但是《摩奴法典》又规定,高级种姓男子可以依次娶低级种姓的女子为妻,并认为是名正言顺,称为"顺婚";而低级种姓的男子娶高级种姓的女子为妻,则是大逆不道的,称为"逆婚"。等级制是种姓制度的第三个特征。这是种姓制度的核心。高级种姓为了维护他们的特权利益,不仅在职业、婚姻等方面规定了严格的界限,而且在饮食、起居、宗教生活和法律等方面作了种种规定。吃素被认为是高级种姓的一种标志,只有低级种姓才吃荤食。不同种姓的人,不能同室而居、同桌而食、同饮一口井里的水,以免被低级种姓所玷污。

　　总之,印度这种不民主、不自由、不平等的种姓制度,束缚了人们的智慧和才能,是造成印度社会发展迟缓的重要原因之一。时至今日,种姓意识依然盛行于印度人的社会文化生活中,翻开印度最大的报纸《印度时报》(*The Times of India*),每个周末版都会刊登几十版的征婚广告。最典型的征婚词语是:"吾女年方21,贤淑端庄,教育学士,欲寻一婆罗门高学历男青年为婿,嫁妆丰厚。""污染"与"洁净"意识已渗透到印度人的骨髓里面,左手擦屁股、右手吃饭是天经地义的,不容更改的;婆罗门宁愿饿肚子也不会干他们认为低贱污染的工作的,比如说当清洁工;他们对西方人不分左右的习惯嗤之以鼻。他们这种在外国人看来十分荒谬的"污洁"观念,印度人却是习以为常的,成为他们生活中的一部分。印度裔诺贝尔文学奖获得者奈保尔在其名著

---

① ［法］迭朗善译,马香雪转译:《摩奴法典》,商务印书馆1996年版,第256页。

印度三部曲之一的《幽暗国度》中,对印度人这种"污洁"观念①作了入木三分的刻画。印度人现在的社会等级流动只是一种政治经济地位的流动,而不是通过"梵化"实现的种姓等级流动,这种通过模仿高种姓的生活方式来提高自己的种姓地位,是不为高种姓尤其是婆罗门所认可的。在城市唯有通过"西化"的方式来实现政治经济地位的向上流动,进入上流社会;在农村,部分低种姓穷人经过拼搏成为富人,而部分传统手工艺人因为传统职业的消失,成了社会经济地位向下流动的无地农民,他们别无选择。

(三) 种姓制度的政治论争

最后,为了更好地说明不可接触者长期遭受歧视和压迫的原因,

---

① 在马德拉斯高等法院的巴士站旁,有人为了打发时间,便旁若无人地拉将起来。一会儿后,一位女清洁工拿根扫帚,把他拉出的那坨东西给扫掉。在果阿,大便是一种社交活动;从事这种社交活动时,他们得蹲在一块儿,边拉边聊。拉完,站起身来,光着屁股涉水走入河中清洗一番,然后爬回马路上,跳上脚踏车或钻进轿车里,扬长而去。整个河滨散布着一坨坨排泄物。就在这一团臭气中,人们讨价还价,买卖刚从船上卸下的鱼货。印度人对这些随处蹲着大解的同胞,根本熟视无睹;他们甚至会板起脸孔,义正词严地否认这些人的存在。这种集体失明,源自于印度人对污染的恐惧——他们自诩为全世界最清洁、最爱干净的民族。他们遵照教规,每天沐浴一次,对他们来说,沐浴可是一桩人生大事。印度人想出各种办法保护自身,以免遭受任何形式的污染。排便时,必须遵循一套正规的、纯洁的程序。做爱只能使用左手;吃饭只能使用右手。人智的一切活动都被严格规范、净化。聚集在北方邦首府勒克瑙俱乐部的女士们先是否认印度人在大街上公然大解,接着她们会皱起眉头,一脸嫌恶地提醒你,欧洲人的生活习惯才真的令人不敢恭维:做爱、上一号和进食,全都使用右手;每个礼拜洗一次澡,把身子泡在脏兮兮的一缸臭水中。他们这么夸张地举证,并不是想证明欧洲人有多脏,而是想凸显印度的清洁和安全。这就是印度式的辩证法、印度式的观察。如此一来,在他们眼中……那一坨坨粪便就会消失无踪,眼不见为净。一位伊斯兰教小伙子,就读于一所简陋的学院,对这个现象,他却有另一番解释。他说,印度人是具有诗人气质的民族。他自己就经常跑到旷野上大解,因为他是个诗人,热爱大自然,而大自然正是他用乌尔都语写的那些诗歌的题材。在他心目中,人世间最美好、最具诗情画意的活动,莫过于黎明时分迎着朝阳蹲在河岸上。参见[英]奈保尔:《幽暗国度:记忆与现实交错的印度之旅》,生活·读书·新知三联书店2003年版,第77~85页。V. S. Naipaul. An Area of Darkness. 200X SDX Joint Publishing Company, c1964.

还有种姓制度和不可接触制度为何难以消除的原因，我们从印度著名政治人物关于种姓制度和不可接触制度的政治论争中，可看出一些端倪。

1. 圣雄甘地的观点

从圣雄甘地开始领导印度人民进行民族运动时起，最优先考虑的事情就是消除农村贫困。甘地从来没有忘记过千百万失业的劳苦大众的生活，他们"甚至一整天得不到一顿饱餐，不得不靠一片面包和一小撮盐维持生命"。他领导国大党坚持在农村进行政治工作和建设性的经济工作，如建立手工纺织业和家庭工作、对农民和不可接触者进行基本教育等等，都充分证明了这点。

甘地在与印度教徒僧侣的辩论中曾愤怒地质问道：为什么同一条道路非印度教徒、罪犯、行为不端者甚至狗和畜生可以用，而出生低下一点的不可接触者就不可以用呢？难道他们比罪犯和动物都不如吗？

但甘地也曾明确地宣称自己是一个极端派的印度教徒，并公开说："我第一信仰'吠陀经'、'奥义书'、印度古史传及一切印度教经典的东西，因此也信仰投胎和再生；第二，我信仰种姓制度与传统的生活方式……"他认为，印度教社会把瓦尔那分成婆罗门、刹帝利、吠舍和首陀罗四个等级，并不是为了区分和判断其优劣，这四个瓦尔那是相互补充、缺一不可的，"对于整个印度教来说，每个瓦尔那就像其他瓦尔那一样是必需的"。甘地要求把不可接触者看做是首陀罗。因为他要求保持种姓制度，认为四个种姓的分工是天然的和合理的，在他看来，即使是取消了不可接触制度后，原属于表列种姓的人仍有义务打扫街道、抬死尸、清洗茅房等，因为印度教教义规定，首陀罗生来就是为三个高种姓服务的。当然，甘地关于扶持不可接触者的言论中，带有不少人道主义的色彩，他甚至宣称如果能再生，愿做"哈里真"。[①]

甘地断言当今的教育一点也没有触及印度农村的贫穷以及其他问题。这使有钱人与穷人之间，受过教育的人与文盲之间的差距拉大，尤其是懂英语的人与不懂英语的人之间的差距成为甘地最为关心

---

① 邱永辉：《现代印度的种姓制度》，四川人民出版社 1996 年版，第 180～185 页。

的问题。而且,国家投入大量的资金发展高等教育,受益的人却是印度人口中更富有的那部分人。因此,教育应该在学生心里形成一种对印度农村的真挚的关爱。印度人口大多数居住在农村,教育理应负起面向农村的责任。①

甘地虽然认识到不可接触制度的罪恶性,也深深地同情不可接触者,但他骨子里就是一个拥护种姓制度的印度教徒,只希望通过教育和其他非暴力的方法来解决种姓制度中的等级问题和意识问题。因此,甘地认为,独立后印度的首要任务就是,恢复和重建农村,围绕种姓组织农村公社,去除其中的等级内容,限制竞争和个人利己主义,协调人们的能力差异和劳动分工,缩小经济上的不平等。人们互助合作、自给自足、平等进步,这就是甘地理想的印度社会。

2. 印度首任总理尼赫鲁的观点

尼赫鲁认为:"在今天社会的组织中,种姓制度及其相关的许多东西是完全不协调的、反动的、拘束的,并且是进步的障碍。在它的体制之内是不可能有地位上和机会上的平等的,也不可能有政治上的民主,更不可能有经济上的民主了。"尼赫鲁指出,一个理想的社会仅有政治自由和经济繁荣是不够的,必须有社会正义与平等,要实现这一目标,就一定要消灭种姓制度和教派主义,尼赫鲁把种姓制度和教派主义看做是印度社会不平等的祸根。

印巴分治造成的恶果,使得人们的注意力都转移到了穆斯林身上。种姓制度问题成了次要的问题。尼赫鲁还说过:"我不承认还有什么不可接触者的问题,总的问题是经济贫困,不可接触者的问题是经济贫困问题的一部分。"

尼赫鲁出身于婆罗门家庭,虽然接受了西方教育,具有强烈的世俗主义倾向,并痛恨种姓制度,但仍然摆脱不了对高种姓血统的满足,尼克松曾说他"贵族气息重","高傲自负","毫不掩饰地流露出强烈的优越感"。尼赫鲁自己也感叹说:"我们说反对教派主义、种姓主义、

---

① 王长纯:《世界教育大系——印度教育》,吉林教育出版社2000年版,第651～652页。

地方主义,然而,你们清楚地知道,我们骨子里受了他们多大的毒害,我们中有谁,是你还是我,是完全摆脱了这些东西的?"①

3. 贱民领袖安贝卡博士(Ambedkar)的观点

"印度宪法之父"、"不可接触者的救星"、出身于贱民家庭的安贝卡②曾说过,如果国大党有权反对英国统治,不可接触者便有百倍的权利反抗婆罗门的统治。与甘地不同的是,安贝卡认为不可接触者的斗争只有由不可接触者自己来领导,只有组织起来进行坚决的斗争,才能迫使印度教徒承认他们的平等地位。他为不可接触者在政治上的团结作出了许多努力,先创立了"独立劳动党",后又成立了"全印表列种姓联盟",奠定了1957年成立的"印度共和党"的基础。

安贝卡认为,印度教的不可接触制度本身是带有阶级性的。没有什么东西能使不可接触者变洁净,他们天生就是不洁净的,他们活着不洁净,死了也不洁净,他们的孩子一生下来就被打上不可接触的屈辱烙印。真正解决不可接触制度问题,只有消灭产生不可接触制度的根源——种姓制度。

安贝卡明确指出了不可接触者受歧视、受压迫的根源在于种姓制度,种姓制度一天不消灭,不可接触制度就不可能彻底消除,不铲除种姓制度这个制造分裂、制造歧视、制造痛苦、制造堕落的怪物,不可接

---

① Harrison, Selig S. India: The Most Dangerous Decades, Princeton NJ: Princeton U-niversity Press, 1960. p. 286.

② 安贝卡博士(Dr. Bhimrao Ramji Ambedkar. April 14, 1891 – December 6, 1956),是印度最著名的贱民领袖,出生在印度中部地区中央邦 Mhow 镇一个叫 Mahar(贱民的一个亚种姓,主要居住在马哈拉斯特拉邦,从事农业,当村仆、更夫,清扫垃圾、搬运死动物、看守墓地等等)的贱民家庭,是家里的第十四个孩子。他是贱民中的第一个大学生,毕业于孟买大学,获得政治学和经济学学士学位;1913 年获得奖学金赴纽约哥伦比亚大学留学,获经济学硕士和博士。1952 年和 1953 年美国哥伦比亚大学和印度Osmania University 分别授予他荣誉法学博士学位。当过律师和教师。独立后任司法部长,组织制定印度宪法,被誉为"印度宪法之父"。他一生都在为提高贱民的地位,消除不可接触制度,为他们争取各种各样的权利而斗争。由于难以实现他消除种姓制度的理想,加上印度教对不可接触者的排斥,1956 年 10 月,他当众焚烧《摩奴法典》,率领几十万追随者皈依他认为是最好的宗教——佛教。

触者就不可能得到政治经济和社会的平等,但他的言行被刚刚开始听说新观念的印度人视为过于激进,因此不被大多数人所接受,乃至于独立后,他虽任司法部长和宪法起草委员会主席,仍不能在宪法上旗帜鲜明地写上:"废除种姓制度!"

安贝卡曾说:"权利不是由法律,而是由社会的社会道德意识所保护","如果社会反对这些权利,法律、议会和司法机构都不能从真正意义上保证权利"。在缺乏有助于不可接触者提高地位的社会意识的情况下,制订帮助表列种姓的计划、建立扶持机构和有效地实施计划等,都受到限制。他一针见血地指出社会意识在社会排斥和种姓歧视中扮演了不可忽略的巨大作用。①

安贝卡指出了不可接触者受歧视的根源在于种姓制度,还分析了权利与社会意识之间的关系,说明社会意识对于提高不可接触者社会地位的制约作用,但他不愿意看到暴力革命,在发现消除种姓制度无望之后,率领大量的贱民皈依佛教。

千百年的种姓观念毒害了每一个印度人的心灵,造成了人们之间相互排斥的心理。印度领导层大多来自高种姓,他们自身就存在着对低种姓的某种程度的歧视,他们潜意识中隐藏着某种傲慢和优越感,这对他们的思想和行动产生了很大的影响。这也是种姓制度和不可接触制度难以消除的原因之一。

---

① 邱永辉:《现代印度的种姓制度》,四川人民出版社1996年版,第219页。

第三章　印度政府提升表列群体地位的教育援助战略

　　独立后的印度政府认识到,仅仅只是给表列种姓与表列部落在政府机关(包括议会和立法院)、国营企业和教育机构保留配额,给他们在经济发展上予以特殊扶助是不足以提高他们的政治地位和社会经济地位的,必须提高他们的整体受教育水平、培训他们各种各样的能力,才是提高他们社会经济地位的最佳途径。"授人以鱼,不如授人以渔"这句古老的格言警句正好说明了这个问题。

一、独立前表列群体教育状况简述

　　前面介绍过,不可接触者在古代和中世纪完全是被排除在各种教育之外的,甚至比他们地位高的"可接触的首陀罗"连看一眼宗教教义或听高级种姓讲经,都是违法的,是要受处罚的。只是到了殖民地时期,这些弱势群体才逐步获得接受教育的机会。在英国人到来之前,也只有高级种姓的人可以享受到简单的读写算的教育。

　　不可接触制度是一个精心设计的牢笼,把所谓的不可接触者限制在社会的底层。他们没有权利进入学堂、学习梵语、获取知识。因此,发生在 19 世纪初叶的受压迫者(不可接触者)解放运动主要的目的就是争取获得受教育的权利,把教育作为他们彻底解放的工具和手段。各类社会改革家以及英印政府开始重视在弱势群体中推广教育。他们在受压迫者地区建立了许多学校,同时也建了公寓给学生提供食宿,还对女孩子的教育给予应有的重视。

印度学者 Mishra 从大量的历史文献中,按年代顺序编排和梳理出了贱民开始享受教育权利以及受压迫者解放活动的重要教育事件和成就。①

从1852年贱民最早的社会革命家圣雄普尔为不可接触者子女开办了第一间学校开始,到印度独立前的1946年安贝卡博士建立西达特学院90多年的时间里,印度贱民活动家、慈善家、绅士、英国军官、安贝卡创办的贱民教育者协会以及圣雄甘地创办的哈里真追随者协会总计为贱民子女开办了300多所学校,3所女子学校、3所学院和3所公寓。在此期间,发生了一些对不可接触者教育发展意义重大的教育事件,简述如下:

1856年6月,在当时的孟买省达瓦德市,一个属于不可接触者的马哈尔男孩因为不可接触制度的原因,被拒绝入学。为此,孟买政府不得不颁布法令要求所有接受政府资助的学校都应该向所有学生开放,无论其种姓和信仰如何。这条法令是在1858年发布的。

1882年10月19日,圣雄迦提劳·普尔向亨特先生领导的孟买市教委提交了一份备忘录,普尔在备忘录中恳请政府为不可接触者子女举办初等义务教育。还进一步倡导为他们开办独立学校。因为种姓偏见的原因,没有种姓的不可接触者子女是不允许同种姓印度教徒子女坐在一起听课的。

1907年10月4日,沙胡·马哈拉吉在科尔哈布为 Chambhar(皮革工)和 Dhor(制革工)的女孩子开办了第一所女子学校。

1923年,雅利安梵社在加德布为掏粪工(Bhangi,贱民中地位最低的等级)的子女开办了第一所学校。

1928年6月14日,巴巴萨合布·安贝卡博士创建了受压迫者教育协会,在不可接触者中间传播教育。

---

① N. Mishra. *Scheduled Castes Education (Issues and Aspects)*. Delhi: Kalpaz Publications. c2001. pp. 7–16.

1932 年,根据《普纳公约》,政府同意拨专款为每个邦的表列种姓提供教育设施。

从 1936～1937 年度开始,圣雄甘地创办的哈里真追随者协会(Harijan Sevak Sangh)开始给受压迫者阶级发放奖学金,当年就给 94 名学生发放了奖学金。

1939 年,印英政府在阿格拉建立了第一所不可接触者高等院校——加塔乌男子教育学院,下设 5 所男子学校,1 所女子学校。

1944 年,在印英政府的财政预算中,第一次为表列种姓学生发放奖学金制定了特别条款。1948 年这一规定也开始在表列部落中实施。

1945 年 7 月 8 日,巴巴萨合布·安贝卡博士在孟买成立了人民教育协会。这个协会于 1946 年 6 月 20 日在孟买建立了它的第一个学院——西达特学院。

1947 年,印度独立后,政府逐步为提高表列种姓整体受教育水平制定了一系列的方针、政策和计划。表列种姓的受教育情况逐步得到改善。

印度部落地区最早的现代教育起始于英国殖民统治时期,德国传教士为了传教的需要,1852 年在比哈尔邦 Chotanagpur 县办起了现代意义的学校。[①] 与被剥夺了受教育权利的表列种姓不同的是,部落民有自己的传统教育方式和内容,虽然没有文字记载,但却通过口头交流世代相传。他们的教育通常是通过家庭教育和伙伴间的交流和模仿进行。伙伴间的交流是一种很重要的教育活动,由年龄大的男孩向年龄小的男孩传授部落社会规范、传统文化、礼仪、行为方式、伦理和社会规训、宗教、图腾和禁忌。还有专门的活动场所提供这种学徒式的教育,业余时间讲故事、唱歌和跳舞,通过这些方式传授交流技能、性知识和复杂的概念和生存本领等。年龄小的男孩要给年龄大的男孩按摩、捶背、搓脚以及当听差等。在比哈尔邦兰契县的部落村寨里,这种活动场所或学校称叫 Dhumkuria 或 Gitiora(sleeping house)。男孩

---

① Ambasht, N. K. , 1970. *A Critical Study of Tribal Education* (*with special reference to Ranch district*). New Delhi: S. Chand & Co. p. 43.

到 11~12 岁就要去这种学校学习,三年一期,直到结婚为止。①

安德拉邦部落地区和阿鲁那查尔邦是部落民接触现代教育比较晚的地区,1943 年以前这些地方的部落民全是文盲,之后政府才在这些地区开办学校,逐步有了一些部落民的子女上学,但教师全是非部落民,不懂他们的语言,教学效果可想而知。到了 20 世纪 70 年代,这种状况才有所好转,政府修建了寄宿学校、培训了部落教师,但部落民的识字率没有超过 4%,仍然有不少村庄,全村人没有一个识字的。他们的辍学率非常高,如果一年级时教室里有 50 个学生,到了二年级,就可能只剩下 5 个学生了,能够读到大学的部落子女更是凤毛麟角。大学毕业后由于竞争不过非部落的学生,能进入政府机关、企业、学校和医院就业的人屈指可数。原因是他们大学前所受的教育远远不如非部落民的子女好。辍学率高的原因主要是:家里的农活需要劳动力、教学条件和教育质量差(外来教师一是不懂部落语言、二是经常请假缺课)、学校离家很远、家长和学生对这种没有前途的教育失去了信心和兴趣。②

部落民由于世代生活在口头交流的环境中,习惯于相信口头陈述,而现代对于他们社会生活影响很大的书面语言和各种文件,常常把他们弄得晕头转向;由于目不识丁、不懂主流语言,他们甚至连官员们开的收据也看不懂、还不得不在各种文件上按手印,因而常常遭到外来文化人的欺骗,落入他们设计的圈套。部落民遭受政府官员、商人、高利贷者和代理商剥削和欺诈的原因主要是他们目不识丁和对外部世界的一无所知,并不是他们智商比非部落民低,只要回到他们生活的环境中,他们表现得很敏锐、很有生存技能,具有与非部落民一样的智慧。

---

① Ambasht, N. K., 1970. *A Critical Study of Tribal Education* (*with special reference to Ranch district*). New Delhi: S. Chand & Co. pp. 35 – 36.

② Von Fürer - Haimendorf, Christoph. *Tribes of India: The Struggle for Survival*, *Berkeley*: University of California Press, c1982. pp. 127 – 145.

二、独立后印度政府扶助表列群体的教育发展战略

在独立前,英印政府就认识到改善社会弱势群体教育状况的重要性,通过立法对弱势群体(即今天的表列种姓和表列部落)给予保护和照顾。独立后,印度在移植殖民地宪法的同时,也移植了教育保护条款。宪法对于表列种姓和表列部落,传统上是指一些少数民族或部族,予以特别的关注,因为他们是印度最贫弱、处境最悲惨的群体,他们分别占全国人口的 16.5% 和 8.5% 左右。1950 年 1 月 26 日开始生效的新宪法第 29 条第 1 款规定:"无论是宗教、种族、种姓、语言或其中任何一个原因,任何国家开办的教育机构都不得拒绝任何一个公民入学,任何公民都可获得国家资助。"

(一)表列种姓与表列部落的宪法教育条款

宪法中有关表列种姓和表列部落的教育保护条款有:第 29 条第 1 款、第 15 条第 4 款、第 46 条和第 350A 条。在这些条款中,第 15 条第 4 款和第 46 条是迄今为止有关弱势群体教育发展条款中最重要的。

宪法中国家政策指导原则之下的第 46 条是:"国家应特别注意增进弱势群体的教育利益和经济利益,尤其是表列种姓和表列部落人民的教育利益和经济利益,并应保护他们不受社会的不公正待遇和各种形式的剥削。"但这一条款并没有赋予政府任何权力来采取特别措施促进表列种姓和表列部落人民的教育发展。因此,1951 年宪法第一修正案对第 15 条进行了修改,在第 15 条中增加了第 4 款,授权政府为表列种姓和表列部落的教育发展制定特别补充条例。第 350A 条规定各邦及各邦的地方政府应尽力为少数语种民族的儿童提供在小学阶段进行母语教育的方便条件。总统认为在必要和适当时,可以向各邦发出指示以保障提供这种方便。

(二)表列种姓与表列部落的大学保留政策

1951 年印度宪法第一次修正案在第 15 条中增加了第 4 款,要求

政府为了社会和教育落后的群体、表列种姓和表列部落的进步制定特别措施。因为教育,无论是普通教育还是技术教育,对于这些弱势群体的发展,是一种很有潜力的工具。印度政府认为应采取各种措施保证表列种姓和表列部落的学生都能进入学校。

教育部1954年致函各邦首席部长,建议为表列种姓和表列部落保留20%的名额,在最低录取分数上降低5%录取。1964年教育部致函各邦政府和大学,建议在所有技术学院中为他们保留20%的名额,表列种姓15%,表列部落5%(1982年调整到7.5%),在他们当中保留比例可互换,录取分数降低5%,如果有年龄上限,可放宽三岁。

1972年,健康与家庭福利部致函给附属有医学院的大学副校长,敦促各大学考虑在医学和牙科学研究生专业上给表列种姓保留15%的名额,给表列部落保留5%的名额,还建议在最低录取分数线上再降低5%的录取分数,以利招收这些学生,如果20%的指标没有用完,可进一步降低分数录取,直到录满为止。可是健康与家庭福利部发现各邦政府、大学和医学院并没有在医学和牙科学的研究生专业上给予应有的照顾,因此,再次恳请它们对表列群体给予上述照顾。

印度大学拨款委员会是政府管理高等教育的重要机构[1],它强调,各大学应遵守教育和社会福利部关于在大学为表列群体保留名额所作的指导原则。根据大学拨款委员会的指示,各大学在所有专业都给表列群体保留了20%的名额,还降低5%的录取分数。后来发现尽管有了这些照顾措施,保留的配额仍然没有用完,因为缺少合格成绩的表列群体生源。为了把配额用完,只有进一步降低分数,在表列群体考生中从高分到低分录取,录满为止。现在所有大学都为表列种姓和表列部落分别保留15%和7.5%的配额。大学拨款委员会在包括中央直属大学在内的109所大学里建立了表列群体工作处,以确保保留政策的实施。大学拨款委员会还建立了一个常务委员会来检查保留政策的实施情况。

---

[1] 印度大学拨款委员会的职责是:负责促进和协调大学教育,决定和维持教学标准、考试标准和科学研究标准,利用财政手段对大学进行调控和制约。

(三)表列种姓与表列部落的基础教育政策

1.《1986年国家教育政策》

印度《1986年国家教育政策》特别强调,要通过关注那些长期受到不公正待遇的弱势群体的特殊需求来消除教育差距和实现教育机会的平等。1986年国家教育政策对教育上处于不利地位的群体尤其是对表列种姓和表列部落基础教育的发展制定了政策指导。

表列种姓部分

在中小学所有年级,所有教育层次、所有地区、农村男女、城市男女当中,最关键的是表列种姓和非表列种姓的教育发展必须平等。为实现这一目标应采取的措施如下:

(1)激励贫困家庭按规定把孩子送到学校上学,直到他们年满14岁为止。

(2)对于靠清理人畜排泄物、牲畜剥皮和鞣皮为生的家庭的孩子,从小学一年级起可获得高中以下层次的助学金,无论他们家庭收入多少,这一类家庭的孩子都应包含在这一助学金计划内,针对这类家庭的定期照顾项目将予以保证。

(3)制定长期不变的细致规划和切实措施以保证表列种姓学生的入学率、巩固率和毕业率不在任何一个阶段下降;为使他们有好的前途、能够进一步接受教育和就业,提供补习课程。

(4)从表列种姓中聘用教师。

(5)分阶段在县一级的学生公寓中给表列种姓学生提供住宿设施。校舍、幼儿园和成人教育中心的选址要以方便所有表列种姓学生的入学为目的。

(6)利用全国农村就业计划和农村劳动力就业保证计划的资源,使表列种姓获得基本的教育设施。

(7)进行持续不断的改革,发现并推广新的方法以提高表列种姓学生的入学率。

表列部落部分

为尽快使表列部落的教育与其他社会群体保持同等水平,印度政府提出应采取如下紧急措施:

（1）对部落地区开办小学实行优惠。在常规教育基金和全国农村就业计划、农村劳动力就业保证计划和部落福利等计划中,对在这些地区修建校舍都要给予优惠和优先权。

（2）表列部落的社会文化环境有其自身的特点,许多部落都有自己的语言。因此必须在启蒙阶段用部落语言制定课程和编辑教材,同时做好过渡到地区通用语言的安排。

（3）鼓励和培训受过教育并且有发展前途的表列部落青年在部落地区从事教学工作。

（4）大规模修建寄宿制学校。

（5）为表列部落制订激励计划,考虑他们的特殊需求和生活方式。高等教育奖学金主要用于技术、专业和专业辅助等学科。提供特殊补习课程和消除社会心理障碍的课程以提高他们各种学科的成绩。

（6）在表列部落聚居区开办学前教育机构、非正规教育中心和成人教育中心要给予政策优惠。

（7）设计好各阶段的课程使他们认识到自己丰富的部落文化身份以及巨大的创造才能。

2.《1992 年行动纲领》

对 1992 年国家教育政策进行了修改,出台了《1992 年行动纲领》,为国家教育政策与目标制定了详细的策略。《1992 年行动纲领》用了整整一章(第二章)对表列种姓和表列部落以及其他落后阶层的基础教育发展规划作了具体说明。关于表列群体的内容如下:

（1）为满足表列种姓聚居区和小村落的需要而开办的初级小学和高级小学应给予政策优惠。在"八五"计划结束之前为每个表列部落聚居区修建一所小学。

（2）在表列部落地区全方位地实施教育计划,把学前教育、非正规教育、基础教育和成人教育作为一个整体来保证取得全部人口识字率的提高。把成人教育作为所有部落地区微观教育规划的组成部分。在表列种姓儿童不能进入正规学校的地方建立非正规教育和远程教育中心。在表列种姓和表列部落地区建立邮局和扫盲中心。把表列种姓和表列部落纳入全国扫盲运动中来,以提高全国人口的识字率。

（3）在两年内让操作黑板计划覆盖所有部落地区和哈里真地区（贱民聚居区）。

（4）为表列种姓和表列部落贫困家庭的儿童尤其是女子学校的儿童提供适当的物质刺激如助学金，免费服装、文具和中餐等。在初中和高中为表列种姓和表列部落的女孩子提供额外的助学金。

（5）在小学的启蒙阶段对部落民的儿童用其母语进行教学。尤其是要在地区通用语言和部落方言不同的地方，提供通用的教学和培训材料。

（6）保证达到小学规定的最基本识字水平。组织辅导班、培训班和补习班提高学生学业成绩。

（7）在所有教育机构中切实完成学生入学和教师招聘的保留名额计划。鼓励表列种姓和表列部落的学生当教师，为确保教师的素质，启动应急培训计划。农村成绩优秀学生寄宿学校的入学保留名额，要么执行国家规定，要么按所在地表列种姓和表列部落人口比例执行，就高不就低。提高表列种姓和表列部落学生的公寓住宿标准。

（8）在表列种姓和表列部落人口聚居区建立从小学到高中的示范学校，提供优质教育。

（9）在学校课程中增设贱民领袖安贝卡的哲学思想课程。

3.《全民教育计划》与印度教育

1990 年泰国宗迪恩《全民教育计划》，1993 年九国高端教育会议通过的《德里宣言》以及对此作出的承诺，对印度政府普及基础教育、扫除青壮年文盲起到了很好的推动作用。从 1994 年起，印度政府主要通过《普及基础教育计划》(*Sarva Shiksha Abhiyan*)和《全民扫盲使命》计划(National Literacy Mission)来实施 1993 年九个人口大国承诺的全民教育计划(Education for All)，即《德里宣言》(*Delhi Statement*)。在 2004～2005 年人力资源开发委员会的年度报告中，还专门强调提高表列群体女童以及其他落后阶层和宗教少数民族①女童的入学率、

---

① 《印度少数民族法》规定伊斯兰教、锡克教、基督教、佛教和袄教等五个宗教群体为宗教少数民族。

巩固率和毕业率以及向这些女童发放免费教材、为她们提供特别辅
导、为她们创造愉快的学习氛围等。从 2004 年起,印度每年四月举办
全民教育周,作为一项长期开展的活动,要求各地政府组织相关活动
来促使失学儿童返回校园,尤其是提高弱势群体女童的入学率和巩固
率。新世纪大选前夕,人力资源开发部曾公开宣传,政府将为普及基
础教育计划投入 1600 亿卢比,使 5000 万失学儿童中的 3000 万失学儿
童重返校园。根据联合国教科文组织制定的全民教育发展指数,①印
度 2003 年的发展指数值是 0.658,2004 年提高到 0.696。而印度政府
为弱势群体制订的各种发展计划和奖助学金计划就是印度全民教育
发展计划的重要组成部分,也与历届世界全民教育论坛或会议以及九
国高端教育会议的主张和承诺不谋而合。

三、印度政府表列群体特别教育资助计划

为完成宪法赋予的使命,实现国家教育政策和行动纲领制定的目
标,切实普及弱势群体基础教育,提高其入学率、巩固率和毕业率,提
高表列群体的整体识字水平,保证表列群体大学生在学习上跟得上普
通群体的学生,印度政府制订并资助一系列的发展计划和奖助学金政
策来实现其使命和目标。这些计划覆盖了所有教育阶段。

(一)各类发展计划

独立后,印度政府采取一系列措施夯实表列种姓和表列部落的教
育基础。在他们的主要聚居区建立教育机构,为学生提供免费教育,
免费的交通车、午餐、服装、书籍和文具,在教育机构中保留名额,降低

---

① 全民教育发展指数(Education for All Development Index),缩写为 EDI,主要由四
项指数的算术平均数组成,即:小学净入学率、15 岁以上人口识字率、15 至 25 岁文盲率
和非文盲率性别差异和小学五年级完成率。详情参见 MHRD. Government of Indi-
a. *Annual Report* 2004 - 2005. pp. 80 - 82.

高校的录取标准,提供补习辅导,提供公寓住宿,给工程和医学专业的学生开办"书籍库"等等。这些措施极大地提高了他们的教育水平。

1. 免费教育(Freeship)计划

宪法第 45 条规定为所有儿童提供他们直至 14 岁为止的免费义务教育是政府的职责。为实现宪法规定的目标,教育部采取许多措施来普及基础教育。这些措施中还包括针对表列种姓和表列部落的特殊措施。保证入学是普及基础教育的主要措施。为提高表列种姓和表列部落儿童的小学入学率,过去通常只在人口达 300 人的村庄开办步行 1 公里就可到达的小学,现在这个标准降低了,只要人口达到 200 人的村庄,就可开办步行 1 公里就可到达的小学。在印度各邦的公立学校中都取消了 1~8 年级(义务教育阶段)的学费。旁遮普邦和昌迪加尔中央直辖区免费教育延长到 10 年级;有 5 个邦实行 12 年的免费教育;有 9 个邦免费教育延长到大学入学考试阶段;一个邦延长到中间学院阶段;一个邦延长到学位教育阶段;一个邦延长到研究生阶段;9 个邦所有阶段都免费;除了教育免费之外,有 21 个邦还免去了考试费;3 个邦免考试费到 10 年级;6 个邦免考试费到 12 年级;1 个邦免考试费到大学入学考试;7 个邦免考试费到所有阶段;1 个邦免全国统一考试费;4 个邦免行业考试费;在大多数邦,地方团体办的学校和私立学校,教育也是免费的。①

2. 免费服装计划

大多数邦除了给经济落后的阶层、表列种姓和表列部落提供免费的教科书、书包、交通运输外,还提供免费的服装。1986 年第五次全印教育调查报告显示,在全国 735771 所中小学中,有 308201 所(占学校总数的 41.89%)学校给学生提供了免费的服装。在初小(1~5 年级)和高小(6~8 年级)阶段有 14636266 名学生获得免费的服装,占所有基础教育阶段学生的 12%。其中,33.04% 属于表列种姓,11.50% 属于表列部落。女孩子占 49.98%。受益学生中,77.44% 来自农村地

---

① Dr. Sanjay Paswan, Dr. Pramanshi Jaideva. *Encyclopaedia of Dalits in India(In 11 Volumes)Emancipation and Empowerment(Volume* 8). Delhi. Kalpaz Publications. 2002. pp. 259 – 260.

区。

事实上,来自弱势群体家庭的孩子没有上学通常是因为经济贫困。原因之一是没有合适的衣服穿着去上学。虽然给每个学生提供一套统一的服装不容易,但是,除喀拉拉邦、曼尼普尔邦、米左拉姆邦、那加兰邦、旁遮普邦、锡金邦、北方邦和拉克沙德维普中央直辖区之外,全国各邦和中央直辖区都在设法至少给一部分学校提供免费的服装。

表3　1986年全国各中小学受益于免费服装计划的学生人数

学校类型	学校数量	受益者人数	
		表列种姓	其他群体
初级小学	247588(46.83%)	3774269(36.06%)	5435633(51.94%)
高级小学	48050(34.56%)	1068706(25.62%)	2578648(61.83%)
初级中学	9548(18.17%)	294152(33.87%)	504835(58.12%)
高级中学	3015(19.50%)	172799(30.40%)	373774(66.81%)
总计	308021	5309926(33.04%)	8892890(55.36%)

Source: Fifth All India Educational Survey, pp. 180 – 183, 1986.

3. 免费午餐计划(Mid – day meal)

由中央政府直接负责的免费午餐计划是在1995年才开始的,目的是吸引千百万儿童进入课堂,以实现普及(1～5年级)初级小学教育的目标。凡是就读于政府、地方团体举办的学校和政府资助的私立学校的儿童均可享受免费午餐。计划初期只是给上学的学童每天100克的粮食,现在有14个邦和中央直辖区(有3个邦专门针对部落地区、表列地区和教育落后地区)给学童提供免费午餐。在全国1.026亿小学生中,约1/3的学生可获得免费的午餐。虽然没有具体的表列种姓和表列部落学生的数据,但这个计划无疑非常有利于来自这两个社会、经济和教育落后群体的孩子,对他们子女的教育发展帮助巨大。

给学校儿童提供免费午餐的计划,不仅对儿童的营养有积极作用,而且对提高入学率也有积极作用。泰米尔纳杜邦政府1982年率先发起的城乡贫困儿童营养试点计划,不仅赢得联合国儿基会、世界银行等国际机构的赞赏,也推动其他邦开展同样的计划来吸引孩子入学,提高巩固率。除了比哈尔邦、古贾拉特邦、查漠克什米尔邦、马哈拉斯特拉邦、曼尼普尔邦、米左拉姆邦、那加兰邦和北方邦之外,其他邦和直辖区政府都在学校实施包括表列种姓学生在内的学生免费午餐计划。1986 年第五次全印教育调查显示,在全国 735771 所中小学中,有 187016 所(占总数的 25.42%)为学生提供免费午餐。根据调查结果,在 22553505 名受益者中,78.41% 在农村读书,59.02% 是男生,40.98% 是女生。表列种姓受益者为 20.05%,表列群体总计 32.86%,超出其人口比例。

表4　中小学免费午餐计划受益者人数

学校类型	学校数量	受益者人数	
		表列种姓	其他群体
初级小学	147467(27.92%)	2997849(21.93%)	8394675(61.41%)
高级小学	33757(24.84%)	1077902(15.24%)	5448007(77.02%)
初级中学	3784(7.20%)	237101(23.84%)	708563(71.24%)
高级中学	1824(11.82%)	208347(25.54%)	592721(72.64%)
总计	187016	4521199(20.05%)	15143966 67.14%)

Source:Fifth All – India Educational Survey, pp. 178 – 180, 1986, Vol. I.

　　第八个五年计划期间,表列种姓发展与福利工作小组建议,免费午餐计划应该成为学校强制性的工作,确保表列种姓儿童,尤其是女童全部入学,巩固在学率。由于高度重视初等教育,印度政府决定从1995～1996 年度开始分阶段拓展这项计划,提高小学生的入学率、出勤率和巩固率。中央政府资助的第一个免费午餐计划就是社会福利计划之一的全国初等教育营养援助计划。该计划在 1995～1996 年度投入 61 亿卢比;1996～1997 年度投入 147.4 亿卢比;1997～1998 年度投入 222.6 亿卢比。①

---

　　① 　Dr. Sanjay Paswan. Dr. Pramanshi Jaideva. *Encyclopaedia of Dalits in India*(*In 11 Volumes*)*Emancipation and Empowerment*(*Volume* 8). Delhi. Kalpaz Publications. 2002. pp. 276 –277.

4. 免费教科书计划

给学生提供免费的教材、文具和书包是印度各地方政府吸引孩子上学,提高巩固率的一个重要激励手段。1984~1985 年度,除了喀拉拉邦、北方邦、曼尼普尔邦和德里之外,各地方政府都实施了向包括表列种姓在内的中小学学生提供免费教材和文具的计划。1986 年第五次全印教育调查显示,全印有 416730 所中小学(占全国的 56.54%)向学生提供了免费的教材,有 33524125 名中小学生受益于这个计划。受益者中,77.16% 是农村学校的学生,41.27% 是女生。表列种姓学生(24.82%)和表列部落学生占全部受益者的 36.53%。

表 5　1986 年免费教科书发放情况

学校类型	学校数	受益者人数	
		表列种姓	其他群体
初级小学	315213(59.62%)	5159161(26.50%)	11722537(60.22%)
高级小学	70872(50.98%)	1888652(18.59%)	7249287(71.36%)
初中	23529(44.77%)	932323(34.55%)	1529556(56.69%)
高中	7116(46.01%)	341121(28.43%)	777219(64.77%)
总计	416730	8321157(24.82%)	21278599 63.47%)

Source:Fifth All India Educational Survey, 1986. pp. 183 – 185.

免费教材计划在邦与邦之间不一样。在西孟加拉邦,对表列群体学生父母收入没有上限,这些学生都可获得书费。给各年级书费如下:五年级书费 20 卢比;六年级 50 卢比;七八年级 150 卢比;九年级 200 卢比;十年级 100 卢比。

5. 操作黑板计划(Operational Blackboard)

该计划是 1987 年根据《1986 年国家教育政策》启动的,它有三个目标:(1)每个小学至少配备 2 名教师;(2)保证每个学校都有基本的教学材料;(3)每所学校至少有 2 间全天候的教室。到 1995 年,已完成 12.8 亿卢比的投资;已建好 15 万间教室;522902 所小学获得了教学材料;增设了 15 万个教师新岗位,其中 12.5 万个岗位已有教师上岗,大约一半的岗位上是女教师。预计在"八五"计划后期,操作黑板计划将覆盖所有小学。这将意味着所有表列种姓和表列部落地区的小学将受惠于操作黑板计划。这项计划正在扩充为为每所小学提供 3 名教师和 3 间教室,并且延伸到高小阶段(5~8 年级)。印度中央政府要求各邦政府在操作黑板计划的投资上,给表列种姓和表列部落人口聚居区提供优惠。2002~2003 年度,此项计划共招聘了 30 多万名 1~8 年级的基础教育教师,有 66 万所学校获得了购置教学设备的经费,新建了 18.6 万间教室。①

6. 非正规教育中心

非正规教育被视为印度当下教育战略的一个重要组成部分,因为它能照顾到童工、女孩和由于某些社会经济的原因不能进入全日制学校的儿童。由于非正规教育计划是由各邦政府和志愿者组织来共同或分别实施的,这些计划高度依靠社区的参与,具有灵活、实用和分权管理的特点。包括表列种姓和表列部落在内的各个社区的儿童受益于这项计划。到目前为止,已建成 26 万个非正规教育中心,满足了 650 万儿童的就学需要。大约 10 万个非正规教育中心是专为女孩修建的。450 多个非政府组织参与了这项计划。②

7. 人民教育学校计划(Jan Shikshan Sansthans)

该计划是实施继续教育的重要计划,目的是给城乡社会经济落后、教育落后的弱势群体,尤其是脱盲者、半文盲、表列种姓、表列部落、妇女和女童、贫民窟居住者、打工者等提供教育培训服务,促进他们在教育上、职业上和专业上的发展。2001 年全国有 108 个此类继续教育中心,这个机构的数量未来还会增加(2004 年已增加到 157 个)。这类机构提供一系列时间长短不一的各类职业技能培训。目前,提供的课程与培训活动超过了 250 种。每年大约有 20 万人获得培训,其中

---

① Department of Education, Government of India. *Annual Report* 2002 - 2003. p. 13.

② Guttman, Cynthia and Kosonen Kimmo. *Within reach: the story of PROPEL, a non - formal education project for rural children in India*. [*Foreign government document*], Paris: United Nations Educational, Scientific and Cultural Organization, c1994. p. 9.

75% 是妇女。①

8. 县初等教育计划(District Primary Education Plan)

这个计划起始于 1994 年,得到了荷兰政府和 5 个国际组织的资助,被视为振兴印度初等教育制度的抢滩登陆行动。由于有了几个邦率先试验的经验,县初等教育计划不像过去那样采取指令性的、零敲碎打的办法,而是运用了基础教育的整体观,重视分权管理和社区动员,进行县级规划和特定人口规划来实施。县初等教育计划甩开了开办新学校、任命新教师等传统的包袱,致力于教学内容、教学过程、教育质量以及教育公平等问题。这项计划应用了初等教育发展的综合教学观,加强邦一级和地方一级的办学能力,以应对普及基础教育的挑战。县初等教育计划也是为了实施《1992 年行动纲领》而制定的特别发展战略:

(1)把性别和群体之间的入学、辍学和成绩差距降低到 5% 以下。

(2)把所有小学生的辍学率降低到 10% 以下。

(3)要使所有小学生在规定的分数线上把平均成绩至少提高 25 分,保证取得基本的识字能力和计算能力,其他方面的成绩不低于 40 分。

(4)根据国家规定,应给所有儿童提供 1~5 年级的初等教育,无论什么地方都要提供初等学校教育或相同程度的非正规教育。

教育部根据 1991 年全国人口普查结果,把女性识字率低于全国平均水平的县和全国扫盲运动成就斐然而对普及基础教育热情高的县作为试点县。这个计划的目标是在"八五"期间分阶段覆盖 110 个县。2002 年已有 18 个邦的 273 个县实施了这个计划。仅中央邦就有 9 个部落民聚居的县实施了这个计划。县初等教育计划特别为部落县制定发展战略,提供实施计划和经费以提高表列部落的初等教育水平,在相关的试点县中按照部落人口的比例把项目资源分配给部落学生。人力资源开发委员会在 7 个邦 15 个部落县对县初等教育计划进行调研和评估,以进一步确定部落县的特殊需要以改进部落特殊发展

① MHRD. Government of India. *Annual Report* 2002－03. p. 17.

计划。① 根据印度国家教育规划与行政学院(NIEPA)2004~2005年度的调研,目前所有项目县的 74811 所学校中,60% 以上的学生来自表列群体。②

目前,这个计划通过各种创新措施和策略致力于普及初等教育入学率和巩固率、提高学习成绩、降低性别差距和社会不同群体之间的差别。作为全国《普及基础教育计划》的重要组成部分,这个计划目前已获得世界银行(513.7 亿卢比)、欧盟(62.3 亿卢比)、国际开发署(3.6 亿卢比)、荷兰政府(21.5 亿卢比)和联合国儿童基金会(92.7 亿卢比)的资助。③

9. 部落县教育特殊发展计划

这个计划主要包含在部落聚居区建立新学校和修建寄宿学校;引入中央和邦的儿童发展综合服务项目和托儿所项目,为女孩子照料她们的兄弟姐妹,以便她们能无后顾之忧地去上学;聘用部落教师,加强说部落语言的教师培训,强化教师的部落感和教育管理;编辑部落地区特殊课本,提供部落语言编写的教学材料,采用双语初级读物(部落语和印地语)进行教学;实现中央和邦管理结构的合理化。过去这些学校都是由部落福利部门和学校教育管理部门共同管理的,现在部落县的学校均由部落福利部门管理,其他县的学校由学校教育管理部门管理。各邦教育研究培训委员会负责教师的学术活动与培训。

这个计划的突出之处是各邦必须根据部落人口在各县的人口比例,把项目资源分配给部落学生。比如,在中央邦项目县总经费的45.479 亿卢比中,有 19.763 亿卢比分配给部落县,占总经费的 40%,高于部落人口的比例。④

---

① MHRD. Government of India. *The National Commission for Scheduled Castes and Scheduled Tribes.* 1996. p. 13.

② MHRD. Government of India. *Annual Report* 2004 – 2005. p. 37.

③ MHRD. Government of India. *Annual Report* 2002 – 2003. p. 13.

④ MHRD. Government of India. *The National Commission for Scheduled Castes and Scheduled Tribes.* 1996. p. 59.

10. 人民行动计划(Lok Jumbish)

这个计划的目标是指拉贾斯坦邦到 2000 年时实现人人受教育的计划。这个项目旨在提高基础教育阶段的入学率,特别重视社会弱势群体的儿童教育。这是村级微观计划的子计划,目的是制定特殊策略帮助表列种姓和表列部落儿童。这个计划还向他们分发了免费的校服和教材,为表列种姓和表列部落家庭的孩子建立低费用的公寓和寄宿学校。这个计划已覆盖九个表列种姓和表列部落聚居区。[①]

11. 社区学校计划(Janshala)

该计划是印度政府与联合国五个机构(联合国开发计划署、联合国儿童基金会、联合国人口活动基金会、联合国教科文组织、国际劳工组织)的合作项目,目的就是对积极普及基础教育的活动提供资助,这是一个社区性的项目,特别关注贫困社区的女童和儿童、边缘群体、表列群体、童工和有特殊需要儿童的教育。投入到这个项目的总费用为 2000 万美元(约合 10 亿卢比)。这个项目以区(乡镇)为单位,正在全国 9 个邦的 139 个区和 10 个城市实施。这个项目有 3 个主要目标:加强并持续推动社区有效地参与学校管理,保护儿童权利;提高复式班级教学中教师运用互动的、儿童中心的、基于性别差异的教学方法的能力;提高孤僻儿童尤其是女童的出勤率和学习成绩。[②]

12. 示范学校计划(Navodaya Vidyalayas)

为了给农村地区成绩优秀的学生提供现代优质教育,印度政府在1985 年启动了建立 6～12 年级的农村成绩优秀儿童寄宿学校(示范学校)的计划,平均每县一所。2002 年已建立了 480 所此类学校,每年招收 25000 名学生,现有学生 14 万名,75% 的学生来自农村地区,为表列种姓和表列部落学生保留 22.5%～50% 的名额。此外为女学生保留 1/3 的名额。2002 年,表列种姓和表列部落学生在此类学校中所占的

---

①　Ministry of Human Resource Development, Government of India. *Annual Report* 2002 – 2003. p. 9.

②　Ministry of Human Resource Development, Government of India. *Annual Report* 2002 – 2003. p. 13.

比例分别为24%和15%。① 表列种姓和表列部落儿童的保留名额是根据他们在其居住县所占人口比例来制定的。任何一所学校的保留名额都不得低于全国平均水平。在教师聘用上,印度政府为表列种姓和表列部落制定了保留职位政策,各县政府和学校都在执行。

13. 中央学校计划(Kendriya Vidyalayas)

这类学校是从1965年开始兴建的,主要是满足频繁调动工作的政府官员和军官子女的就学需要。因为这些孩子由于父母亲经常从一个语言区调到另一个语言区,学习课程经常变换,学业受到影响。这类学校完全由中央政府出资举办,办学条件非常好,免收学费,学生可从幼儿园一直读到高中毕业;学校采用双语教学、通用课程和通用教材,是印度中央中学委员会的成员学校,大学升学率极高。

直到1976~1977年度,在中央学校都没有为表列群体保留名额。因此,中央学校协会决定从1976~1977年度开始在中央学校为表列种姓和表列部落分别保留15%和7.5%的配额。保留配额是针对全校新生的,而不是针对某一个班的新生。1978年8月中央学校协会作出新的决定,要求尽可能用完配额;为此,对父母调动的规定可以放宽,如果有必要,非调动表列群体雇员的孩子也可录取到中央学校;如果中央学校举行入学考试,可对表列群体的子女降低5%的分数录取,此规定从1979年开始执行。

到2002年,这类学校有843所,学生约72万名,均分别为表列种姓和表列部落保留了15%和7.5%的新生入学名额,如果有必要还可以为他们放宽录取标准。1994年,在此类学校中有表列种姓学生70096名,表列部落学生16622名,分别占学生总数的10.30%和2.44%。在此类学校中招聘教师也执行15%和7.5%的名额保留政策。此外,还对表列群体的教师候选人给予特别优惠:(1)对表列种姓和表列部落候选人申请当教师免收申请费;(2)尽管降分后,申请者人数增多,符合条件者都可参加面试;(3)年龄放宽5岁;(4)在降低标准

---

① Ministry of Human Resource Development, Government of India. *Annual Report* 2002 - 2003. p. 19.

的情况下进行单独面试;(5)面试委员会给表列种姓和表列部落申请者5分的照顾分;(6)如有必要,可面向全国通过广告招聘符合条件者填补空缺岗位;(7)在教师选拔委员会成员中给表列种姓和表列部落各保留一个名额。①

14. 女生公寓计划(Girl's Hostel)

表列种姓和表列部落女学生的教育远远落后于男学生。第三个五年计划期间(1961~1965),中央资助建设女生公寓计划的目的是让表列种姓和表列部落女学生能够在远离家乡的地方接受中等教育和高等教育,因为如果没有食宿条件,她们是难以如愿以偿的。最初这个计划只是修建和扩建公寓,后来在第五个五年计划期间(1974~1979),这个计划扩展为修建公寓、提供助学金和公寓维持费来满足表列种姓女学生读中学和大学的特殊需要。新的综合计划目的是把公寓建设成为多功能的机构,可让表列群体女学生在公寓里学习艺术、工艺、技巧、游戏、家政等课程。在一个能容纳100个住校生的公寓里为非表列群体的女学生保留10%的名额。第五个五年计划投入了1950万卢比修建公寓;第六个五年计划投入1.3亿卢比修建表列种姓和表列部落女生公寓;第七个五年计划投入3.195亿卢比;第八个五年计划投入2.6亿卢比。然而在很多地方,公寓修在离校距离远且不方便的地方。如果想提高入住率,修建女生公寓的选址非常重要。大量修建女生公寓还将有助于降低表列种姓和表列部落女性的高辍学率。

从1979~1980年度起,中央和地方各负担一半的经费。如果自愿者组织、非政府组织和私营机构愿意承担10%的建设费,中央和地方政府拨付给他们剩余的90%的经费,中央和地方各负担一半经费。到1989~1990年度,共修建了约1900座女生公寓,有9万多名表列种姓和表列部落女学生受益。② 政府为提高农村地区和社会弱势群体女

---

① MHRD. Government of India. *Educational Development of Scheduled Castes and Scheduled Tribes* 1996. p. 15.

② Dr. Sanjay Paswan. Dr. Pramanshi Jaideva. *Encyclopaedia of Dalits in India* (*In* 11 *Volumes*) *Emancipation and Empowerment* (*Volume* 8). Delhi. Kalpaz Publications. 2002. pp. 238 – 239.

青年学生的入学率,2001~2002 年度给志愿者组织一定比例的财政资助来实施加强和改善女学生公寓食宿条件的计划。对教育落后的表列群体以及其他少数民族聚居县给予优惠和照顾。

表6 第八个五年计划期间中央的拨款、修建的表列群体
女生公寓数和入住女生数

年度	拨款(万卢比)	公寓数	入住学生数
1992~1993	5330	177	9547
1993~1994	6000	213	19452
1994~1995	6200	73	7208
1995~1996	5650	90	7546
1996~1997	4370		

Source:Dr. Sanjay Paswan. Dr. Pramanshi Jaideva. Encyclopaedia of Dalits in India(In 11 Volumes) Emancipation and Empowerment (Volume 8). Delhi. Kalpaz Publications. 2002. p. 239.

15. 男生公寓计划(Boy's Hostel)

表列种姓教育发展缓慢的一个重要原因就是缺少足够的公寓。表列种姓福利与发展委员会建议在第七个五年计划期间(1985~1990年)应按照女生公寓的模式修建男生公寓,每县至少修建2座。印度政府从1989~1990 年度开始资助这个项目,也按照上述女生公寓的修建模式施行。"八五"期间投入4.12亿卢比,修建了几百所公寓,入住男生近3万名。1993~1994年度拨款6500万卢比给各邦和直辖区修建表列种姓男生公寓101栋,入住7020人。印度政府要求表列种姓识字率很低的中央邦和拉贾斯坦邦充分利用好这个项目。1993~1994年度拨款2700万卢比修建表列部落男生公寓53幢,供2631名学生食宿。一些邦很努力地执行了这个计划,而表列种姓人口多、识字率低的中央邦却对修建学生公寓没有丝毫兴趣。①

---

① MHRD. Government of India. *The National Commission for Scheduled Castes and Scheduled Tribes.* 1996. p. 20.

16. 部落寄宿学校计划（Ashram）

部落地区开办的寄宿学校给交通不便的山区和林区的部落孩子提供免费教育和食宿。除了普通教育之外，寄宿学校还开设培训课程，如农业和手工艺（铁匠、木匠、男孩编织和女孩裁缝）。在奥里萨邦女子寄宿学校叫 Kanyashram，男子寄宿学校叫 Ashram。这些学校都是由邦政府和非官方组织开办的。修建和维护寄宿学校的项目包含在一些邦实施的部落二级规划中。印度中央政府和各邦政府双方各出资一半修建寄宿学校的教学楼、学生公寓和教师住宅。维护费用由各邦和直辖区政府负担。中央拨给直辖区政府的建设经费是 100%。这个计划包括修建小学、初中和高中。1993～1994 年度，印度政府给安德拉等 7 个邦拨款 2.52 亿卢比，上马 64 个工程，含 41 个二期工程。这是迄今为止表列部落中小学教育发展中最有效的计划。①

17. 女子寄宿学校计划（Kasturba Gandhi Swatantrata Vidyalaya）

这是为了纪念圣雄甘地的夫人 Kasturba Gandhi 而设立的女子寄宿学校计划。该计划的宗旨就是提高表列群体、其他落后阶层和少数民族妇女的识字率。2001～2002 年度计划在妇女识字率不超过 10% 的县修建 500 所寄宿学校。建校初期的学制要达到 5 年级，后期学制逐步延长。对于妇女识字率低的 146 个县，中央要求邦和直辖区政府密切关注并认真实施这个计划。② 2004 年，又启动了一个新的女子寄宿学校计划（Kasturba Gandhi Balika Vidyalaya），计划在教育落后的区（指乡镇）修建 750 所此类寄宿学校。这些教育落后区的妇女识字率低于全国平均数、识字率性别差距高于全国平均数、部落人口集中、失学女童多。已有 662 所学校获准修建，修建经费达 13.785 亿卢比。每所学校招收 50～100 名女学生，75% 来自上述几个群体，25% 留给生活在贫困线下的群体。进入此类学校学生的一切费用全部由政府提供（包括食宿费、学费、书本费、考试费、活动费、医疗费和零用钱，人月

① MHRD. Government of India. *The National Commission for Scheduled Castes and Scheduled Tribes.* 1996. p. 20.

② MHRD. Government of India. *Annual Report* 2002–2003. pp. 34–36.

均 1000 卢比,约合人民币 200 元)。①

18. 表列种姓半文盲女孩特殊教育发展计划

该计划始于 1996～1997 年度,一些地区由于传统和环境不利因素而导致的表列种姓妇女识字率很低,因此这些地区的表列种姓女子寄宿学校获得了大量的教育投入。这些学校利用现有设施来开展识字教育和巩固识字率,促进文盲地区第一代表列种姓女孩文化素质的提高。这个计划由相关的县政府实施。这些学校都是在租借的场地办学。这些租借的场地必须有足够的空间来容纳教室、公寓、厨房、教员住宅等。根据计划,一切费用都要拨给县政府,每个一年级学生每年 11340 卢比,分两个部分拨付(4900 卢比直接拨给学生,6440 卢比用于基础设施、其他管理费用,包括教师的工资)。不许向学生收取任何费用,包括学费、杂费和捐款。每个学校一年级每班 25 个学生。根据乡村综合发展计划,从确定为贫困线之下的家庭中招收女学生,她们须是家庭中的第一代学生。优先招收最贫困表列种姓家庭的女孩子,尤其是清洁工、剥皮匠和制革匠的孩子。根据 1981 年的人口普查,在比哈尔邦、中央邦、拉贾斯坦邦和北方邦的 48 个县里,表列种姓女性的识字率不到 2%。这个计划只覆盖这 48 个县。1996～1997 年度计划修建 21 所寄宿学校,在中央邦的 8 个县修建 14 所,北方邦的 3 个县修建 3 所。截至 1996 年 12 月 31 日,投入经费总额为 198.4 万卢比。政府认为,由于经费充足,如果认真实施的话,这个计划的效果将会很好,而且可能会推广到其他表列种姓识字率低于全国平均水平的邦。②

19. 特别辅导计划

为了克服表列群体学生在早期教育阶段存在的学习障碍,提高他们在学校的学习成绩以及他们在大学,尤其是医学院、工程学院和其他专业性学院的学习成绩,印度人力资源开发委员会 1987～1988 年

---

① MHRD. Government of India. *Guidelines for Implementation of Kasturba Gandhi Balika Vidyalaya*. 2004. p. 5.

② Dr. Sanjay Paswan. Dr. Pramanshi Jaideva. *Encyclopaedia of Dalits in India* (*In 11 Volumes*) *Emancipation and Empowerment* (*Volume* 8). Delhi. Kalpaz Publications. 2002. pp. 248 –249.

度启动了由中央直接资助的提高表列群体学生学习成绩计划。1993～1994 年度改由福利部负责,目的是给 9～12 年级的表列群体学生提供补习和特殊辅导,弥补他们的社会缺陷和教育缺陷,有助于他们被录取到需要激励竞争考试才能被录取的医学与工程院校。"八五"期间该计划拨款 2600 万卢比。1993～1994 年度,拨款总额为 150 万卢比,只有 5 个邦的 334 名学生受益。1994～1995 年度拨款 1000 万卢比,受益学生 2336 名;1995～1996 年度只给 5 个邦拨款 221.7 万卢比。许多邦和中央直辖区制订并实施了为表列群体学生举行考前培训、补习以及专项辅导的计划。

　　几乎所有的邦和直辖区都为 8 年级、10 年级和 12 年级的学生补习理科、数学和英语。凡是参与补习计划的学校都获得拨款,校长和补习教师都可获得一定数额的课酬。一般是每周补习数次,有些学校除了周末,每天都补习。泰米尔纳杜邦 1981～1982 年度给 500 所初中和高中 8～10 年级的表列群体学生补习英语、数学和理科,每天放学后上课一个半小时。这个计划从 1982～1983 年度开始,拓展到 11 年级和 12 年级,挑选了约 300 所学校,专门辅导英语、数学、物理、化学、动物学、生物学、商学和会计学。参加这个计划的学校领导和教师每个月的酬金为 50 卢比。

　　为提高大学各学科表列群体学生的学术能力、语言水平和理解能力,为他们提供了补习课程和特别辅导。在学院层次开展的补习活动主要是在医学院和工学院。有些学院还给来自非英语学校的学生教授英语口语。如果要集中辅导所有学位课程,补习期限不少于 2 个月。一些工学院和工艺学院给表列群体学生补课半年左右,目的是使他们达到其他群体学生的水平。每个学院可获得 1000 卢比的补习经费。讲师每次课酬金 25 卢比,每周 3 次课。[1] 印度理工学院还专门为入学考试成绩差的表列群体学生提供了一年的预科课程。一年后考试合格的学生可进入专业阶段的学习。

---

① 　Dr. Sanjay Paswan. Dr. Pramanshi Jaideva. *Encyclopaedia of Dalits in India* (*In* 11 *Volumes*) *Emancipation and Empowerment* (*Volume* 8). Delhi. Kalpaz Publications. 2002. pp. 269－273.

20. 大学生书籍库计划(Book Bank)

表列种姓学生通常来自经济贫寒的群体,根本没钱买价格昂贵的医学和工程方面的书籍。根据大学拨款委员会最高权力(high power)委员会和内务部的建议,从1978~1979年度开始,在几所医学和工程院校建立书籍库,向这些专业的表列种姓学生出借图书资料。

这个计划对医学和工程专业的表列种姓学生确实有帮助。表列种姓福利与发展工作组在"七五"期间建议扩大这个计划的覆盖面,让所有专业学科的表列种姓学生都受益。为了使计划更有效、更有意义,工作组认为每个专业学科的表列种姓学生都应该得到一套书籍,并有资格获得高中以上层次的奖学金。工作组建议"八五"期间该计划覆盖兽医学、农学、法学、工艺等专业学科,向每个学生提供一套书籍。目前,医学院、工程学院、兽医学院、农学院、工艺学院以及印度医学和顺势疗法(homeopathy)学院都建立了书籍库,起初,每四个学生共用一套书,现在每两个学生共用一套书。

从1979~1980年度起,该计划由地方政府执行,经费由中央和地方政府各负担一半。不同专业每套教材的封顶价格:医学(含印度医学和顺势疗法)每套书7500卢比,工程学每套书7500卢比,兽医学每套书5000卢比,农学每套书4500卢比,工艺学每套书2400卢比。每套书的使用寿命为3年,这意味着每三年就要拨款购买新书。"六五"期间计划投入3000万卢比,实际拨款960万卢比。"七五"期间拨款2250万卢比。1985~1986年度,表列种姓受益者为16822人,1990年上升到21000人。1991~1992年度中央拨款562.6万卢比,受益学生24245人。"八五"期间(1992~1996)拨款1.617亿卢比,受益学生108946人。①

21. 志愿者组织和非政府组织的计划

把资助经费拨给那些从事表列种姓和表列部落以及其他落后阶层福利活动的志愿者组织,目的是通过这些组织的工作改善弱势群体的教育状况和社会经济状况。这个计划是1953~1954年度印度政府启动的。

---

① Dr. Sanjay Paswan. *Encyclopaedia of Dalits in India(In 11 Volumes) Emancipation and Empowerment(Volume 8)*. Delhi. Kalpaz Publications. 2002. pp. 273 –274.

根据这个计划,只有那些注册满一年并且能出示自愿从事成人教育和社会发展证据的志愿者组织,才有资格获得政府资助。按批准经费的90%拨给符合条件的志愿者组织。只有那些有利于表列种姓社会发展的项目才能获得资助。这些组织必须自己提供经费的10%,才能获得资助。同时管理委员会也希望有足够数量和能力的表列种姓成员参与其中。印度政府对与如何资助志愿者组织制定了详细的指导原则。给志愿者组织的各种计划的资助包括寄宿学校、日校、公寓、儿童福利中心等等;各种培训课程,如打字和速记、计算机应用、裁缝和刺绣、汽车驾驶、电子器械和其他工业产品贸易等。有400多家志愿者组织获得该计划的资助基金。为确保获得基金的志愿者组织遵守政府的规定和要求,福利部计划按照合同进行管理,福利部官员以及全国表列种姓和表列部落委员会要监察受资助的计划,并把监察报告和建议递交给福利部。为实施好这个计划,必须同那些名声好、真诚、正直、高效的志愿者组织协商制定提高志愿者组织工作效率的措施和章程。①

除了上述计划外,印度人力资源开发部给表列群体提供优惠照顾的计划还有:普及基础教育计划(Sarva Shiksha Abhiyan)、②教育工作者计划(Shiksha Karmi)、③教育保障以及选择和创新教育计划、1~8

---

① Dr. Sanjay Paswan. *Encyclopaedia of Dalits in India* (*In* 11 *Volumes*) *Emancipation and Empowerment* (*Volume* 8). Delhi. Kalpaz Publications. 2002. pp. 249 – 250.

② 这是一项具有历史使命的国家教育计划,政府与各邦合作努力普及6~14岁年龄组儿童基础教育。为突出该计划的国家优先发展地位,印度总理担任该计划的主席、人力资源开发部部长担任副主席。各邦建立执行机构,由各邦首席部长和教育部长分别担任主席和副主席。该计划除提供优质基础教育外,还重点为女童提供免费教材尤其是修建厕所,建立乡村教育委员会和母亲——教师协会。该计划还分别为每县拨款500万卢比用于女童和表列群体教育创新计划。2002~2003年度,28个邦和中央直辖区576个县的基础教育计划获得政府年度拨款308.108亿卢比。详情参见印度人力资源开发部网站,http://ssa.nic.in/。

③ 这个计划又叫做赤脚教师计划,目的是在偏僻、干旱和落后的拉贾斯坦邦乡村普及优质初等教育,尤其关注女童教育。这个计划通过对当地年轻人进行适当的培训成功地解决了教师短缺的问题。目前有74%的学生来自表列群体和其他落后阶层。参见 MHRD. Government of India. *Annual Report* 2004 – 05. p. 38.

年级全国女童教育计划、妇女平等教育计划（Mahila Samakhya）等。此外，位于卡纳塔卡邦迈索尔著名的中央印度语言学院有一个印度语言发展计划，旨在通过研究、开发包含部落语言在内的现代印度语言教材。目前，这个学院把90种以上的部落语言和边疆语言作为工作语言。1994年开始表列种姓和表列部落及其他落后阶层学生公寓粮食补助计划规定，凡公寓居住的学生中表列种姓、表列部落及其他落后阶层的学生占到2/3，则该公寓的所有学生都将获得每月每人15公斤粮食的补助。

从1986年的印度《国家教育政策》到1992年的《行动纲领》以及之后人力资源开发部各年度的《年度报告》中，都可以发现，印度政府始终围绕着为新建表列群体小学提供优惠、放宽条件，在农村地区开办非正规教育中心和"操作黑板"学校，为普及基础教育服务；采取各种措施，开展扫盲教育，进一步加强妇女扫盲的力度，提高全部人口的整体识字率；大力新建寄宿学校、学生公寓、开设补习课程；提高弱势群体学生尤其是女学生的入学率和学习成绩，为他们进一步的深造打基础；给表列群体学生提供奖助学金，免费服装、书籍、文具、书包和午餐，免除学费等激励措施以提高入学率、巩固率和毕业率；在重点大中小学给表列群体学生保留配额，为他们提供优质教育，并对保留政策的执行情况予以检查评估；招聘表列群体优秀青年当教师，并给予培训；在部落地区进行双语教学、编写部落语言教材，弘扬部落文化；在为表列种姓学生开设的课程中增加安贝卡的哲学思想；放宽表列群体候选人的教师任职资格和条件等等。这些表明了印度政府为促进弱势群体教育发展所下的决心及其政策制定的稳定性、一致性和连续性。

（二）中央政府的奖学金计划

为发展表列种姓和表列部落的教育，印度中央和地方政府还制订了许多资助计划，如授予各种奖学金和助学金。印度政府专门为表列种姓和表列部落制定了一些重要的资助项目：如，大学生奖学金，为父母亲从事清扫厕所、制革等所谓"不洁"职业的学生提供的中小学生奖学金等。印度政府人力资源开发委员会、劳动部、农业部和大学拨款委员会都制定了长期的相关奖助学金项目。除了国家留学生奖学金之外,所有奖助学金计划的经费中央和各邦各负担50%。

1. 人力资源开发部农村天才奖学金

该计划自1971～1972年度开始实施,目的是给8～12年级有发展潜力的农村学生提供好的学习条件,使他们的教育机会尽可能的公平,能够继续接受更高层次的教育。目前该计划每年的奖学金数目为43000个,其中,有13000个奖学金是保留给表列种姓和表列部落学生的,占总数的1/3以上,体现了印度政府对表列群体学生的关怀和政策倾斜。无论学生是否住校,每生每月的奖学金数额30～100卢比,年级不同,数额不同。申请奖学金学生的选拔工作分两部分进行:首先是通过乡村发展区(乡镇建制)举行的选拔考试,候选人是奖学金数额的10倍;然后是通过选拔的考生到县里参加由各邦教育研究所和全国教育研究与培训委员会组织的国家级选拔考试。最后的选拔由乡村发展区(Community Development Block)①实施,以区为单位给成绩优秀的学生颁发奖学金。奖学金从学生入学当月起开始发放,直到中等教育阶段的最后一次考试举行的月份为止。如果遇到奖学金金额上调,就从上调之日开始发放。奖学金金额的上调,取决于学生的学习成绩是否优秀。如果奖学金获得者的学习成绩不令人满意,可以暂停发放其奖学金。

---

① 这是1952年尼赫鲁当总理时实施的一项乡村发展计划。内容包括实现充分就业、普及科学知识,培训技术人员、推广合作运动。举办公益事业、建立福利设施、修筑乡村道路、改进卫生条件等,以达到向农村传播科学知识和文明,改变乡村面貌,发展农业生产和改善农民生活的目的。乡村发展计划以区为单位,每个乡村发展区包括100个村庄,10万人口。该计划强调农民自愿参加,政府提供资金。第一个五年计划结束时,实施乡村发展计划的区达到1075个,占全国1/5以上的区。1962年,此类发展区超过了5000个。参见林承节:《印度史》,人民出版社2004年版,第433页。

表7　43000 个农村天才奖学金名额的分配情况

1. 普通群体子女	每个区 4 个奖学金名额(4×5000 个)	20000 个
2. 无地农民子女	每个区 2 个奖学金名额(2×5000 个)	10000 个
3. 表列种姓子女	每个区 2 个奖学金名额(2×5000 个),表列种姓人口超过 20% 的乡区另加 1 个名额(1×1500 个)	11500 个
4. 表列部落子女	每个部落乡区 3 个奖学金名额(3×500 个)	1500 个

Source：MHRD. Government of India. The Scheme of Scholarship at Secondary Stage for Talented Children from Rural Areas. Scholarships. http://education. nic. in/schbenefrl. asp, 2006 – 4 – 3.

2. 大学拨款委员会奖学金

《初级研究奖学金》:由大学拨款委员会负责全国性的讲师招聘考试和初级研究员奖学金考试,确保教学与研究人员的最低标准。表列种姓和表列部落考生在这两项考试中可以在最低分的基础上降低 10% 给予照顾。如果指标不够,大学拨款委员会给大学额外的指标。初级研究奖学金五年一期,每年有 50 个科学、人文科学和社会科学的初级研究奖学金颁发给参加全国资格考试获得讲师资格的表列种姓和表列部落的候选人。

《研究生奖学金(Research associateships)》:大学拨款委员会把该项奖学金授予从事科学、人文科学、社会科学、工程和技术以及甘地研究等研究项目的研究生。该奖学金为期三年,可延期两年。每年的奖学金总数为 260 个,其中有 40 个保留给表列种姓和表列部落。不同学科的奖学金金额为每月 2800 ~ 3300 卢比到 4325 ~ 5000 卢比之间。这项奖学金计划还包括人文社会科学每年 7500 卢比、自然科学每年 10000 卢比的应急金。

《工程和技术奖学金》:大学拨款委员会每年颁发 60 个奖学金给从事工程和技术(包括农业技术)高级研究人员和博士研究生。年龄限制在 40 岁以下,表列种姓和表列部落可放宽 5 岁。

《教师奖学金》:大学拨款委员会给教师提供为期一年的奖学金,使附属学院的教师能够攻读哲学硕士或博士学位。教师们每月可获得 750 卢比的生活补贴和往返研究中心的交通补贴。人文社会科学的教师每年可获得 5000 卢比的应急金,自然科学的教师每年可得 7500 卢比的应急金。该奖学金计划每年给表列种姓和表列部落的教师保留 50 个配额(20 个给博士,30 个给硕士)。[1]

3. 国家教育研究和培训委员会(NCERT)奖学金

《国家天才奖学金》:国家教育研究和培训委员会制订全国天才奖学金计划的目的是甄别和培养高中阶段以上的天才学生。每年颁发 750 个此类奖学金给天才学生,其中 70 个保留给表列种姓学生。奖励范围从高中一年级(11 年级)到研究生阶段。

《地区教育学院奖学金》:凡是录取到国家教育研究和培训委员会直属的四所地区教育学院的表列群体学生均可获得奖学金。奖学金金额各专业不一样。

《教育与职业指导专业奖学金》:凡是录取到该专业的表列群体学生都可获得该项奖学金。[2]

4. 劳动部颁发的奖助学金

《工业培训学院奖学金》:凡是录取到工业培训学院的表列群体学生可获得此项奖学金。为弥补中央此项奖学金的不足,一些地方政府,如安德拉邦、喜马查尔邦、中央邦、马哈拉斯特拉邦、奥里萨邦、泰米尔纳杜邦、北方邦、德里和本地治里中央直辖区制定了自己的奖学金政策,奖励就读于工业培训学院的表列群体学生。奖学金金额各邦不一样。

《学徒培训助学金》:根据 1961 年的学徒法,所有录用的学徒都可根据 1962 年的学徒条例第 7 条的规定获得助学金,助学金每月 400 ~ 700 卢比。学徒培训委员会努力为表列种姓的申请者提供培训设施,甚至还多给他们保留配额。根据学徒培训计划,学徒由企业挑选,但要给这些企业制定必要的指导原则,以确保所有表列种姓申请者能被

---

① Dr. Sanjay Paswan. *Encyclopaedia of Dalits in India* (*In 11 Volumes*) *Emancipation and Empowerment* (*Volume 8*). Delhi. Kalpaz Publications. 2002. pp. 228 - 229.

② Ibid. ,p. 229.

挑选上。

《农业和兽医专业奖学金》:每年有 240 个以上的此类奖学金授予就读于农业和兽医专业的表列种姓研究生,奖学金每个月 300 卢比,每年还有 750 卢比的应急金。

《印度农业研究委员会奖学金》:该计划每年有 20% 的配额保留给从事初级研究、高级研究和博士后研究的表列群体学生。奖学金金额硕士、博士和博士后不同。①

5. 中央颁发的助学金

(1)高中层次以上(Post - matric)助学金

这是中央资助的一个很重要的计划,是由落后阶层委员会向全印得到认证的教育机构学习的表列种姓和表列部落学生授予助学金的计划。Elyperumal 领导的不可接触制度、表列种姓经济与教育发展委员会认为:高中层次以上助学金是"表列种姓教育发展中覆盖面最广、意义最深远的计划"。这个计划的目的就是向表列种姓高中生和大学生提供资助,使他们能够上大学接受高等教育以及通过函授教育、远程教育和继续教育接受高等教育。这是一个公开的计划,获助者数量不受计划经费支出的限制,凡是合格的表列种姓学生都可获得助学金。但是,经费只有到了各阶段助学金计划结束时,才能兑现,拨付给各邦。如果支出(outlay)超出了规定的数额,无论是获助者增加、助学金金额增加、还是两者都增加,超支部分均由中央政府补齐。这个计划始于 1944 年,助学金只颁发给表列种姓学生,当时还只在英国直接管辖之下的几个省实施。1948 ~ 1949 年度,这个计划范围拓宽,开始向表列部落学生发放。这个计划开始实施的第一年有 114 名表列种姓学生获得了助学金,1948 ~ 1949 年度,647 个表列种姓学生和 84 个表列部落学生获得了助学金。到 1958 ~ 1959 年度,该项计划由教育部来实施,随着助学金数额的增加、发放速度的加快,根据印度政府的

---

① Dr. Sanjay Paswan. Dr. Pramanshi Jaideva. *Encyclopaedia of Dalits in India* (*In* 11 *Volumes*) *Emancipation and Empowerment* (*Volume* 8). Delhi. Kalpaz Publications. 2002. pp. 229 – 230.

规定,高中层次以上助学金计划现在由各邦政府和中央直辖区政府负责实施。1968 年该计划由教育部转移到社会福利部,之后移交给内务部,现在归社会公正与权益部管理,经费拨付给实施该计划的邦和中央直辖区。

高中生以上助学金计划包含生活费(maintenance allowance)、盲人学生读物费、必修课学费、批准的游学经费、硕博论文费、函授生书籍费等。根据印度政府的规定,表列种姓(含印度教徒、锡克教徒和新佛教徒)和表列部落无论在哪里求学都有资格获得助学金。异地上学的学生由所在地政府发给助学金。皈依基督教的表列种姓没有资格获得政府的本科生助学金。在职读书的不提供生活费。对表列种姓学生所作的经济状况调查(颁发助学金的依据)也适用于表列部落学生。父亲年收入超过 44500 卢比的学生无权获得助学金。该助学金只颁发给一个家庭中的头两个孩子,第三个以后的孩子无权享受。但从 1995 年 10 月 1 日起,放宽了条件,第三个孩子如果是女孩,也可获得助学金。

1974～1975 年度以前,高中层次以上助学金额固定在走读生每月 27 卢比,住校生每月 40 卢比;专业学院的本科生每月助学金,走读生和住校生分别是 60 卢比和 75 卢比。1974 年之后,助学金额作了调整,根据所学专业,走读生分别提高到每月 50 至 100 卢比,住校生分别提高到每月 75 至 125 卢比。

1995 年 10 月 1 日,该助学金计划再次作了修改。根据工人的消费指数,各专业生活费和父亲年收入标准上限都上调一次。目前,表列群体高中层次以上助学金生活费数额见表 8。

表 8　各专业高中生(Post－Matric)以上助学金计划生活费一览

	各专业文凭/证书	生活费数额	
		走读生	住校生
A	医学、工程、农学、兽医、渔业等学位与研究生课程	190 卢比	425 卢比
B	医学、工程等文凭课程;工商业试点营业执照课程;工商管理、护理与药学等专业学位与研究生课程;理科研究生课程;专业与技术学科的文凭课程	190 卢比	290 卢比

各专业文凭/证书	生活费数额	
	走读生	住校生
C 工程、技术等专业的证书课程；农学、药学、兽医、渔业、奶牛发展等专业的文凭课程；教师教育、图书馆学、体育等专业的学位、研究生课程和文凭课程；文科与商科研究生课程	190 卢比	290 卢比
D 本科生层次（二年级以上）的普通课程	120 卢比	230 卢比
E 高一、高二、中间学院以及普通专业本科生一年级	90 卢比	150 卢比

读函授、远程和继续教育的学生除了报销必修课学费外，每年还可得到 500 卢比的书籍费。

该计划包含每年的游学费 500 卢比、论文打印费 600 卢比、A,B,C,D,E 五类课程的盲人学生读物费每个月分别是 100 卢比、75 卢比和50 卢比。

除了中央政府颁发的助学金之外，安德拉邦政府还给表列种姓住校学生提供所有的食宿费。住学校公寓的表列种姓研究生和攻读专业学位本科生除了获得全额食宿费之外，每个月还有 25 卢比零花钱。安德拉邦政府每个月给住校的中间学院学生和研究生零花钱分别是25 卢比和 55 卢比。此外，邦政府还给他们书籍费和研究经费。

泰米尔纳杜邦政府在中央政府高中生以上助学金的基础上增加助学金金额，超出部分由邦政府承担。北方邦政府规定的助学金额度同样也超过中央的助学金额度。卡纳塔卡邦政府每个月额外给住学校公寓的表列种姓学生高达 150 卢比的食宿费。在喀拉拉邦，如果中央政府的助学金金额不足的话，学生们还有权利享受邦政府的资助。

从 1985~1986 年度到 1996~1997 年度的 11 年里，总共有近 1700万名表列种姓和表列部落学生获得了该项助学金，其中表列部落学生约 340 万名。

从 1944~1945 年度到 1996~1997 年度，将近 2500 万名表列群体学生受益于这个助学金计划，其中表列部落学生为 470 万人。假定平均每个学生享受 4 年的助学金，那么就有 510 万表列群体的学生受益于这个计划，而大部分（460 万人）是属于 1969~1970 年度以后上学的学生。①

虽然,物价一直在上涨,助学金金额的上调幅度不大,但由于该计划是完全公开的,所有高中层次以上的表列群体学生都有资格获得这项助学金,是所有助学金计划中效果最好的。从1971年到1996年,有460万表列群体学生受益,这项计划的影响和成就十分显著。

(2)高中层次以下(Pre - Matric)助学金

中央资助的高中生以下助学金计划是针对从事所谓"不洁"职业,如清扫粪便工、制革工和剥皮工等家庭子女的,无论其宗教信仰如何,都要给他们提供良好的学校教育,该计划从1977年开始实施。值得注意的是,从事此类职业的人对社会作出了巨大的贡献,但他们的孩子辍学率却非常高,导致他们继续落后。根据这个计划,每年颁发1000个助学金给寄宿学校6~8年级属于此类家庭的学生。父亲月收入不超过500卢比家庭的孩子可进入寄宿学校。每个家庭都可以有一个以上的孩子有资格获得该助学金。每个月助学金100卢比,用来支付学费、食宿费、书本费和其他应急费。每个月还有45卢比零花钱用来支付校服、服装、毛巾、日常用品(toilets)等费用。这些学生上学期间不得回家帮父母亲干活。这个计划的经费从1979~1980年度起,中央和各邦各支付一半。各邦政府和中央直辖区政府负责实施这个计划。

这个计划的目的就是给从事不洁职业者的子女提供良好的教育,使他们远离父辈居住的肮脏和不卫生的生活环境。1986~1987年度对此计划作了适当的修改,传统上与清扫粪便有关的职业,如清道夫的子女也开始享受这个助学金。这个计划还作了另一些修改:6~8年级助学金从每月145卢比提高到200卢比,9~10年级每月250卢比;作为获得助学金依据的父亲月收入(income ceiling limit)上限从每月500卢比提高到1000卢比;在没有公寓的地方为学生租借公寓;在住宿学生多的情况下,任命专门的公寓管理员,或者任命一个学校教师

---

① Dr. Sanjay Paswan. Dr. Pramanshi Jaideva. *Encyclopaedia of Dalits in India*(*In 11 Volumes*)*Emancipation and Empowerment*(*Volume* 8). Delhi. Kalpaz Publications. 2002. pp. 230 - 235.

当公寓管理员,额外发点补贴给公寓管理员。

1985～1986年度,这项计划的经费预算是2500万卢比,但实际发生的费用才250万卢比,受益学生只有9286人。1986～1987年度对这个计划作了修改,受益学生覆盖面小的情况按理应得到改善,但到了1988～1989年度,只有12820个学生受益于这个计划。

由于这个计划只照顾住校生,不管走读生,在第八个五年计划期间(1990～1995),表列种姓发展与福利工作小组建议适当修改计划,给1～5年级的走读生每月发40卢比的助学金,6～8年级每月55卢比,9～10年级每月75卢比;增加3～10年级学生住公寓的比例,每年给每个住校生500卢比的经费;父亲收入上限从每月1000卢比上调到1500卢比(也就是说父亲月收入低于1500卢比的学生才有资格获得助学金)。

工作小组的修改建议起了作用,从1991年11月1日起,每月发给1～5年级走读生助学金25卢比,6～8年级学生40卢比,9～10年级学生50卢比。3～10年级住校生比例也提高了,给3～8年级住校生的助学金是每月200卢比,9～10年级住校生的助学金是每月250卢比。助学金一年只发10个月。此外所有住校生和走读生每年都可获得500卢比的特殊津贴。父亲收入上限提高到每月1500卢比。1994年2月25日这个计划又作了修改,取消了父亲收入限制,也取消了同一家庭中领取助学金到8年级的小孩人数限制,但如果第三个小孩是1993年4月1日以后出生的,不在此计划内。对于9～10年级的学生,同一家庭的头两个孩子可享受助学金。

修改后的计划吸引了大量的学生。获得该助学金的学生人数1991～1992年度达到90912人、1992～1993年度99254人、1993～1994年度130715人、1994～1995年度176253人、1995～1996年度240628人、1996～1997年度为250000人。

中央拨给地方政府的经费1991～1992年度是4000万卢比,1992～1993年度是6390万卢比,1993～1994年度是5610万卢比,1994～1995年度是6250万卢比,1995～1996年度是8920万卢比,

1996～1997 年度(截至 1996 年 12 月 31 日)是 5550 万卢比。①

从照顾社会地位最低群体的目标取向来说,该助学金计划所起的作用超过了高中生以上助学金计划。但是这项计划的覆盖面太小,拨款很少。此外,还应根据物价上涨指数的变化对助学金额度及时进行调整,才不会使该助学金失去应有的作用。

(3)国家国外高级研修奖学金及长途旅行费用

早在 1954～1955 年度印度政府就启动了国家留学奖学金计划,专门授予到国外攻读高级学位和进行博士后研修的表列种姓、表列部落、原犯罪部落(denotified)和游牧半游牧部落、皈依其他宗教的表列种姓、无地农民的子女、传统手工艺人。攻读工程技术、医学、农学和理科的学生优先照顾(weightage)。最近对于到国外攻读学士学位和硕士学位以及特殊专业的也可获得奖学金。被选拔上的学生允许有三年的时间申请并等待国外高校的入学许可。经费由外交部提供。奖学金由留学所在地的印度大使馆给付。奖学金包含学费、生活费和旅行费。奖学金和其他津贴包含:生活津贴,学士学位每年 5940 美元、研究生每年 6600 美元、博士后每年 7700 美元;应急费每月 385 美元;设备费 1100 美元;人头税(poll tax)150 美元;大学所有必须交的费用,如学费、录取费以及健康医疗保险费(premium)(如果需要的话);最短距离的经济舱往返机票费用;从家庭所在地到机场的二等火车票费用。

奖学金数额一开始只有 6 个,1955～1956 年度增加到 12 个,1972～1973 年度增加到 21 个,1990 年 25 个,1991 年 30 个。这 30 个奖学金分别授予表列种姓 17 个、表列部落 9 个、皈依其他宗教的表列种姓 2 个、原犯罪部落和游牧半游牧部落 1 个、无地农民子女和传统手工艺人的子女 1 个。除了这 30 个奖学金之外,还给获得外国政府或高校奖学金的学生提供了长途旅行费,如果他们的奖学金不包含长途旅行费的话。长途旅行费每年给表列种姓 4 个、表列部落 4 个、原

犯罪部落和游牧半游牧部落 1 个。这个计划自 1954～1955 年度实施以来,共有 735 个申请者获得了该项奖学金。[1]

除了上述奖学金之外,最近印度社会公正与权益部和部落事务部联合推出了专门为表列群体学生服务的《拉吉夫·甘地全国研究生奖学金计划》(Rajiv Gandhi National Fellowship Scheme),该计划由大学拨款委员会负责实施。专门资助攻读科学、工程技术、人文社会科学哲学硕士和哲学博士学位的表列群体学生。奖学金期限三年,额度很高,每月的生活费 8000 到 9000 卢比,应急费每年 10000 到 25000 卢比,肢体残疾学生和盲人学生还有每月 1000 卢比的护送费和盲人读物费。该研究基金还给每个学生所在院系每年资助 3000 卢比的基础设施费。

此外还有 20 多个外国政府提供的奖学金、富布赖特奖学金、非印地语学生学习印地语奖学金等,也面向表列群体学生。[2]

(三)各邦政府的奖助学金计划

除了中央资助的奖学金计划之外,各邦和中央直辖区政府也有自己的奖学金计划,包括高中层次以下奖学金、优等生奖学金、非常落后阶层特别奖学金和女学生出勤奖等等。

1. 高中层次以下助学金

为了吸引大量的表列种姓和表列部落学生上学,除了免费服装、书籍、午餐一类的激励措施之外,在许多邦和中央直辖区还给高中层次以下的表列种姓和表列部落学生提供助学金。助学金额度各邦不一致,一些邦只发给表列种姓女孩。一些邦和中央直辖区的助学金还与家长收入上限挂钩。中央邦、旁遮普邦和拉贾斯坦邦明确规定助学

---

① Dr. Sanjay Paswan. Dr. Pramanshi Jaideva. *Encyclopaedia of Dalits in India*(*In* 11 *Volumes*) *Emancipation and Empowerment* (*Volume* 8). Delhi. Kalpaz Publications. 2002. pp. 246－248.

② Department of Secondary and Higher Education. MHRD. Government of India. Scholars. http://education. nic. in/scho. asp, 2006－4－3.

金发给所有符合条件的表列种姓学生。由于许多邦和中央直辖区都没有确定普遍覆盖表列种姓学生的目标，因此，表列种姓和表列部落专员在他的第 27 次报告（1979～1981 年）中建议高中层次以下的助学金计划也应该像高中层次以上的奖学金计划一样完全公开，所有符合条件的表列种姓和表列部落学生都应该享受助学金。在第七个五年计划期间（1985～1990 年），表列种姓福利与发展工作组建议，各个教育阶段的所有表列种姓学生都应该百分之百地获得助学金，奖助学金额度至少每月 40 卢比。工作小组在第八个五年计划期间（1990～1995 年）又重申所有 1～10 年级的表列种姓学生都应该得到助学金。还建议给贫困表列种姓和表列部落家庭每个月发 60 卢比，一年发十个月，作为一种激励因素，刺激他们把女孩送到小学来上学。该计划惠及 514.1 万个表列种姓小孩，总经费每年达到 30.847 亿卢比。工作组估计"八五"期间所需要的经费总额将达到 155 亿卢比。[1]

2. 高中层次以上助学金

阿鲁那查尔邦给高中生每年发 10 个半月的助学金，每月 100 卢比，攻读学位的学生每月 175 卢比。家长每月收入超过 1000 卢比的不给助学金。

卡纳塔卡邦给家长年收入低于 10000 卢比的表列群体学生发放助学金，每月 40 到 75 卢比不等。这笔助学金发给那些没有资格获得中央政府高中层次以上助学金的表列群体学生。

喀拉拉邦根据所学专业，每个月发给表列种姓和表列部落学生 80 到 750 卢比的助学金。另外对家庭距离学校 8 公里以内的学生每月发 130 卢比的助学金，8 公里以上的发 150 卢比。对家长收入标准没有作规定。住校生不发助学金，只发食宿费。

在马哈拉斯特拉邦，每年给攻读医学和工程专业的落后阶层的学生发 1000 卢比的补助。另外每年给专业学院的住校生 1200 卢比的生

① Dr. Sanjay Paswan. Dr. Pramanshi Jaideva. *Encyclopaedia of Dalits in India*（*In* 11 *Volumes*） *Emancipation and Empowerment* （*Volume* 8 ）. Delhi. Kalpaz Publications. 2002. pp. 253 –254.

活费。

锡金邦（被印度吞并的国家，在印度属于部落邦）每个月给家长月收入低于 1000 卢比的学生发 300 卢比的助学金，另外还有普通助学金，15% 保留给表列种姓，15% 保留给表列部落。[①]

3. 表列群体优等生奖学金

安德拉邦的优等生奖学金发给高中至研究生阶段年末考试进入前十名的学生，男生 2500 卢比，女生 7000 卢比。

在阿鲁那查尔邦，优等生奖学金发给 8 年级时进入前 30 名的 9 年级和 10 年级学生，每月 50 卢比；发给 10 年级时进入前 20 名的 11 年级和 12 年级学生，每月 75 卢比；发给 12 年级时进入前 10 名的大学生，连发两年，每月 100 卢比。父母月收入不得超过 1250 卢比。

哈里亚那邦的优等生奖学金分别发给 9、10、11 年级的表列种姓女学生，每月 40 卢比、50 卢比、60 卢比。

在卡纳塔卡邦，5~7 年级考试成绩在 60 分以上的表列群体学生，每年额外获得 75 卢比的奖学金；8~10 年级，每年 100 卢比；成绩在 50 分以上，60 分以下的学生，5~7 年级每年 50 卢比；8~10 年级每年 75 卢比。

在奥里萨邦，优等生奖学金依据大学入学考试结果给表列种姓和表列部落学生颁发奖学金。文科和商科学生每年 350 卢比；理科、工程文凭和学位学生每年 450 卢比。

在拉贾斯坦邦，由部落二级计划发展区的村庄选拔成绩优秀的男女孩各一名，授予优等生奖学金。奖学金的颁发根据 8 年级考试的成绩来确定。录取到选拔学校的学生 1000 卢比；录取到普通学校的学生 500 卢比。位于部落二级计划发展区学校的学生还可获得特殊学科（数学和理科）奖学金，9 年级每月 40 卢比、10 年级每月 50 卢比、11 年级每月 60 卢比。

---

① Dr. Sanjay Paswan. Dr. Pramanshi Jaideva. *Encyclopaedia of Dalits in India* (*In* 11 *Volumes*) *Emancipation and Empowerment* (*Volume* 8). Delhi. Kalpaz Publications. 2002. pp. 254 – 255.

在西孟加拉邦,分别给9至12年级走读生和住校生每个月400和500卢比的优等生奖学金。

在泰米尔纳杜邦,所有通过高中毕业证书(SSLC)考试和大学入学考试、已进入认可院校继续深造、平均成绩60分的表列群体学生,可获得300卢比的奖金。聪明学生奖根据高中毕业证书考试成绩,发给从每个县表列种姓、表列部落、皈依基督教的表列种姓中挑选出的两名男孩和两名女孩。奖学金每月80卢比,直到完成大学学业,但时间不超过6年。甘地纪念奖根据高中考试成绩,发给从每个县表列种姓中选拔出的男女孩各一名,第一年发15000卢比,以后每年发1000卢比,最多不超过6年,用来完成大学学业。

在达德拉和那嘎哈维利中央直辖区,优等生奖学金发给年末考试前三名的表列群体5~8年级的学生,一等奖每年70卢比;二等奖每年60卢比;三等奖每年50卢比。

在德里中央直辖区,优等生每月的奖学金分配如下:所有成绩60分及60分以上的学生,6年级10卢比、7年级15卢比、8年级20卢比、9年级20卢比、10年级25卢比、11年级30卢比、12年级35卢比。还有一项优等生奖学金计划,为表列种姓和表列部落学生保留了一些名额,选拔上的学生每月可获得50卢比奖学金,奖学金从6年级到8年级,为期三年,一年发十个月。

在本地治里中央直辖区,十年级考试中成绩65分以上的所有表列种姓学生可获得300卢比的奖学金。安贝卡博士纪念奖根据12年级考试,发给从每个乡镇选出的一个表列种姓学生,奖学金1000卢比,考试成绩至少在55分以上。[1]

安德拉邦发给教会学校和寄宿学校表列种姓学生的奖学金固定在:1~5年级每年20卢比;6~8年级每年25卢比;9~12年级每年30卢比;父母收入不超过每月1000卢比。

---

[1] Dr. Sanjay Paswan. Dr. Pramanshi Jaideva. *Encyclopaedia Of Dalits In India*(*In 11 Volumes*) *Emancipation And Empowerment* (*Volume* 8). Delhi. Kalpaz Publications. 2002. pp. 255 – 256.

在奥里萨邦,录取到公学(英国公学的翻版,系纯私立的优质学校)的表列群体学生每个月发给 200 卢比的奖学金,一年发十个月。

在锡金邦,1~10 年级普通奖学金计划,40% 的名额保留给表列种姓和表列部落学生,奖学金每个月 200 卢比。父母月收入超过 1000 卢比的学生,没有获取奖学金的资格。①

4. 研究生和博士生奖学金

在安德拉邦,医学博士和外科硕士研究生以及攻读哲学硕士和哲学博士的研究生,除了大学或中央政府发的奖学金之外,每月还可获得 100 卢比的助学金。如果没有获得其他任何奖学金的,可获得每月 400 卢比的助学金。

在古吉拉特邦,攻读医学、牙科学和印度医学的 Bhangi(粪便清扫工)种姓学生,父母年收入不超过 15000 卢比的,可获得全额奖学金。在米左拉姆邦,有哲学硕士学位的博士生每月可获得 900 卢比奖学金(fellowships)②和每年 3000 卢比的应急费。直接攻读博士学位和正在攻读哲学硕士学位的学生每月可获得 600 卢比的奖学金和每年 3000 卢比的应急费。③

5. 女孩子出勤奖

在所有的全印教育调查中(包括 1993 年的第六次全印教育调查),女生的入学率比男生低得多。一些邦给女学生发奖学金的目的是把适龄女童吸引到学校里来,并且能留得住她们。1986 年,全国 735771 所学校中,只有 47111 所学校(占 6.4%)给女学生发出勤奖。

---

① Dr. Sanjay Paswan. Dr. Pramanshi Jaideva. *Encyclopaedia of Dalits in India*(*In* 11 *Volumes*) *Emancipation and Empowerment* (*Volume* 8). Delhi. Kalpaz Publications. 2002. p. 256.

② 在印度,fellowships 颁发给哲学硕士以上的学生,scholarships 颁发给小学到研究生阶段的学生。只有哲学硕士 M. phil 以上的学位,包含博士学位,称为研究学位(research degree)。

③ Dr. Sanjay Paswan. Dr. Pramanshi Jaideva. *Encyclopaedia of Dalits in India*(*In* 11 *Volumes*) *Emancipation and Empowerment* (*Volume* 8). Delhi. Kalpaz Publications. 2002. pp. 256 – 257.

在所有教育阶段,只有 375979 名女学生受益于这个奖励计划。在这些受益者中,70.44% 的女学生在农村学校读书,其中,57.70% 的女学生属于表列种姓,16.05% 的女学生属于表列部落,合计占全部农村女学生的 73.75%。这个项目主要是针对农村学校的。各教育阶段受益者详情见表 9。①

表9　全印女学生出勤奖一览

学校	学校数量	受益者人数	
		表列种姓	其他
初级小学	24563(4.65%)	97071(64.45%)	29562(19.63%)
高级小学	15053(10.83%)	80533(54.20%)	42816(28.81%)
初级中学	5599(10.65%)	25228(50.78%)	17372(34.97%)
高级中学	1896(12.26%)	14107(52.07%)	8963(33.09%)

6. 无息贷款计划

在喜马查尔邦,父母年收入不超过 2000 卢比的表列群体学生可获得 2000 卢比的无息贷款。贷款从发放之日起的四年后分 20 次还清。

在泰米尔纳杜邦,无息贷款只提供给攻读学士学位和硕士学位的表列群体住校生,每年的贷款额度 500~970 卢比不等。

2000 年 6 月,印度财政部长会同全印 26 家银行协商,推出了给成绩优秀但家庭贫困的大学生财政资助的综合教育贷款计划。国外学习可获减息贷款 150 万卢比,国内学习可获减息贷款 75 万卢比。贷款不超过 20 万卢比的,无须抵押和交纳保证金。贷款在学生毕业后 5~7 年开始分期偿还。② 这对弱势群体学生无疑是一个福音。但对于生活在社会最底层的贫困表列群体家庭帮助不大,因为他们中的许多人到不了这个阶段就辍学了。

---

① 　Dr. Sanjay Paswan. Dr. Pramanshi Jaideva. *Encyclopaedia of Dalits in India*(*In 11 Volumes*)*Emancipation and Empowerment*(*Volume 8*). Delhi. Kalpaz Publications. 2002. p.257.

② 　Ministry of Human Resource Development. Government of India. *Education Support in India. Education Loans*. http://educationsupport. nic. in/bank. asp bankid = 13, 2006 - 4 - 3.

第四章　印度表列种姓与表列部落教育成就和不足

一、教育成就

表列种姓和表列部落是印度社会最落后的阶层，其教育状况也如此。他们是法律上认定的社会最弱势群体，是印度目前制定教育规划时关注的目标。印度独立后，除了在宪法中予以立法保护外，还制定了一些相关法规保护他们的合法权益，更采取了一系列积极的方针政策和资助计划，使得表列种姓和表列部落在教育上取得较大进步。

表列种姓和表列部落在小学阶段的入学人数增长相当迅速，小学入学人数与其人口的比例大致相当，但辍学率仍很高。性别差距和区域差距仍很大。印度政府在所有教育规划中都精心制定了有利于表列种姓和表列部落发展的政策，以努力缩小这一差距。

(一)识字率

识字率是衡量任何社会组织或国家一般教育水平的基本指标。而教育是生产或发展的重要因素，接受或获得教育决定了一个人改变自己身心环境的能力。从这一前提出发，我们将进一步分析表列种姓和表列部落在获得小学、中学、大学以及相关学习能力、接受能力和学习成绩的社会经济状况。

根据 1983 年的印度全国统计调查，全国有 1.005 亿户农村家庭，表列种姓和表列部落分别占 34.94% 和 13.35%,将近占农村家庭的一半。在表列种姓家庭中,86.54% 的家庭属于没有或只有一点点土地的农业工人家庭。同样,在全部表列部落家庭中,88.21% 的家庭属于农业工人家庭。这就是这两类群体的社会经济状况。[①]

表 10　表列种姓和表列部落识字率(%)的增长情况

年份	表列种姓		表列部落		其他群体	
	女性	总计	女性	总计	女性	总计
1961 *		10.27		8.54		27.86
1971	6.44	14.67	4.85	11.30	22.29	33.81
1981	10.93	21.38	8.04	16.35	29.43	39.75
1991 *	23.76	37.41	18.19	29.60	44.96	57.40
2001 * *		53		49		65.4

Source: Government of India, Ministry of Education, State – wise Information on Education of Scheduled Castes and Scheduled Tribes, 1985.

　* Government of India, Ministry of Education, Educational Development of Scheduled Castes and Scheduled Tribes, Status and Programs, October 1995.

　* * Government of India, Ministry of Human Resouces Development, *Annual Report* 2002 – 03.

根据这一背景,我们首先分析表列种姓和表列部落的识字水平。表 10 列出了全国人口以及表列种姓和表列部落人口的识字率数据[②]。这个表也显示了女性的识字水平。从表中可看出表列种姓和表列部落的识字率分别从 1971 年的 14.67% 和 11.30% 增长到 1981 年的 21.38% 和 16.35%。与其他人口相比,表列种姓和表列部落的识字率仍然很低。就妇女识字率而言,1981 年与其他人口 29.34% 的识字率相比,表列种姓和表列部落的识字率只有 10.93% 和 8.04%。然而,与 1971 年相比,1981 年表列种姓和表列部落妇女的识字率有了提升。

---

　① M. M. Rehman, *Society Economy and Education of the Deprived*, Anupama Publications, Delhi, 1992, p. 239.

　② 有印度学者说,只要认识300 多个印地语词汇,就可运用自如地使用印地语。详情参见中国报道网站,http://www.cctv.com/lm/522/41/63590.html, 2002 – 9 – 8。

表列种姓和表列部落与其他社会阶层在识字率上的差距很容易从表列种姓和表列部落的社会经济状况说清楚。由于大多数表列种姓和表列部落都是无地农民、部分有地农民和有点边角土地的农民,因此,他们目前的识字水平最能反映他们的赤贫状态,充分反映了他们被彻底地剥夺各种权利的情况。随着其人口的增长,要消除文盲,提高他们的识字水平,还有很长的路要走。

在印度人力资源发展委员会 2002~2003 年度报告中,表列群体的识字率发生了一些新的变化。表列种姓的识字率从 1961 年的 10.27% 上升到 1991 年的 37.41%。表列部落的识字率从 1961 年的 8.54% 上升到 1991 年的 29.60%。同期全国普通种姓的识字率分别为 27.86% 和 57.40%。表列种姓和表列部落女性的识字率很低,1991 年全国普通种姓的女性识字率为 44.96%,同期表列种姓和表列部落女性的识字率仅分别为 23.76% 和 18.19%。最新数据表明,2001 年表列种姓和表列部落的识字率分别提高到 53% 和 49%,而 2001 年的全国平均识字为 65.4%。差距正在缩小,印度政府付出的努力终于有了回报。此外,2002 年脱盲的 9669 万人当中,表列种姓和表列部落分别占 22% 和 12%,超过了各自的人口比例。[1] 这也从另一个角度说明印度文盲人口最多的当属这两个群体。

(二) 入学率

入学率是衡量表列群体教育发展水平的一个重要指标。在本节里将充分展开论述。印度宪法制定者考虑到表列种姓和表列部落在社会经济中的受剥夺状况,采取一系列政策来保护他们,使其在经济、教育和文化等领域不受歧视。中央指示各地政府为他们在教育机构中保留一定的配额。除了保留配额之外,还不断地建立大量的教育设施,帮助他们获得与其他阶层一样的教育。这里,我们将根据各种学历的入学情况,来考察他们从教育中获得多大的益处。

---

[1]　Department of Education. Government of India. *Annual Report* 2002 - 2003. p. 93.

1. 基础教育阶段

表 11 显示,1981 年初小阶段(1～5 年级)表列种姓的入学率为
82.2%,其中女性的入学率为57.8%。而表列部落的入学率分别为
69.5% 和 45.4%。这一比例低于其他社会阶层 84.6% 和 69.9% 的入
学率。表列种姓和表列部落中大多数人的贫困和贫困化实际上剥夺
了他们受益于教育的权利。表面上教育是免费的,但对于大多数劳动
人民家庭的子女来说并不是免费的。所有生活在贫困边缘的家庭食
不果腹,这种家庭的孩子,尤其是女孩子要么必须参加劳动、帮助料理
家务,要么远离学校,因为他们甚至负担不起上学需要的最起码的课
本和服装的费用。①

表 11　1980～1981 年度基础教育阶段(1～8 年级)
表列群体和其他阶层的入学率

年级	社会阶层	总入学人数		入学率%	
		总计	女性	总计	女性
1～5 年级	表列种姓	10980840	3767674	82.2	57.8
	表列部落	4626816	1512576	69.5	45.4
	其他社会阶层	57080184	22831362	84.6	69.9
6～8 年级	表列种姓	2222385	601537	29.1	16.2
	表列部落	714062	191847	17.8	10.1
	其他社会阶层	16909151	5774197	44.2	31.1

Source:Government of India, Ministry of Education, *State - wise Information on Education of
Scheduled Castes and Scheduled Tribes*, 1985.

1980～1981 年度,高小阶段表列种姓和表列部落的入学低于初小
阶段。相比其他阶层的入学率,他们在初小阶段的入学率就不是很
高,因此,他们在高小阶段的入学率与其他阶层相比差距自然就较大。
1981 年,与其他社会阶层44.2% 的入学率相比,他们的入学率分别只

① Kathleen Gough, *Rural Change in Southeast India*:1950s to1980s, Oxford University
ty Press, New Delhi, 1989, p. 381.

是 29.1% 和 17.8%。而与其他阶层女性 31.1% 的入学率相比,表列种姓女性的入学率才 16.2%,表列部落女性的入学率只有 10.1%。

表 12 1988~1989 年度基础教育阶段表列群体和其他社会阶层的入学率

年级	社会阶层	入学率(%)		
		男性	女性	总体
1~5 年级	表列种姓	121.26	78.83	100.37
	表列部落	126.23	76.00	101.79
	其他社会阶层	115.7	82.5	99.6
6~8 年级	表列种姓	58.51	30.18	44.88
	表列部落	47.90	22.73	35.65
	其他社会阶层	70.8	42.3	56.9

Source:Government of India, Ministry of Human Resource Development, *Selected Educational Statistics*: 1988 - 89, 1990.

很明显,1988~1989 年度初小阶段(1~5 年级)表列种姓和表列部落学生的入学率增长较为显著,甚至超过了其他群体的入学率,但在高小阶段(6~8 年级)与其他社会阶层相比,差距仍然较大。

最新数据表明,表列种姓和表列部落在初等教育阶段的学生入学人数大幅度增长。表列种姓 1~5 年级学生的入学人数从 1981 年的 1100 万增长到 1993 年的 1740 万,占全国总入学率的 16.47%。表列部落的 1~5 年级学生入学人数从 1981 年的 466 万增长到 1993 年的 836.4 万人,占全国 1~5 年级学生总入学人数的 7.94%。① 但是,随着教育阶段的提高,入学人数明显下降。只有初小阶段的入学率与人口比例是相称的,其他阶段的入学率则与人口比例有较大差距,这一点从高小阶段的入学率可看出。

---

① Department of Education. Government of India. *Educational Development of Scheduled Castes and Scheduled Tribes*, *Status and Programs*. p. 2.

表 13　2002～2003 年度表列种姓学生、表列部落学生和所有群体学生入学率对比

	表列种姓学生		表列部落学生		其他群体学生	
	女生	男女合计	女生	男女合计	女生	男女合计
初小(1～5 年级)	89.35	95.61	92.25	98.67	93.07	95.39
高小(6～8 年级)	48.60	56.28	40.78	48.19	79.33	82.51

Source：Government of India, Ministry of Human Resource Development, *Annual Report* 2004－05.

从以上表格可看出,初小阶段各阶层学生的入学率差异已很小,甚至出现了较为严重的复读现象,但高小阶段的差距,尤其是女学生之间的差距依然很大。

2. 中等教育阶段

表 14　1980～1981 年度中等教育阶段(9～12 年级)表列群体与其他社会阶层入学率

社会阶层	总入学人数		入学率	
	总计	女性	总计	女性
表列种姓	1151896	245964	68.56	21.35
表列部落	318111	78720	75.25	24.74
其他社会阶层	8021849	2517480	78.61	31.38

Source：Government of India, Ministry of Education, *State－wise Information on Education of Scheduled Castes and Scheduled Tribes*, 1985.

从表 14 中可发现一个有趣的现象,表列部落女学生的入学率要比表列种姓女学生高,这说明部落社会男女较为平等。小学阶段的入学率一直显示出上升的趋势,然而,中学的入学率却差强人意。没有人会否认识字对人一生所产生的影响。事实上,识字正是享受权利的开始,是一个人努力走向"觉悟"的开始。然而,这一过程却受到了阻碍,因为只让所有适龄儿童读到 11 岁是不能解决这个问题的。印度义务教育年限为 8 年,这种强迫性的受教育年限应该更长一些,最好不要低于 10 年。因为只有到了这个阶段一个人才懂得如何运用学到的知识技能保护自己不被愚昧所吞没。到了 1997～1998 年度,表列种姓9～12年级中学生占所有学生的 12.5%,表列部落中学生的比例不到5%;而表列种姓和表列部落女生占全体女生的比例分别只有11%和4.4%,均达不到 15% 和 7.5% 的保留配额比例或 16.5% 和8.5%的人口比例。①

3. 高等教育阶段

（1）本科生

本科生入学率。考虑到表列种姓和表列部落的极度贫困和他们所遭受的可怕的社会歧视和经济剥夺,印度宪法为他们制定了保留职位配额和教育配额的措施。为贯彻执行好这一政策,大学拨款委员会要求所有大专院校为表列种姓保留 15% 的录取配额,为表列部落保留5% 的录取配额(1982 年 8 月表列部落的录取配额调整为 7.5%)。

1979～1980 年度表列种姓和表列部落学生接受高等教育的情况见表15。预期指标和实际达到的指标之间的差距非常突出。各个层次实际完成的配额远低于应该达到的配额数。

表15　1979～1980 年度表列种姓和表列部落学生接受高等教育的情况

层次	总计	SC			ST			SC&ST		
		人数	%	CE	人数	%	CE	人数	%	CE
本科生	2310001	167528	7.25	0.48	43180	1.87	0.25	210708	9.12	0.37
研究生	265908	22139	8.33	0.55	4751	1.79	0.25	26890	10.23	0.40
总计	2575909	189667	7.36	0.49	47931	1.86	0.25	237598	9.22	0.37

Source：University Grants Commission. *Facilities to Scheduled Castes and Scheduled Tribes in Universities and Colleges. New Delhi*：1990.

注：SC 表示表列种姓,ST 表示表列部落,CE 表示公平系数(1 为公平值,低于 1 意味着不公平)。

$$公平系数 = \frac{表列种姓和表列部落入学人数与总入学人数的百分比}{表列种姓和表列部落人口数与总人口数的百分比}$$

表16 表明 1979～1980 年度表列种姓和表列部落大学生在大学附

---

① Department of Education. Government of India. *Annual Report* 1998 –99. pp. 136 –140.

属学院中的实际入学率分别是 7.49% 和 1.85%,而给他们的配额是 15% 和 5%。两者的公平系数分别只有 0.50 和 0.25,远远低于保留的配额数。这说明了他们的经济状况非常地差、受教育条件差以及在启蒙阶段就很落后。需要进一步指出的是,由于这两个群体遭受剥削的经济结构以及极度的易受伤害性,给予他们接受高等教育的努力以及诸如奖学金、免费食宿一类的经济救济等等,是不够的。政府应该做的是传授他们生产技能和方法,帮助他们摆脱对政府的过度依赖。另一方面,要让保留政策和各类资助真正能惠及生活在最底层的弱势群体。

表 16　1979～1980 年度表列种姓和表列部落大学生在各类院系中的比例

类型	百分比			公平系数		
	SC	ST	SC&ST	SC	ST	SC&ST
附属学院	7.49	1.85	9.34	0.50	0.25	0.36
大学直属院系	5.57	2.02	7.59	0.37	0.28	0.33
全印度	7.27	1.87	9.14	0.48	0.25	0.37

Source：*University Grants Commission, Facilities to Scheduled Castes and Scheduled Tribes in Universities and Colleges, New Delhi*, 1990.

表 16 还显示这两类群体在大学直属院系中的比例是不够的。公平系数也低于附属学院或全国平均水平。大学的直属院系通常都是公立的,办学条件好,师资力量强。而附属学院通常都是私立的,办学条件和师资都较差。一些附属学院实际上就是一栋小楼,几间教室和一个图书室。

本科生在大学直属院系一级的比例。表 16 并未清晰地反映另一个重要的方面,即大学所有院系中各专业的比例。就教育在市场中的作用以及教育给受教育者带来的经济利益而言,不同专业的教育,带来不同的收益,而且,高等院校在提供优质教育、优质教学以及优质教学设施和手段方面差异非常大。结果,不同的院校和专业生产出的产品差别也很大。院校的差异性以及教育的过程和模式的差异性,造就了有差异的受过教育的人力资源,也是社会、经济和政治结构的差异性导致的原因和结果。

表 17 中的数据揭示了本科阶段高等教育在不同专业出现差异的深层原因。数据表明表列种姓和表列部落中大多数学生读的是附属学院中的文科。表列种姓学生读理科的比例最低。而表列部落学生学农学专业的比例最低。其他专业的比例也不高。表18 和表19 更清楚地显示了这种现象。就公平系数而言,在大学直属院系一级几乎所有的专业中,表列种姓和表列部落的公平系数在 0.18 到 0.48 之间,在全印所有院系中,他们的公平系数也只是在 0.24 到 0.56 之间。

表 17　1979～1980 年度本科生阶段表列群体学生在全印各院系的比例

院系	附属学院			直属院系			全印各院系		
	SC	ST	SC&ST	SC	ST	SC&ST	SC	ST	SC&ST
文科	10.13	2.60	12.73	6.86	3.92	10.78	9.84	2.72	12.56
理科	4.90	0.74	5.64	2.66	1.05	3.71	4.65	0.77	5.42
商科	4.98	1.50	6.48	3.90	0.77	4.67	4.92	1.46	6.38
教育	7.09	1.39	8.48	7.48	2.21	9.69	7.12	1.46	8.58
工程技术	6.15	1.52	7.67	6.66	1.22	7.88	6.30	1.43	7.73
医科	8.97	1.86	10.83	6.11	2.75	8.86	8.78	1.92	10.7
农科	8.05	0.06	8.11	7.55	1.92	9.47	7.74	1.19	8.93
兽医	无条件招生			7.87	1.68	9.55	7.87	1.68	9.55
法律	7.15	2.35	9.50	5.54	0.90	6.44	6.79	2.02	8.81

Source：University Grants Commission, Facilities to Scheduled Castes and Scheduled Tribes in Universities and Colleges, New Delhi, 1990.

注释:SC = 表列种姓,ST = 表列部落

表 18　1979～1980 年度表列群体在大学直属院系本科生阶段
的入学率和公平系数

院系	入学率			公平系数		
	SC	ST	SC&ST	SC	ST	SC&ST
文科	6.86	3.92	10.78	0.46	0.52	0.49
理科	2.66	1.05	3.71	0.18	0.14	0.16

院系	入学率			公平系数		
	SC	ST	SC&ST	SC	ST	SC&ST
商科	3.90	0.77	4.67	0.26	0.10	0.18
教育	7.48	2.21	9.69	0.50	0.29	0.40
工程技术	6.66	1.22	7.88	0.44	0.16	0.30
医科	6.11	2.75	8.86	0.41	0.37	0.39
农科	7.55	1.92	9.47	0.50	0.26	0.38
兽医	7.84	1.68	9.52	0.52	0.22	0.37
法律	5.54	0.90	6.44	0.37	0.12	0.25
其他	3.18	0.96	4.14	0.21	0.13	0.17

Source：University Grants Commission, Facilities to Scheduled Castes and Scheduled Tribes in Universities and Colleges, New Delhi, 1990.

表 19　1979～1980 年度全印各院系表列种姓和表列部落本科生阶段
的入学率和公平系数

院系	入学率			公平系数		
	SC	ST	SC&ST	SC	ST	SC&ST
文科	9.84	2.72	12.56	0.65	0.36	0.50
理科	4.65	0.77	5.42	0.31	0.10	0.21
商科	4.92	1.46	6.38	0.33	0.19	0.26
教育	7.12	1.46	8.58	0.47	0.19	0.33
工程技术	6.30	1.43	7.73	0.42	0.19	0.31
医科	8.78	1.92	10.7	0.58	0.26	0.42
农科	7.74	1.19	8.93	0.51	0.16	0.34
兽医	7.87	1.68	9.46	0.52	0.22	0.37
法律	6.79	2.02	8.81	0.45	0.27	0.36
其他	7.69	0.27	7.96	0.51	0.04	0.28

Source：University Grants Commission, Facilities to Scheduled Castes and Scheduled Tribes in Universities and Colleges, New Delhi, 1990.

这些表格的数据分析揭示了一个重要的问题：与本科生阶段附属

学院的入学率相比,表列种姓和表列部落在大学直属院系的入学率是很低的,因为大多数大学的直属院系均位于都市或大城镇,并且为"精英"所控制。只有极少数的表列种姓和表列部落的学生有机会在那儿学习,因为他们中的大多数都生活在相对落后的城市贫民区或农村偏僻地区,也就是附属学院所在之处。

表20　1988～1989年度表列群体学生大学所有阶段不同学科入学人数和占高校所有学生人数的百分比数

	表列种姓所有学生	表列部落所有学生	表列种姓女学生	表列部落女学生
文科/人文/社会(%)	163212(9.87)	46117(2.79)	35294(2.13)	13252(0.80)
理科(%)	42215(5.71)	5916(0.80)	11914(1.61)	1388(0.19)
商科(%)	47150(4.55)	10193(0.98)	6915(0.67)	1463(0.14)
教育(%)	6979(7.67)	1944(2.14)	2196(2.41)	588(0.65)
医学(%)	7170(8.94)	2101(2.62)	2529(3.15)	526(0.66)
工程/建筑(%)	12080(5.88)	2711(1.32)	797(0.39)	526(0.80)
各学科研究生(%)	914(2.91)	187(0.60)	182(0.60)	60(0.19)

Source:Suma Chitnis, Philip G. Altbach. *Higher Education Reform in India: Experience and Perspectives.* New Delhi/London: Sage Publication. 1993. p. 136.

　　十年之后,表列群体学生所占的比例,无论是哪个专业和层次都未达到印度政府规定的保留配额比例,表列部落女学生所占的比例微乎其微,几乎可以忽略不计。需要指出的是表列种姓的比例明显比表列部落高得多,因为"表列种姓比表列部落更城市化、在政治上更强大,他们比表列部落更早地争取获得教育……他们取得的进步整体上明显优于表列部落。"印度著名的孟买 SNDT 女子大学副校长,孟买塔塔社会科学学院教育社会学系教授、系主任 Suma Chitnis 女士如是说。①

---

① Suma Chitnis, Philip G. Altbach. Higher Education Reform in India: Experience and Perspectives. New Delhi/London: Sage Publications. 1993. pp. 135 – 136.

2002 年,表列种姓和表列部落大学生的比例分别为 11.2% 和
3.3%,其中女大学生的比例分别为 3.2% 和 1.05%,而其他群体女大
学生的比例就达到35.7%。① 与 1989 年相比,表列群体大学生的比例
有所增长,取得了些许进步。然而,从保留配额政策的制定到现在半
个世纪过去了,表列群体大学生的数量仍难以达到规定的比例。为何
会达不到?

表 21　1980~1981 年度印度理工学院本科生阶段表列群体学生
申请人数、配额数和实际录取数

序号	理工学院名称	申请人数		保留配额数		实际录取人数	
		SC	ST	SC	ST	SC	ST
1	孟买理工学院	338	70	51	18	8	–
2	德里理工学院	352	56	40	11	11	1
3	坎布尔理工学院	576	42	51	17	5	1
4	卡拉格布理工学院	465	42	69	24	17	2
5	马德拉斯理工学院	600	232	42	15	4	3
	总计	2331	445	254	85	45	7

Source:M. M. Rehman, *Society Economy and Education of the Deprived*, Anupama Publications, Delhi, 1992, p. 254.

在表 21 中清楚表明,在声望最高的印度理工学院表列种姓和表
列部落的比例之低,令人难以置信。1980~1981 年度给表列种姓保留
254 个配额,实际只录取了 45 个;给表列部落保留的 85 个配额只用了
7 个。这说明表列种姓和表列部落在起始阶段,即基础教育阶段的学
生人数本来就不多,享受优质教育的机会就不平等,因此,能够进入这
类知名院校的学生比例与其他群体相比就更低了。

———————

①　这是笔者根据印度人力资源开发委员会 2004~2005 年度报告中各群体的入学
人数计算出来的。详情参见 Ministry of Human Resources Development, Government of India. *Annual Report* 2004-2005.

(2)研究生

研究生入学率情况。① 从表22中可看出,1979～1980年度表列种姓和表列部落在附属学院研究生阶段的入学率分别只有10.70%和1.51%。表列种姓的公平系数在附属学院、大学直属院系以及全印各类院系分别为0.71、0.38和0.55。表列部落的入学率比表列种姓还低,他们在三类院系的入学率分别只有1.51%、2.11%和1.79%。公平系数分比为0.21、0.28和0.25。这一切表明两类群体在研究生阶段的入学率很低。尽管印度政府作了很多努力,但结果却不尽如人意。因此,这种局面改善恐怕要从起点做起,改善农村基础教育的办学条件。

表22 1979～1980年度表列群体在研究生阶段的入学比例(%)

类型	表列种姓	表列部落	表列种姓和表列部落
附属学院	10.70	1.51	12.21
	(0.71)	(0.21)	(0.54)
大学直属院系	5.66	2.11	7.77
	(0.38)	(0.28)	(0.34)
全印各类院系	8.34	1.79	10.13
	(0.55)	(0.25)	(0.45)

Source:University Grants Commission, Facilities to Scheduled Castes and Scheduled Tribes in Universities and Colleges, New Delhi, 1990.

注:括号内的数据为公平系数。

表23 1979～1980年度研究生阶段表列群体学生分专业入学率

专业	附属学院			大学直属院系		
	SC	ST	SC&ST	SC	ST	SC&ST
文科	15.19	2.07	17.26	7.38	2.83	10.21

---

① 印度研究生阶段的修业年限通常为2年,主要是课程学位,也可申请论文学位。毕业时根据学生成绩是否优秀和合格,颁发荣誉学位(Honor Degree)和普通学位(Pass Degree)。

专业	附属学院			大学直属院系		
	SC	ST	SC&ST	SC	ST	SC&ST
理科	4.05	0.31	4.36	3.26	1.61	4.87
商科	6.84	1.53	8.37	4.77	1.14	5.91
教育	2.52	0.73	3.25	4.41	3.78	8.19
工程技术	0.48	–	0.48	2.43	0.03	2.46
医学	5.19	0.76	5.95	1.58	0.32	1.90
农学	2.52	–	2.52	4.52	0.68	5.20
兽医学	–	–	–	1.69	–	1.69
法学	6.35	1.35	7.70	4.85	1.29	6.14
其他	5.82	1.38	7.20	4.34	0.76	5.10

Source：University Grants Commission, *Facilities to Scheduled Castes and Scheduled Tribes in Universities and Colleges*, New Delhi, 1990.

注：SC 表示表列种姓，ST 表示表列部落，SC&ST 表示表列种姓和表列部落

表23 的数据显示了表列种姓和表列部落学生在研究生各专业的入学分布情况。1979～1980 年度在附属学院中表列种姓学生读文科的比例达到15.19%，超过了15%的配额；表列部落学生读文科的比例仅为2.07%，低于5%的配额。他们在工程技术专业中的比例最低，他们在容易就业专业中的比例也很低，原因很简单，他们在中小学阶段受教育水平差，尽管有配额规定，也很难考上。

大学直属院系中，除了某些专业外，表列种姓和表列部落在各专业的比例要比附属学院的低。在各个专业中两个群体的合计比例在1.69%和10.21%之间，远低于20%的合计保留配额，说明能进入大学直属院系的表列群体学生不多。印度大学直属学院的教学设施和教学质量远远高于附属学院，招生条件和要求自然要高于附属学院，很多表列群体学生因此被挡在门外。

1979～1980 年度全印各类院系中表列群体的入学比例中，就文科而言，他们的合计入学率为14.20%，低于20%的保留配额。理科的合计入学率只有4.64%，商科的比例同样很低，只有7.15%。在其他学

科的比例更低。

表 24　1995～1996 年度表列种姓的研究生人数及所占比例

专业	人数	所占比例
文学硕士	36302	13.47%
理学硕士	7066	7.13%
商学硕士	5987	7.57%
哲学博士	1514	3.66%

数据来源:转引自安双宏:《印度高等教育:问题与动态》,黑龙江教育出版社 2001 年版,第 132 页。

过了 15 年之后,文科的比例基本上接近保留配额,理科的比例有所上升。但不知什么原因,现在印度人力资源部以及全国表列种姓和表列部落委员会不再对外公布弱势群体分类比较细的教育统计数据。

(3)弱势群体在各邦高等教育中的比例

1979～1980 年度表列种姓和表列部落在各邦高等教育入学人数上,北方邦总的大学入学人数最多,达到 418230 人,其次是马哈拉斯特拉邦 325081 人,排在第三位的是西孟加拉邦 206209 人。在表列种姓学生接受高等教育的比例上,北方邦排名第一,达到 11.19%,接下来是泰米尔纳杜邦 8.92%,西孟加拉邦为 8.37%。就表列部落而言,梅加拉亚邦有 67.96% 的部落学生(6906 人)接受高等教育,排名第一,比哈尔邦比例最低,只有 6.64%。但在表列部落学生绝对数量上,比哈尔邦最多,有 6907 人,古吉拉特邦 6776 人,中央邦 5932 人,马哈拉斯特拉邦 5895 人。[①] 在东部各邦由于部落人口占绝对多数,因此部落学生读大学的比例很高,是可以理解的。

印度不仅是一个自然地理意义上的大国,而且具有社会、经济、政治、文化和教育上的差异性。这一差异性具有发达和欠发达的特点。这一现象很难以从一个单一的维度进行说明。一些地区经济发达而

---

① University Grants Commission, *Facilities to Scheduled Castes and Scheduled Tribes in Universities and Colleges*, New Delhi, 1990.

教育落后,一些地区教育发达而经济落后。这一现象反映在印度生活的方方面面。对不同的邦的表列种姓和表列部落接受高等教育情况的分析也反映了这一明显不一致的特点。

　　实际上,有些邦近几年来一直致力于改善表列种姓和表列部落的经济条件和教育条件,尽管这两个被剥夺阶层的整体条件没有得到多大的改善。其原因并不难以搞清楚,在前面我们已经提到了他们在政治经济社会中是如何遭受剥夺和欺压的。我们也充分地说明他们的物质生活条件,指出了他们遭受剥夺的程度。由于缺乏最基本的生存条件,甚至在脱离殖民统治几十年之后,他们中最贫弱的阶层依然难以从保护性区别对待政策中"受益",保留政策的取消不知要到何时。

(三)辍学率

　　在印度,辍学问题是一个十分严重的问题,因为辍学问题是家庭极度贫穷的结果。毛入学率是对弱势群体教育问题的一个统计学意义上的描述。许多表列群体的学生还没有进入任何教育阶段,比如,小学、初中等阶段,就"辍学"了。入学数据实际上掩盖了这一真相。只有辍学率才能反映学生受教育的实际情况。

表25　1985～1986年度和1986～1987年度表列群体学生的辍学率

年级	表列种姓*	表列部落	全印度**
1～5年级	50.79	66.12	47.61
1～8年级	69.15	80.15	64.42

Source: Government of India, Ministry of Human Resource Development, *Annual Report* : Part－I, 1990.

　　注:* 1986～1987年度表列种姓和表列部落的数据。
　　** 1985～1986年度全印度的数据。

　　表25显示初小阶段表列种姓的辍学率高达50.79%,而表列部落的辍学率更高,达到66.12%。在高小阶段这一比例更高,表列部落的辍学率高达80.15%。

表26　1993 年 1～10 年级表列群体学生辍学率

年级	表列种姓	表列部落
1～5 年级	49.62	64.53
1～8 年级	67.78	78.08
1～10 年级	79.88	86.72

Source:Education for All in Indian Scenario, Ministry of Human Resource Development, Government of India, New Delhi, 1993.

表26 表明,表列种姓学生 1 年级时 100 个,到 10 年级时,就剩下 20 个学生了;表列部落学生到 10 年级时,就剩下 13 个学生了。近年来,印度政府为表列种姓和表列部落提供了大量的教育援助。尽管如此,他们的现状仍然如故。辍学率高这一事实表明给表列群体学生的经济援助既没有达到一个适当的水平,也不足以支付他们的学习费用。不是所有家庭都能得到资助,不少家庭因其收入刚刚超过资助线而失去资助。大多数情况下,贫困家庭的孩子早早开始工作来养活自己,或给家里增加点微薄的收入。也正是因为受剥削和压迫导致的赤贫使他们大量辍学。

(四)从教率

表列种姓和表列部落教师的从教状况给我们提供了另一组重要的数据,这些数据一方面反映了他们在独立后受益于保留政策而提升了的社会地位,另一方面也清楚表明,与其他群体相比,他们在过去遭受教育剥夺而失去良好教育机会的情况。我们将在这里分别讨论他们在中小学和大专院校的从教情况。

1. 中小学

1979～1980 年度,在中小学工作的表列种姓教师约 20.6 万人,占全国中小学教师总数的 6.88%;表列部落教师的人数更少,总共只有 10.5 万多人,占全国中小学教师总数的 3.52%。

表27 1979～1980年度全国表列种姓和表列部落中小学教师
从教人数与百分比

社会阶层	人数	百分比
表列种姓	205830	6.88
表列部落	105499	3.52
其他阶层	2682372	89.60

Source: Government of India, Ministry of Education, *State - wise Information on Education of Scheduled Castes and Scheduled Tribes*, 1985.

1986年全印教育调查统计资料显示,在初小、高小、初中和高中的教师中,表列种姓教师的从教比例有所提高,分别达到了11.2%、8.6%、5.84%和4.82%;表列部落教师的比例分别达到5.99%、4.61%、2.51%和1.32%,但仍未达到15%和7.5%的配额规定。[①]

2. 高等学校

表列种姓和表列部落学生在高等学校中的比例要远远低于他们相应的人口比例,这意味着他们中小学的辍学率要比其他群体高。这必将导致他们在高等教育中的比例会更低。教学工作是学校教育中最重要的组成部分。在高等学校中教学需要很高的学历。表列种姓和表列部落教学人员在教育领域,尤其是高等教育领域从教的状况再一次反映了他们极度落后的社会经济和教育水平。

表28 1979～1980年度印度高等院校各类院系中表列种姓和表列部落教师数

社会阶层	总人数	占总人数的百分比	公平系数
表列种姓	2861	1.49	0.16
表列部落	974	0.51	0.07
表列种姓和表列部落	3835	2.00	0.09
全印度	191443		

Source: Government of India, Ministry of Education, *State - wise Information on Education of Scheduled Castes and Scheduled Tribes*, 1985.

---

① 赵中建:《战后印度教育研究》,江西教育出版社1992年版,第253页。

　　表 28 显示了在印度高等院校各类院系的 19.1 万多名教师中,表列种姓的教师只有 2816 人,占总数的 1.49%,而表列部落教师只有 974 人,只占总数的 0.51%。就公平系数而言,表列种姓教师只有 0.10,表列部落教师更低,只有 0.07。

　　表 29 显示了 1979～1980 年度在全国 4278 个学院院长中,只有 25 个是表列种姓的,18 个是表列部落的,分别占总数的 0.58% 和 0.42%。公平系数分别都是 0.04。在教学等级中第二重要的职位就是教授。1979～1980 年度,在全印 10492 个教授中,表列种姓和表列部落的教授分别只有 70 个和 25 个。两者的教授总数合计只占教授总数的 0.91。他们的公平系数分别只是 0.04 和 0.03。在全国 11769 个副教授和高级讲师中,表列种姓和表列部落只占总数的 0.84% 和 0.23%。公平系数要比教授的高 0.01。随着教学行业中等级结构的降低,表列种姓和表列部落所占的比例逐步提高。在所有职位中,表列种姓所占比例最高的是初级讲师,而表列部落所占比例最高的是助理教授和讲师。

表 29　1979～1980 年度全印各类院系中表列群体教师的职务和职称情况

职务/职称	总人数	表列种姓(SC)			表列部落(ST)			合计(SC&ST)		
		人数	总数的%	CE	人数	总数的%	CE	人数	总数的%	CE
学院院长	4278	25	0.58	0.04	18	0.42	0.06	43	1.01	0.04
教授	10492	70	0.67	0.04	25	0.24	0.03	95	1.91	0.04
副教授/高级讲师	11769	94	0.80	0.05	27	0.23	0.30	121	1.03	0.05
助理教授/讲师	142696	2296	1.61	0.16	857	0.60	0.04	3153	2.21	0.10
初级讲师	5948	128	2.15	0.14	5	0.05	0.01	133	2.24	0.10
辅导员/示范教师	12617	195	1.55	0.10	34	0.27	0.04	229	1.82	0.08
其他教师	3643	53	1.45	0.10	6	0.16	0.02	59	1.62	0.07

Source:Government of India, Ministry of Education, *State – wise Information on Education of Scheduled Castes and Scheduled Tribes*, 1985.

注:SC = 表列种姓,ST = 表列部落,CE = 公平系数

对表列种姓和表列部落教学人员在大学直属院系和附属学院的情况分析,有助于了解他们在高等学校各个层次的分布情况。表30表明,他们在附属学院的比例相对地要比他们在大学直属院系的比例高。因为大多数附属学院都位于农村地区,所以属于这两个群体的教师比例高一点是很自然的事情。因为大部分表列种姓和表列部落都住在农村地区,并在那里接受教育。

表30　1979~1980年度表列群体各类教师在大学直属院系和附属学院的百分比分布情况

序号	职称	表列种姓			表列部落		
		大学直属院系	附属学院	全印各类院系	大学直属院系	附属学院	全印各类院系
1	学院院长	0	0.63	0.58	0.32	0.43	0.42
2	教授	0.36	0.82	0.67	0.08	0.32	0.24
3	副教授/高级讲师	0.38	1.56	0.80	0.18	0.34	0.24
4	助理教授/讲师	1.16	1.70	1.61	0.47	0.63	0.60
5	初级讲师	0.82	2.21	2.15	0.41	0.09	0.10
6	辅导员/示范教师	0.42	1.84	1.55	0.19	0.29	0.27
7	其他教师	0.94	1.61	1.45	0.12	0.18	0.16

Source：Government of India, Ministry of Education, *State-wise Information on Education of Scheduled Castes and Scheduled Tribes*, 1985.

表31　1987年41所大学中表列种姓教学人员所占的比例

等级/类型		总计	表列种姓	百分比
教师类别	教授	2133	13	0.67
	副教授	3261	34	1.04
	讲师	5341	169	3.16
	研究助理	674	71	10.53
行政人员类别	A级	3525	118	3.35
	B级	4833	221	4.57
	C级	19811	2628	8.51
	D级	17607	1628	14.97

Source：Government of India(1987~1988).

1987~1988 年度,在 41 所大学中,教师系列的教授、副教授和讲师所占的比例以及行政系列 A 级、B 级和 C 级职员所占的比例都十分低,同 7 年前相比,教授和副教授的比例几乎没有什么变化,只有讲师和教学辅助人员的比例有所提高。行政人员中的 D 级(主要是清洁工)勉强达到了 15% 的保留指标。

不可否认的是,尽管保留政策在实施过程中存在局限和不足,但保留政策的确有助于表列群体改善他们的社会经济、政治、教育和文化地位,一定程度上消除他们所遭受的种种屈辱。"正是保留政策帮助他们砸碎了契约劳工的枷锁,形成了一个由政府官员、律师、教授、工程师和医生组成的小中产阶级,他们提高了的经济地位不仅加快了社会流动的步伐,也从整体上给表列群体以信心和某种精神安慰(mental stability)。"①

二、存在的问题

表列群体的教育究竟存在什么问题? 有了宪法和法规作保障、教育政策作基础、各种教育发展计划和资助作为手段,为什么他们在各方面与其他群体还存在较大的差距呢? 与其他群体相比,他们入学率低而辍学率高;虽然有保留政策的保护,他们却用不完重点大学和优质中小学(中央学校和示范学校)给他们保留的配额,他们中小学教师和大学教师的比例异常的低,原因何在? 除了他们自身的政治、经济和文化背景之外,恐怕教育政策、教育发展计划和资助项目本身在实施过程中也存在局限和不足。这一节我们将对这些局限和不足展开分析讨论。

(一)表列种姓教育问题分析

表列种姓现在比过去更加积极争取教育和社会地位,印度政府已

---

① Michael, S. M. *Untouchable*: *Dalits in Modern India*. London: Lynne Rienner Publishers, Inc. 1999. p. 137.

采取许多必要的措施帮助提高他们的教育水平和社会地位,但仍然存在一些重要的教育问题和社会问题。当前印度表列种姓存在的问题主要有两种:首先是他们的入学率低辍学率高、保留配额用不完;其次是他们在种姓制度中的地位很低,他们依然遭受歧视和排斥,高种姓群体对他们仍存有偏见。这是部落民所没有的问题,部落民的问题主要是长期被隔离在主流文化之外,被剥夺了许多发展的机会。而贱民却长期生活在种姓文化中,饱受歧视、偏见和排斥。即使第一类问题可通过政府的努力和干预予以解决,但是解决第二类问题的艰难程度需要进一步的分析和说明。事实上,表列种姓教育落后与种姓制度是密切相关的,两个问题是你中有我、我中有你。

表列种姓中小学生入学率低、辍学率高,大学生和各级教师所占比例低、保留配额用不完的原因主要是:

1. **起点不公平。**不可接触者在过去被剥夺了各种各样的权利,包括受教育权利。就连地位比他们稍高一点的可接触贱民——首陀罗,连看一眼吠陀宗教经典,都会遭受严厉处罚(关于这一点《摩奴法典》中有规定),就更不用提及这些不可接触的首陀罗了。他们是在一个半世纪之前才有资格接受教育的,至今在不少地方,还不许进印度教徒的庙宇参加宗教礼仪与学习。由于长期过着低贱的"猪狗不如"(安贝卡在与甘地的对话中提到的一个词语)的生活,造成长期的营养不良,智力的发展也受到影响。在大都市德里,一些政府学校非常破烂不堪,连厕所、饮用水和黑板都没有,校园里臭气熏天。大部分表列种姓生活在农村,农村地区的教学条件怎么样,是可想而知的。教学条件差、智力发展差就是他们的起点。大学里为他们开办数学、科学和英语补习班以及特殊补习班(包括心理调适与社会交往等内容),以考试竞争激烈、成绩优秀而闻名世界的印度理工学院里贱民学生少得可怜(不少人还被迫中途退学),就说明了这个问题。不少中小学教师说,与高种姓学生相比,贱民学生的智力、理解力和表达能力都很差,无法跟上正常教学进度。如果是第一代贱民学生,他们还存在适应能力问题和交际障碍问题。①

2. 极度贫困。在过去,贱民从事低贱职业,靠高种姓施舍过日子;如果贱民没有自己的水井,连喝水也靠施舍,前提是恰好有善良的高种姓的人路过井边,请他们代为打水,还得排队等候。如果偷偷摸摸地放水罐入井取水,一旦被发现,后果不堪设想。独立后,政府实行土改,分给部分贱民小块贫瘠的边角地,肥沃的土地柴明达尔们是不会交出来的。工业化的到来,贱民们从事的许多传统职业逐步消失,一部分人成为无地农民,生活每况愈下,再加上贱民的子女都比较多,家务、农活都需要人手,尽管有奖助学金,教育免费,还有免费午餐、服装、书籍和文具,也解决不了辍学问题。因为在长远经济利益和眼前利益之间,贫困的贱民家庭往往选择后者。

3. 教育歧视。研究表明,尽管部分表列种姓成员在教育上和职业上取得了很高的成就,他们仍然不被高级种姓认同和平等对待,因为高级种姓者传统的种姓等级心理和情结依然没有消失。关于这一点,安贝卡博士曾指出:"权利不是由法律,而是由社会的社会道德意识所保护","如果社会反对这些权利,法律、议会和司法机构都不能从真正意义上保证权利"。② 在缺乏有助于不可接触者提高地位的社会意识的情况下,制订帮助表列种姓的计划、建立扶持机构和有效地实施计划等,都受到限制。他一针见血地指出社会意识在社会排斥和种姓歧视中扮演了不可忽略的巨大作用。不可接触制度在农村地区或多或少依然存在。当然在城市和工业地区由于现代化的力量,这种情况改变了很多。在学校里,教师对表列种姓学生的冷漠和不关心,高种姓学生的欺负、侮辱和不满等是导致表列种姓学生成绩差、没有学校归属感,最终离开学校的原因之一。奖助学金是政府对表列种姓学生的关怀和照顾,但他们在领取奖学金的过程中不得不忍受奖学金发放者的歧视行为、偏见和傲慢态度。古吉拉特邦有几个学生领取助学金

---

① N. Mishra. *Scheduled Castes Education(Issues and Aspects)*. Delhi: Kalpaz Publications. c2001. p. 170.

② 邱永辉:《现代印度的种姓制度》,四川人民出版社1996年版,第216页。

时,管理人员骂他们是政府的"抱养儿"。还有教师当面侮辱他们,说他们是"社会累赘"。① 更有甚者,有教师说教育被浪费在他们这些制革匠身上了。他们应当去扫大街,去找饲料喂牛。贱民的孩子在教室里往往只能坐在最后,时常因为小小的分歧挨揍,他们中很少有人能坚持到上大学。②

4. 政策依赖。政府在各种资格考试上制定的照顾政策也对表列种姓中的大多数人产生了影响,在他们头脑中永远形成这样的观念:他们取得的地位,不是因为成绩而是因为给予他们的照顾政策。这从心理上使得他们取得教育成就的动机和意识变得微弱和有限,而在逐步现代化和工业化的印度种姓社会,社会经济的发展需要强烈责任感、积极进取精神以及极强的智力发展,才能获得与高级种姓公平竞争的能力和效率。教育和就业上的保留政策不可能提供一个公开竞争的发展空间,因为表列种姓总是期待更多保留配额。教育和就业保留政策中一个非常重要的问题就是政府没有开展足够的调查研究来对扶持表列种姓保留政策的效果进行检查评估,保留政策到底达到了什么样的目的,那些最需要享受到保留政策利益的群体有没有获得照顾等等。

此外,高中生以上奖学金计划,从 1971 年到 1996 年,有 460 万表列种姓学生受益于该计划,但这 460 万受益者是谁,属于哪个种姓和亚种姓,他们对自己同胞的发展作了什么贡献。虽然有大量的学生受益于高中生以下奖学金计划,但由于未作系统的调查,不知还有多少掏粪工和制革匠的孩子仍然没有享受到这个计划的好处。由于印度政府缺少重点和系统的调查和鉴别,该计划的覆盖范围依然有局限。给表列群体孩子提供良好教育,使他们有美好前途的基本目标仍然没有完全实现。

---

① N. Mishra. *Scheduled Castes Education*(*Issues and Aspects*). Delhi: Kalpaz Publications. c2001. pp. 158 – 159.

② Matha Ann Overland. *In India*, *Almost Everyone Wants to Be Special*. in The Chronicle of Higher Education. A40. February 13, 2004.

印度学者 Sudarshannam、①Mishra② 和 Paswan③ 等人认为,学生辍学的主要原因除了贫困(学生离校打短工、帮助父母干农活、做家务和照顾弟妹等)和歧视(老师的冷漠、歧视和偏见,同学的不友好)之外,学校离家远、村里没有中学;学生身体羸弱、早婚、家里无学习条件(父母是文盲,无力辅导孩子、对孩子的教育不重视);缺少教师尤其是合格教师、教师经常缺课与不负责任;课程负担重、对学习没有兴趣、学习成绩差;没有获得免费午餐、教材、文具和服装;奖学金不能按时发到手等也是很重要的原因。

(二)表列部落教育问题分析

印度全国各地有 698 个部落,大多数部落都有自己的语言,与所在邦的主流语言不一样。部落语言有 270 多种,属于印度的各主要语系,如南岛语系、达罗毗荼语系、藏汉语系和印欧语系等。④

表列部落的一个显著特征就是分散居住在内陆偏僻地区、交通不便的山区和森林地区。接近 22% 的部落村寨的人口不到 100 人,有 40% 多的村寨人口在 100 人到 300 人之间,其他的村寨人口不到 500 人。为提高部落地区的入学率,印度各级政府放宽了部落地区新建小学的标准。比如,安德拉邦甚至在只有 20 名适龄儿童的部落村寨修建学校;中央邦为了在只有 200 人的村寨开办学校,逐步降低人口规模标准。然而,尽管放宽了标准,许多部落村寨由于达不到最低标准,依然没有学校。因为不少部落村寨人烟稀少、居住分散,有 22% 的部

---

① Sudarshanam, G, *Rural Education: A study of universalisation of education in India*, New Delhi:Gian Pub. House,c1991. pp. 23 – 24.

② N. Mishra. *Scheduled Castes Education(Issues and Aspects)*. Delhi: Kalpaz Publications. c2001. pp. 144 – 147.

③ Dr. Sanjay Paswan. Dr. Pramanshi Jaideva. *Encyclopaedia of Dalits in India(In 11 Volumes)Education(Volume 8)*. Delhi. Kalpaz Publications. p. 56.

④ 南岛语系(austric):一个包括中国台湾、印度尼西亚、马来西亚、美拉尼西亚、密克罗尼西亚及波利尼西亚各语支的语系。参见 Wikipedia. *Austric languages*. http://www. answers. com/austric 2006 – 3 – 5.

落村寨人口不足100人。由于这个原因,大多数村寨不仅长时期享受不到正规教育,就连交通和通讯一类的基础设施也被剥夺掉了。加上部落地区地形复杂,有各种地理和生态的屏障,超过半公里的路程就会使小孩上学成为难题。如果学校与村寨的距离在1公里或1公里以上,实际上就意味这些村寨的小孩失去了上学的机会。有1/5的部落小孩就面临着这个问题。此外,还有10%的部落村寨学校在2公里之外。①

　　尽管有了宪法保证、国家教育政策、各种教育发展计划和资助计划的实施以及部落民自身持续不断的努力,印度部落社会在教育上依然落后于其他群体。究其原因可从部落教育的内部、外部因素以及部落第一代学生的心理因素来进行分析。

　　1. 内部因素

　　内部原因首先与政策水平、规划水平、实施水平和管理水平等方面存在的问题和困难有关。关于部落教育发展所认同的观点都没能很好地说明部落民的特殊不利因素。例如,由于部落人烟稀少、居住分散,政府制定的修建学校的人口与距离标准未能惠及所有部落村寨,因为有些村寨就只有几个小孩,而且在十分偏僻的地方。还有,在制定部落教育政策和规划时,必须了解部落生活的复杂现实和部落对这一教育制度的希冀,印度福利部和人力资源开发部从未这样做过。结果,制定不出有价值的部落教育政策。

　　表列部落教育规划上存在的一个主要问题是双边管理制度问题,即部落福利部和人力资源开发部共同管理部落教育。部落福利部负责部落生活与文化事务,管理地方一级的发展工作包括教育发展。但是部落福利部缺少教育规划和管理方面的专家,尤其是教育督导和监控方面的专家。而人力资源开发部是全国教育发展规划的唯一权力机构,负责制定与课程、教材、教师招聘、调动政策等等相关的实施细则和指导意见。在这个方面,人力资源开发部倾向于制定全国统一的

---

　　① Govinda. R. 2002. *Indian Education Report – A Profile of Basic Education*. Oxford University Press. New Delhi. p. 90.

政策。学校校历的制定就是一个有说服力的例子,寒暑假和节假日是为了满足非部落地区正规学校的需要而确定的,因此,很少顾及部落地区和部落民的节日。由于缺少对部落问题的敏锐性、不了解部落社会的现实、再加上在部落地区错误地选拔和任用教师,结果导致部落学校的教学质量差以及教师缺勤率高。在双边管理体制下,缺少协作和互补以及不能有效地、互惠互利地利用双方的专家和经验,不可避免地阻碍了部落教育的发展。

其次是涉及学校教育质量、教师是否合格、相关的教学内容和课程、教学手段、教学方法和教育督导等问题。部落地区的大多数学校缺少基本的基础设施。通常情况下,部落地区的学校建筑都是茅草屋顶、快坍塌的墙以及没有抹灰泥的地板。研究表明大量的部落学校没有教学材料,甚至没有黑板。在部落地区,任命一位教师就等于开办了一所学校,"寄宿学校"也是如此。在大多数寄宿学校,根本就没有孩子们睡觉的地方。结果,教室成了宿舍,反之亦然。

由于缺少最基本的卫生设施,许多就读于寄宿学校的孩子常常遭受疥疮、腹泻等传染病的折磨,导致辍学率居高不下。部落地区的学校就是在这种缺少最基本教学设施的情况下运行的。①

改革教学内容与课程以适应部落地区发展的要求,在印度是个老生常谈的问题,但除了几个零星的试点项目之外,印度没有一个邦在这方面作过认真的努力和尝试。课程的统一结构和设置使部落学生处境不利。在教学方法上以及指导思想上,这种严厉的正规教育制度只强调纪律、日常规范和以教师为中心的教学等等,使得学生害怕上学。这与部落家庭气氛中的自由交流和无强迫性的部落文化精神是相悖的,导致了家庭与学校之间的尖锐对立,使得学生失去了上学的兴趣。这应是部落学生辍学的一个主要原因。许多部落第一代学生习惯了自己生活的小环境,对学校的学习生活很陌生,适应能力比不上第二代部落学生。

---

① Govinda. R. *Indian Education Report – A Profile of Basic Education*. New Delhi: Oxford University Press. 2002. p. 93.

另一个方面是部落学生对教师天生的恐惧,使得他们在与教师的沟通上存在障碍,这一点从低入学率和高辍学率上反映出来。这在很大程度上归咎于使用地区主流语言作为教学语言,很多部落学生不喜欢非部落教师,因为他们不懂部落语言。而且这部分教师轻视部落学生,觉得他们智力、理解力和表达能力都不如非部落学生。印度宪法许可人口超过10万的部落使用部落方言(母语)作为教学语言,但由于引入和坚持这一教学语言法规的成本过高,可能性和生存性不大,而没有被采纳;加上试点范围小,无法动摇地区主流语言的地位。

2. 外部因素

外部因素主要是指部落贫困和落后的经济状况、社会习俗和文化精神,缺少对正规教育价值的认识和理解,家庭和学校之间的冲突和差距等等。对部落教育遭受剥夺的研究不可避免地要与他们落后的经济状况和贫困联系起来。部落的主要职业就是农业,实行间歇式耕种制和梯田耕种制,生产效率极低。因此,孩子们参与做放牛、割草、拾柴一类的农活和家务,为直接或间接地增加家庭收入起了很大的作用。

即使基础教育规定是免费的,还给孩子们一定的奖励,但在现实中,由于以下几个因素,基础教育却不是免费的。首先,奖励计划并没有包括所有儿童,因此在村寨一级作用有限;其次,许多优惠并没有到达受惠者手里;再次,即使孩子们免费得到了写字板和服装,但这些东西的质量很差,而且还不能及时发放,因此达不到预期的目的。值得注意的是,部落民极端贫困的经济状况使得他们哪怕在为孩子们买写字本和衣服上花点钱也显得不堪重负。在此情况下,教育没有得到倾斜,就不会令人吃惊了。在为生存而苦苦挣扎的经济环境中,选择是有限的。由于教育不能提供看得见的和直接的效益,部落民的眼光就不可能看得长远,孩子们的入学也就受到限制了。入学率低的另一个原因就是机会成本问题,因此,大多数孩子都被要求做家务或干农活,甚至是辍学回家做农活。[1]

---

[1]　Sujatha, K. *Educational Development among Tribes: A Study of Sub – Plan Areas in Andhra Pradesh*. South Asian Publishers, New Delhi. c1994. p. 89.

　　印度政府的经济援助计划在促进部落学生入学率上,有时候帮了倒忙。比如,为了在实行间歇耕作制的部落民中引入永久耕作制度,安德拉邦政府在菜果业计划中发展橙子和咖啡的种植。为此,每个家庭都获得了两英亩的森林土地,并免费提供橙子树苗。为了让果农们照料好树苗,政府每月以大米或其他实物的形式给果农们 100 卢比的补助。经过劝说,部落果民们接受了这个计划,因为有看得见的经济利益,而且还可多获得一些土地。按照他们传统的耕作习惯,接受一个新的计划意味着需要更多的人手,这反过来给家庭的劳动力结构带来新的变化。要想在他们接受的新计划中取得成功,家庭成员就得实行新的工作分配模式。这一局面与孩子们的入学发生了冲突,因为他们只得离开学校帮助父母做家务或干农活。在另一个案例中,政府给部落民引入了养羊计划,给一些部落农户一定数量的绵羊。为此,孩子们的教育机会常常会被剥夺掉。对于家庭来说,从养羊中获得直接经济效益以改善他们的经济状况比教育的长远效益更有吸引力。① 这是安德拉邦关于教育与眼前经济利益相冲突的两个特别案例。

(三)表列群体共同教育问题分析
1. 大学保留政策执行情况分析

　　印度大学拨款委员会是根据《1956 年大学拨款委员会法》成立的一个法律主体,负责采取自认为适当的措施,与大学和其他团体协商促进和协调大学教育。印度政府通过大学拨款委员会与大学打交道。为把表列种姓和表列部落学生带入主流生活,确保他们在各种专业的高等教育中占有一定的比例,印度大学拨款委员会长期以来,通过制订特别计划和常规计划来保证社会公正和促进这两个弱势群体的教育发展。

　　各邦公立大学根据表列种姓和表列部落在该邦人口中的比例为他们制定不同比例的保留名额。总的原则是表列种姓和表列部落的

---

　　① Sujatha, K. *Educational Development among Tribes: A Study of Sub - Plan Areas in Andhra Pradesh.* New Delhi: South Asian Publishers, c1994. p. 94.

保留名额比例不能低于人口比例。中央大学的保留名额比例必须是表列种姓 15%,表列部落 7.5%。

那么,实际执行情况怎么样呢? 印度大学拨款委员会经过努力收集到了一些表列种姓和表列部落学生在大学各个学科的实际比例的资料。资料涉及 1992~1993 年度的 6 个学科:人文社会学科、自然科学(含农业科学)、工程技术、医学、专业学科(不含医学和工程技术)和其他学科。表列种姓学生在各个学科的比例从 2.60% 到 9.92%,而表列部落学生的比例则是从 0.09% 到 6.41% 不等。① 他们的比例无论在哪一个学科都没有达到大学拨款委员会规定的 15% 和 7.5% 的比例。

印度大学拨款委员会、人力资源开发部和有关大学都在努力调查原因。结果发现,达不到保留比例的原因主要是生源不足、质量不高。因此,建议加强中小学教育,努力保证提高他们在中小学层次的入学率,同时降低辍学率和留级率,挑选那些有前途的学生,送入公立学校中,给他们补课,从基础开始,以便他们能跟上其他学生,最终提高他们在大学不同专业中的比例。此外,还要求有关大学应保证给表列种姓和表列部落学生开设的补习课程一如既往地继续进行下去。

1975 年 8 月,大学拨款委员会致函大学副校长,要求他们招聘讲师时,给表列种姓和表列部落分别保留 15% 和 7.5% 配额。随后在 1982 年 8 月又要求各大学在非教学职位的招聘以及讲师和副教授职位的招聘上执行这个比例的保留政策。

然而,政策的实际贯彻情况也同样达不到保留政策的规定。中央直属大学教学岗位上表列种姓和表列部落的人数微不足道,甚至连讲师所占的比例也很少。邦立大学各级教学岗位上表列种姓和表列部落的人数也同样少得可怜。1993 年,在中央直属大学的 1155 个教授中,表列种姓和表列部落的教授分别只有 2 个和 6 个,在 1774 个副教授中分别只有 6 个和 16 个,在 1491 个讲师中分别为 35 个和 48 个,在

① Department of Education. Government of India. *The National Commission for Scheduled Castes and Scheduled Tribes*. 1996. p. 23.

257 个研究助理、辅导员和实验员中分别只有 3 个和 2 个。即使在分为 ABCD 四个等级的 21917 个非教学人员中,他们的人数分别为 2857 个和 1316 个,占总数的 13.04% 和 6%。①

除了像打扫卫生一类的低级非教学岗位外,表列种姓和表列部落在教学和非教学岗位上的比例少得可怜。这主要是人力资源开发部教育司的工作积极性不高,没有从法律上强制大学执行印度政府的保留名额政策。

由于没有具体的法定实施细则,在表列种姓和表列部落中又没有合适的人选,因此,中央直属大学借口教学岗位不能长期空缺而拒绝执行讲师职位保留政策。比如,在 1984、1985 和 1986 三年中,贝拿纳斯印度教大学招聘了 220 个讲师,却没有一个是表列种姓和表列部落的人。② 由于没有实行未用完指标继续保留制度,给表列种姓和表列部落造成了巨大的不公正。

实际上,各大学没有认真执行职位保留政策的真正原因是,大学教师与清洁工不同,它要求高素质、高学历的人才能胜任大学教师的工作。保留指标的多少、执行力度的大小、有没有详细的法规细则,这些都不是决定因素,决定因素是教师的素质是否达到要求。学生保留配额政策也面临同样的问题。

1992 年和 1993 年,人力资源开发部、大学拨款委员会和中央各直属大学副校长、注册主任召开的联席会议上,讨论了照顾表列种姓和表列部落学生和教师保留配额政策的实施方案。要求各大学招生时,应明确有多少名额是保留给表列种姓和表列部落候选人的。绝对禁止取消表列种姓和表列部落学生配额保留政策,未用完的指标必须保留到下一学年。无论何种情况,未用完指标都不能由普通种姓的候选人占用。未用完指标可继续保留,直到具有大学拨款委员会规定的最基本资格的表列种姓和表列部落候选人补满为止。大学教师和行政

---

① Department of Education. Government of India. *The National Commission for Scheduled Castes and Scheduled Tribes*. 1996. p. 104.

② Ibid. , p. 105.

人员的职位保留政策也照此执行,还可在全国各报刊、就业新闻、大学新闻刊登这方面的广告,也可以通过广播电台或国家电视台进行招聘宣传。

　　尽管印度中央和邦一级政府为加快表列种姓和表列部落教育的发展,在宪法上和其他方面制定了许多保护条例,但是有关大学却没有认真执行保留配额政策,违反保护条例的情况不少。印度表列种姓和表列部落委员会 1993～1994 年度就收到了来自个人、协会或组织关于大学违反教育保护条例的申诉案 110 件,其中,大学和普通专业学院拒绝招收表列种姓和表列部落学生的申诉状 17 件;医学和工程等专业学院拒绝招收表列种姓和表列部落学生的申诉状 24 件,没有发放助学金和奖学金的申诉状 6 件。①

　　实际上,对于以上问题,各高校也有自己的苦衷。主要是符合最低录取条件的表列群体考生生源不足,无法完成配额计划。碍于政府的干预和表列群体压力,一些高校规定,表列群体考生只要达到最低录取分数线的 2/3,即可被录取。有一年,马德拉斯印度理工学院机械工程系一般考生的最低录取分数线是 62 分,而表列群体考生只考 18 分就录取了。虽然,学院为他们开设了一年的补习课程,但仍有 25% 的学生跟不上教学进度,只好被劝退。另外,为他们保留的配额还有 5% 未用完,因为能达到为他们专门设置的最低分数线生源不足。对于表列群体学生跟不上教学进度问题,国会中的表列种姓问题议员指责理工学院的标准太高,在教学中用的是国际标准而不是印度标准。② 1973 年,根据政府保留政策的规定,孟买印度理工学院为表列群体保留的配额为 54 个,但最后只招收到 15 个表列群体学生。然而这 15 个学生到 1974 年就剩下 10 个,到最后一年 1977 年只剩下 5 个。孟买理工学院成绩考核采用 10 分制,5.5 分为及格。如果达不到及格分数,

　　① Department of Education. Government of India. *The National Commission for Scheduled Castes and Scheduled Tribes*. 1996. p. 151.

　　② Suma Chitnis, Philip G. Altbach. *Higher Education Reform in India: Experience and Perspectives*. New Delhi/London: Sage Publications. 1993. pp. 357 – 358.

就要受警告处分,让其试读一年,如果试读期内仍然考不及格,只好劝其退学。这 15 个学生被警告和劝退的次数就达到了 16 次。①

印度政府制定法律和政策来保障表列种姓和表列部落受教育的权利,促进他们的教育发展,提高他们的教育水平,愿望是美好的,但在具体的法律和政策的执行中,愿望和实际出现了很大的反差。看来要使愿望和实际相吻合,还需继续作出更大的努力,尤其从最基础的教育抓起,尽可能给广大的农村学校提供优质教育。让印度全社会都真正地关心弱势群体的各种利益和发展,消除种姓制度的社会排斥和歧视现象,也十分重要。

2. 教育计划存在的问题分析

据不完全统计,印度独立后为表列群体专门制订的发展计划以及涉及表列群体的发展计划 20 多项。发展计划涉及普通学校、寄宿学校、男女生公寓建设,提供免费午餐、服装、教材,建立大学生书库,实施适应农村地区普及基础教育的非正规教育中心和操作黑板计划,开设补习课程,在优质学校中为表列群体保留配额等等。各类奖助学金 20 多项,其中,最重要的是覆盖面很宽、受益者众多的高中以上助学金计划和高中以下助学金计划。这些由印度中央政府和地方政府制订和资助的计划,主要目的是为弱势群体建立一个舒适的学习环境,使他们获得与其他群体一样的教育机会;奖助学金计划的目的是减轻表列群体家庭负担,吸引他们的子女到学校上学。涉及表列群体发展计划和资助计划确实不少,但要使所有表列群体都享受到计划的益处,似乎不太可能。而且,这些计划本身和实施方法存在着缺陷,比如,奖学金、助学金、书费、服装和午餐等,经费和物资明显不足,而且还不能按期发放;颁发奖助学金程序十分烦琐和官僚化,从领取表格、填表,到奖助学金发到手里要经历一个漫长的过程;寄宿学校和公寓设施很简陋,最主要的问题是缺少维持经费,有些公寓管理员由于拿不出维

① Suma Chitnis. Education and Social Stratification—An Illustration from a Metropolitan City in Education and the Process of change edited by Ratna Ghosh and Mathew Zachariah. New Delhi/Newbury Park/London: Sage Publications. pp. 96 – 98.

修费而逃跑躲债。就连给外国学生住的公寓设施也同样因缺少维持费用而破烂不堪,经常停电停水。

在印度所有的奖助学金和贷款计划中,大部分计划的数额都比较少或者不公布数额。最近由印度政府社会公正与合法权益保护部出台的《拉·甘地研究生奖学金》就没有公布奖学金的数额,只公布了专业研究方向和奖学金额度,奖学金额度之高足可让获奖者养家糊口了,但覆盖面不会很大,因为能进入工程技术、计算机、医学等高科技专业的表列群体大学生本身就不多。相比较而言,只有专门针对表列群体的《高中层次以上助学金》和《高中层次以下助学金》覆盖面最宽、针对性最强、影响最大、效果最好。当然,这两个助学金计划也存在不少问题。首先是没有对奖学金的实施效果进行评估。在专门为表列种姓中地位最低的皮革匠和粪便清扫工子女制订的《高中层次以下助学金》计划里,是不是所有符合规定的这两个种姓的子女都受益于这个计划了,没有答案。仅比哈尔邦和北方邦的皮革匠种姓的农村人口就多达 500 多万。[1] 虽然,各地方政府在不同的计划中,给表列种姓的学生提供了高中层次以下的助学金,给从事不洁职业家庭的孩子和表列种姓贫困家庭的女孩提供特别助学金,但是这个阶段的助学金数量严重不足,所以覆盖面也不够。就高中层次以上奖学金而言,奖学金有时候到学期中间,有时候到期末结束时才发下来。结果,只有那些家里有钱或得到志愿者组织帮助的人,才得以继续学业。而那些没有及时得到助学金的学生,尽管符合上大学的条件,只好放弃上学了。对于贫困家庭的表列群体学生而言,拿不到助学金就难以完成学业。虽然,在印度所有公立中小学教育是免费的,但并不是所有贫困学生都能获得免费的教材、文具和服装,有些地方免费教材发到学生手中时,学校已经快放假了,不少学生只好到书店去买教材。免费服装不是质量有问题,就是不合身。1986 年全印教育调查报告显示,在初小(1~5 年级)和高小(6~8 年级)阶段有 14636266 名学生获得免

---

[1] Dr. Sanjay Paswan. Dr. Pramanshi Jaideva. *Encyclopaedia of Dalits in India* (*In* 11 *Volumes*) *Emancipation and Empowerment* (*Volume* 8). Delhi. Kalpaz Publications. p. 323 & p. 419.

费的服装,占所有基础教育阶段学生的12%。其中,33.04%属于表列种姓,11.50%属于表列部落。① 约600万表列群体学生获得了免费服装。但他们只占该阶段表列群体学生的一小部分。很多贫困家庭,由于孩子较多,购买教材、文具、练习簿和服装对他们来说是一笔不小的负担。高中生以上助学金虽然是面对所有表列群体学生的,但他们只是表列群体学生中的一小部分,因为大部分孩子读完八年级就辍学了。"这也就是表列群体学生爬不上教育梯子的原因。那些爬过中小学这道坎儿的人可以继续轻松往上爬,那些没有爬过去的人,这辈子就完了。这就是现实。在助学金计划中,对于6~11岁年龄组学生的教育问题,印度政府应给予严肃认真的考虑,这是一个关键的年龄段,需要更多的激励措施来补偿这一机会成本,达到吸引他们上学的目的。如果宪法中给所有14岁以前儿童提供免费义务教育的规定得以小心翼翼地执行,那么到这个时候不仅消除了文盲,而且其他相伴而来的有利因素,如,降低人口增长率、富裕的生活条件等也同样得以实现,国家也富足了。印度学者普遍认为,助学金计划没有达到帮助表列群体中最贫困群体的预期目的。"②

助学金和其他物质奖励更多地被表列群体中的特权阶层所攫取,而最贫困和最需要得到帮助的群体却沾不了多少光,因为助学金的数量很少充足到能够让"真正的穷人"获得教育。免除学费对于大多数表列群体来说并不意味着免费教育,因为穷人受教育的机会成本远高于富人。仅仅是提供教育设施、教育经费和其他激励措施,就能够保证弱势群体教育利益的自动实现,值得深究。"各种研究表明,这些利益主要为表列群体中的'精英'群体所获得。这些利益没有流到真正需要它们的穷苦大众手里,他们甚至不知道他们有权利获得这些利益。"③真正

① Department of Education. Government of India. *The National Commission for Scheduled Castes and Scheduled Tribes.* 1995. pp. 7 – 8.

② Dr. Sanjay Paswan. Dr. Pramanshi Jaideva. *Encyclopaedia of Dalits in India(In* 11 *Volumes)Emancipation and Empowerment(Volume* 8). Delhi. Kalpaz Publications. p. 279.

③ Ibid. ,p. 280.

的问题在于如何使这一巨大的遭受剥夺的群体获得教育,确保他们享受同样的利益,如果他们不能得到更多的利益,至少给他们的教育机会应该保留给他们。

虽然入学机会得到大规模的扩充,但是对农村学校的投入和管理还有许多需要改善的地方。投入的不足和管理的不善是导致城乡差距和区域不平等的原因。印度政府应采取一切措施保证农村教育质量达到城市学校的水平,让那些入学的学生不需复读就能够完成规定的教育年限。教育浪费在印度农村很普遍,从目前小学阶段高达130%和140%的毛入学率来看,就可以明白这个道理。

从特别辅导计划的受益学生人数来看,这个项目进展是缓慢的,原因是付给补习教师和专家的酬劳太低,因为他们的酬金还是1987～1988年度计划启动时制定的标准。另外,这些拨款现在也满足不了学生书籍、文具、食宿费和零花钱的需要。如果印度不加大力度增加拨款,表列群体学生在专业性强和技术性强的教育中的比例是难以提高的。

免费午餐计划确实吸引了很多贱民和部落学生来上学。但也存在不少问题。很多学校由于没有经费雇佣专门的厨师,教师只好担当厨师的角色,影响了正常的教学。贱民地区的学校,高级种姓的家长坚决反对雇佣贱民当厨师。此外,由于天天都吃同样的东西,不少学生不愿再吃。午餐计划的吸引力逐步丧失。一些家长宁可花钱送孩子到教学质量高的私立学校。

操作黑板计划由于各邦经费紧张,往往只有教师,没有教室、黑板、桌椅板凳、挂图、粉笔等教学设施。一个教室往往由几个班级共同使用,有些教室就是一些简易的帐篷。事实上,教师也严重缺乏。①

非正规教育中心是目前普及贱民和部落民文化教育比较成功的机构,但由于部落民居住分散,有些村落只有几个学生,没法建立教育中心;此外,贫困、上课不正常、家长的消极态度、童婚(不少女孩因为传统观念和贫困等因素,十二三岁就结婚)、举家迁移等因素,导致大

---

① Dyer. Caroline. , *Operation Blackboard: policy implementation in Indian elementary education.* U. K. : Symposium Books, 2000. pp. 72 – 75.

量儿童辍学。此外,同伴的早婚也会导致其他女孩子也辍学在家。①

如同上述情况一样,很多计划和项目虽然很好,但由于覆盖面小,难以达到切实提高表列群体整体教育水平的目标。

3. 弱势群体学生公寓计划利弊分析

表列种姓和表列部落学生家里通常都没有必要的学习条件。大多数表列群体的学生都是第一代学生,父母亲无法辅导他们。他们住在公寓还可安心学习,不被家务和农活干扰。公寓既能提供学习环境,又能提供辅导和指导,在促进表列群体学生教育发展方面发挥了巨大的作用。1978 年 4 月,在卡纳塔卡邦开展的一项住校生高中毕业考试成绩的研究中,发现住校生的考试成绩比走读生的成绩好得多。在表列种姓学生中,走读生的及格率只有 35%,而住校生的及格率达到 53.5%。在表列部落学生中,走读生的及格率为 37.2%,而住校生的及格率为 68%。研究表明,提供免费的食宿、教材和文具以及特别辅导的公寓,就是住在公寓里的学生成绩比走读生好得多的主要原因。② 此外,政府管理或资助的公寓都给学生提供免费的家具、被褥和床单、教材、文具、图书、报刊、室内外活动器械、理发、乘车卡、服装和肥皂等等。食宿免费,饭菜按照营养标准搭配。但各邦提供的公寓设施和条件不一样。

然而,印度政府为表列种姓和表列部落修建的公寓数量在许多邦远远满足不了需求。1973 年 12 月,全印教育研究与培训理事会对表列种姓学生公寓所作的第三次全印教育调查显示,全国各地的公寓数都不足。只有安德拉邦是全印表列种姓学生公寓数量最多的邦,安德拉邦的表列种姓人口占全邦人口的 14.51%,公寓数比例全国最高,有 1036 所公寓,占全国的 26.46%。表列种姓人口最多的北方邦所拥有

---

① Guttman, Cynthia and Kosonen Kimmo. *Within reach : the story of PROPEL, a non -formal education project for rural children in India* . [*foreign government document*], Paris: United Nations Educational, Scientific and Cultural Organization, c1994. p. 24.

② Dr. Sanjay Paswan. Dr. Pramanshi Jaideva. *Encyclopaedia of Dalits in India*(*In 11 Volumes*)*Emancipation and Empowerment*(*Volume 8*). Delhi. Kalpaz Publications. pp. 260 - 261.

的公寓数的比例很低,只占公寓总数的 3.2%,全印排名第八。表列种姓人口比例高达 18.88% 的哈里亚那邦只有 2 所表列种姓学生公寓。这种状况 10 年后依然如此。①

公寓数不足是一个问题,管理不善又是另一个问题。在一些地方,公寓过于拥挤,超过了额定人数;而另一些地方的公寓由于表列群体学生不多,一直空着或用作教室、教师住宅和办公室等等。在很多地方,女生公寓建在距离学校很远且交通不便的地方,如果想提高表列群体女学生入住率,降低她们的高辍学率,修建女生公寓的选址非常重要,应尽可能不把女生公寓建在孤零零的、荒无人烟的地方;公寓四周应修围墙,宿管员的住宅也应建在公寓里。

尽管对公寓计划投入很大,但对公寓条件满意的入住者却不多。主要原因是一些公寓完全不适合居住,周围环境很差,居住条件实在难以令人满意。这也反映了公寓维护费用严重不足,捉襟见肘。公寓投入确实很大,但分配到每一个公寓后,却是杯水车薪,因为公寓一切都是免费的。另外,公寓管理者对公寓管理缺少热情,对住宿学生也缺少关心。此外,有些表列种姓学生穷得连买车票进城去公寓提交入住申请的钱都没有,缺少入住公寓的基本经济条件保障。

1991 年 2 月 11 日,安德拉邦落后阶层福利部长在卡麻孟县(Khammam)视察了四所政府为落后阶层和表列种姓开办的公寓之后说,学生们住在不是人住的地方,没有盘子或托盘,食物就放在地上。许多孩子在用塑料杯子吃饭或者用聚乙烯塑料袋(polythene sachets)吃饭的同时,还不得不时时驱赶猪狗。大多数孩子没有衬衫和短裤,总是穿着宽大的衣服裤子。至少有 50 个孩子患有各种皮肤病和其他疾病,至少有 20~30 个孩子身上长满了丑陋的疥疮。孩子们告诉他医生有好几个月没有来过了。他们向宿管员反映了多次,但没有任何结果。厕所粪便外溢,公寓里弥漫着难闻的气味。更糟糕的是,他发现没有人在学习,失去了孩子们入住公寓的目的。在宿管员躲债

---

① 　Dr. Sanjay Paswan. Dr. Pramanshi Jaideva. *Encyclopaedia of Dalits in India* (In 11 *Volumes*) *Emancipation and Empowerment* (*Volume* 8). Delhi. Kalpaz Publications. p. 263.

(Absconded)的几个月里,孩子们从来没有碰过书本。① 公寓数量最多、最受政府重视的安德拉邦的公寓情况尚且如此,可以想象印度其他并不重视公寓建设、投入和管理的地方会是一个什么样的光景。

三、北方邦当代农村表列种姓教育案例

北方邦(Uttar Pradesh)是印度人口最多的邦,人口达到1.6亿。这个邦是表列种姓人口最多的邦(约3000万)。选这个邦作为案例可进一步了解当代印度北方农村表列种姓的教育状况。这个邦贱民亚种姓就有60多个,而皮革匠亚种姓人口占了绝对多数。皮革匠是印度种姓社会遭受歧视、剥夺和压迫最为深重的贱民亚种姓之一。这个案例可为我们下一章讨论印度政府的保留政策是否达到了目的,给表列种姓带来了什么变化,是否仍然继续发挥作用等问题,作一铺垫。

(一)比基诺县南噶尔贾特村

北方邦比基诺县(Bijnor)②在新德里东北方向约150公里处,位于恒河东岸。比基诺县的经济主要靠密集种植甘蔗、小麦和水稻。1960~1990年,该县进行了温和的土地改革,提高农业技术,政府提高了关键经济作物的收购价格增加了农业效益以及对劳动力的需求。1984年修建了中央邦恒河大坝和跨越恒河的公路,把比基诺县和德里

---

① Dr. Sanjay Paswan. Dr. Pramanshi Jaideva. *Encyclopaedia of Dalits in India*(*In* 11 *Volumes*)*Emancipation and Empowerment*(*Volume* 8). Delhi. Kalpaz Publications. pp. 268 – 269.

② 这一案例系根据英国学者克瑞格·杰弗瑞等人对北方邦农村贱民教育状况的实地调研报告整理而成。克瑞格·杰弗瑞,英国爱丁堡大学地理系教师,分别在1990~1991年和2000~2002年对印度北方邦比基诺县(Bijnor)南噶尔贾特村(nangal jat)的表列种姓进行了为期三年的实地考察和研究。该研究分别得到英国海外开发管理局、印度经济与社会研究所、福特基金会和英国皇家地理学会的资助。克瑞格在印度表列种姓通过保留政策享受教育机会、获得政治权利和文化资本,从而提高社会地位等方面的研究上取得了不少成果。

直接连接起来,刺激了该县商业的发展。在经济指标方面,比基诺县在北方邦 63 个县当中排名第 14 位。然而,比基诺县处在新德里四周成扇形展开的主要工业发展区之外,缺少坚实的制造业基础。结果,寻找有保障的公务员就业机会继续集中在教育、警察和农业发展等公营部门。1991 年以来,印度经济自由化导致的财政金融改革同样也减少了比基诺县有保障的就业机会。

南噶尔贾特村(Nangal Jat)位于比基诺县城约 15 公里处。2001年,该村约有 5300 人,其中 50% 是贱民(皮革匠占贱民总数的 48%),贾特人(Jat)占 26%,穆斯林占 12%。其余人口主要由在印度教礼仪等级中地位"高于"贱民的低种姓组成。如同北方邦西部的许多农村,贾特人控制了当地的土地所有权:2001 年他们拥有 83% 的耕地。在216 户贾特人中,88% 的家庭拥有 0.5 英亩以上的土地,59% 的家庭拥有 1 英亩以上的土地。贾特人成功地把剩余农产品投入到小商业中,他们在村里村外管理着一个木材加工厂、两个甘蔗加工厂以及几家商店和几所学校。土地所有权不仅是北方邦西部农村权力的基础,而且在确立家庭经济、社会和政治地位上至关重要。南噶尔贾特村的贾特人同北方邦西部许多地方的贾特人一样构成了一个"统治种姓"。

皮革匠是当地主要的靠工资生存的农业工人,常常在贾特人的农场干活,或在当地精英开设的砖窑和甘蔗榨汁作坊工作。2001 年,皮革匠只拥有 8% 的耕地。在 457 户皮革匠家庭中,77% 没有耕地,只有5% 的皮革匠拥有 0.5 英亩以上的耕地。从对贾特人和皮革匠的财产分析可看出土地所有权上的社会不公。此外,只有 56% 皮革匠住在砖房里,而 89% 的贾特人住砖房(pukka)。70% 的贾特人家庭拥有电视机,只有 19% 的皮革匠家里有电视机。

(二)教育现状

南噶尔贾特村有 2 所公立小学、3 所私立小学和 2 所私立中学。婆罗门管理私立小学,贾特人控制了村里最大一所中学——南噶尔贾特村初级中学的管理委员会。1978 年一个受过教育的皮革匠建立了安贝卡初级中学,主要是为了满足贱民子女读到 8 年级的需要。与比基诺县城的私立英语学校和大多数印地语学校相比,南噶尔贾特村的所有中小学管理不善、设施很差。老百姓对这些学校的支持不够,孩子们常常坐在草垫上露天上课。除了黑板和粉笔之外就没有什么教学设施了。①

2001 年,南噶尔贾特村皮革匠受教育水平有了迅猛上升。该村 6～15 岁皮革匠男孩中接受正规教育的比例很高,即使那些没有土地家庭的孩子也是如此。这一比例比 1990 年高得多,当时 11～15 岁的皮革匠男孩和女孩分别只有 45.2% 和 20.6% 在接受教育。2001 年该村年龄在 41～60 岁的 339 个皮革匠中,只有 6.5% 的人受过小学以上的教育,而 21～40 岁年龄段的皮革匠中受过小学以上教育的比例为 29.8%。2001 年,6～10 岁在校读书的皮革匠男孩比例为 79.7%,女孩只有 63.9%,这一性别差异随着年龄的增长而增长。这一差异反映了皮革匠教育价值的传统性别观念,这一情况在印度北方尤其普遍。父母们把男孩的教育与家庭未来的经济发展联系在一起。而女孩的教育通常被视为怎样做贤妻良母,培养她们的育儿技能,为她们在未来家庭中的生儿育女工作(status production work)作准备。大多数皮革匠孩子就读于安贝卡学校或南噶尔贾特初中,读到 8 年级。在 8 年级时,大多数女孩离开了学校,而通过 8 年级考试的男孩会被送到附近城镇的中学继续上学。仅 2001 年,这个村的贱民中就有 10 个大学毕业生(其中有两人拥有硕士学位),毕业后找不到政府部门的工作。

根据印度宪法,教育是各邦政府的责任,教育的成功模式和失败模式在邦与邦之间、县与县之间差异很大。北方邦与比哈尔邦、中央邦和拉贾斯坦邦被视为教育成就和条件最差的邦。北方邦的识字率低于全国水平:2001 年,7 岁以上男女的识字率分别是 70% 和 43%,而农村地区分别只有 68% 和 38%。还有,其初等、中等和高等教育的数量和质量总体上都满足不了家长的要求。在各级教育系统中,农村教

---

① Craig Jeffrey, Patricia Jeffery, Roger Jeffery: When schooling fails Young men, education and low – caste politics in rural north India. *Contributions to Indian Sociology*, *Vol.* 39, *No.* 1, 1–38(2005). pp. 12–15.

育设施很差,教师缺课和玩忽职守很普遍。正规管理制度的崩溃、教育中的制度性腐败以及政府对投资教育的冷漠态度共同阻挠了政府的政治改革。在这种情况下,政府在学校教育中的作用日趋下降,而教育却越来越多地由没有获得政府资助的私立学校提供。

贾特人的男孩更愿意读私立小学,比皮革匠男孩更早地进入中学并且待在学校的时间更长。贾特人优越的经济地位使得这一种姓的许多成员可以送孩子到城市接受私立教育和专家辅导。2001 年,97.4% 的 11～15 岁的贾特男孩在接受正规教育,而皮革匠男孩的这一比例只有 74.6%。这一在学率差距 2001 年比 1990 年更大了。这从另一个角度说明皮革匠子女的辍学率远远高于贾特人的子女。

皮革匠父母列举考试经常不及格、没有钱、家中有病人、对学习没兴趣等因素作为孩子辍学最寻常的原因。就女孩子而言,他们还列举了家务活需要人手以及女儿到了青春期离家上学的安全问题。8 年级以前就离开学校的皮革匠年轻人常常列举当地学校教育质量差,因缺少有薪水的就业机会而失去学习动力作为辍学的原因。其他人把教师的严厉体罚和经常考试不及格作为辍学的原因。许多人还提到家庭贫困、缺少学习热情或者直系亲属生病或去世是他们辍学的原因。

尽管如此,南噶尔贾特村贱民们今日取得的教育成就,是他们在半个世纪以前无法想象的,也是没法比拟的。2001 年,这个村庄就有不少大学生和硕士生毕业后连工作都找不到,只能当临时工。出现了所谓的"过度教育"或"教育浪费"的现象,或者说"文凭病"在乡村里也开始出现了。尽管就业很困难,皮革匠的父母们仍然支持孩子们,尤其是男孩子追求教育,他们认为教育就是"利益"。对他们而言,教育就是现代化和现代文明的代名词。他们追求教育的观点与布迪厄的文化资本理论是不谋而合的。

由于就业市场萎缩,导致保留职位政策失灵,这些饱读"诗书"、受过良好现代教育的贱民青年因为就业无门,采取了什么样的应对之策,选择了什么样的出路?现代教育对他们产生了什么样的影响?我们从杰弗瑞对北方邦农村的实地考察研究报告中,梳理出了这样几个基本事实。

1. 追求文化资本

尽管就业难,人们仍然继续投资正规教育一直是比较教育讨论的一个最为复杂的问题。① 也是了解当代北印度农村家庭教育战略的关键。布迪厄②在对法国工人阶级教育态度的经典研究中认为,处境不利群体投资教育的目的就是期望获取"文化资本",即使"教育"证书已无助于获得就业机会之后。文化资本与其说是承认社会地位的差异,还不如说是指一系列的私人财产、头衔和行为举止方式。这包括学历(制度化的文化资本)、一个人的行为、言谈和礼仪(身体化的文化资本)以及物质财富(客体化的文化资本)。来自贫困家庭的年轻人可能会把文化资本视为受教育年限的延长,他们这样做可能受到朋友、亲戚和同辈的鼓励。但布迪厄认为这样做几乎改变不了就业机会的阶级模式,也几乎改变不了社会中的权力的整体平衡。布迪厄把这一现象描述为弱势群体受愚弄过高地估计了教育的作用。这些大材小用者

---

① Stambach, Amy. 1998;511. "Too much studying makes me crazy": School – related illness on Mount Kilimanjaro. *Comparative Education Review* 42(4): 497 – 512.

② 布迪厄是当代享有盛誉的法国社会学家。他一生致力于文化社会学的研究工作,在理论建构和实证研究方面为我们留下了丰富遗产。他涉足的领域十分广泛,在教育与学校秩序、艺术及艺术欣赏、婚姻、家庭与共同体、社会与文化变迁、沟通与权利以及身体与其社会形成等许多方面都取得了巨大成就。他的社会学理论体系通常被称为"文化资本论"或"文化再生产论"。文化资本理论的最终目的就是要弄清文化在社会结构(各种支配关系、不平等关系及等级关系)的生产与再生产过程中究竟扮演了什么角色、它又发挥了哪些作用等问题。与以往任何一种社会学思想不同,布迪厄的文化理论借用了大量经济学术语和概念。也就是说,他的理论主要是通过利用经济学隐喻来揭示现实社会中各不同阶层之间的不平等关系的。经济资本以金钱为符号,以产权为制度化形式。社会资本(社会关系资本)以社会声望、社会头衔为符号,以社会规约为制度化形式。而"文化资本"则以作品、文凭、学衔为符号,以学位为制度化形态。"文化资本"主要有三大形态,即身体化形态、客观形态和制度化形态。身体化形态指行动者通过家庭环境及学校教育获得并成为精神与身体的一个有机组成部分的知识、教养、技能、趣味及感性等文化产物。客观形态,即物化状态。具体地说,就是书籍、绘画、古董、道具、工具及机械等物质性文化财富。制度形态就是将行动者掌握的知识与技能以某种形式(通常以考试的形式)正式予以承认并通过授予合格者文凭和资格认定证书等社会公认的方式将其制度化。文凭是制度化文化资本的典型形式。学历资本的积累只有通过经济层面的教育投资才得以实现。

过高估计了他们所从事的专业学习、过高估计他们的学历,投资对他们来说实际不存在的美好未来(从事收入高且稳定的白领工作)。①

布迪厄的论述与南亚和发展中国家(global south)的情况有着特别广泛的关联。接受正规教育的年轻人过高估价正规教育的变革力量与多尔②对影响发展中国家"文凭病"的著名论断是密切相关的。有证据表明在包括南亚、中东亚、撒哈拉非洲在内的发展中国家持续盛行教育文凭主义。

正在进行的政治斗争影响了年轻人对教育价值的判断。在当前试图对弱势群体通过寻求教育的文化资本来提高自己的社会地位的南亚研究文献中,这种现象表现得尤为明显。比如,在对尼泊尔中部地区的研究中,Skinner③指出低种姓的男学生是如何把教育视为摆脱传统种姓职业的方式,视为合法要求新的社会身份的基础。他们认为否定种姓成了低种姓年轻人"受教育者"的标志之一。同样,Bara④在对比哈尔邦 Chotanagphur 县蒙达(Munda)部落与奥朗(Oraon)部落的历史研究中,指出印地语教育未能给他们提供白领工作,却给他们提供了挑战权力壁垒的文化基础。

皮革匠种姓的年轻人利用教育的文化资本来保持自尊,向建立在社会差别基础上的种姓制度进行挑战。他们把完全不同的因素整合在塑造自我的计划中,当然,诸如"现代的或受过教育的"符号在其身份的形成过程中似乎尤为重要。皮革匠年轻人没有因为教育不能拓

---

①　Bourdieu, Pierre. *Distinction*: *A social critique of the judgment of taste*. London: Routledge and Kegan Paul. c1984. p. 155.

②　Dore, Robert. *The diploma disease*: *Education, qualification and development*. Berkeley: University of California Press. 1976.

③　Skinner, Debra, and Dorothy Holland. *Schools and the cultural production of the educated person in a Nepalese Hill Community*. *In The cultural production of the educated person*: *Critical ethnographies of schooling and local practice*, ed. Bernard A. Levinson, D. E. Foley, and D. C. Holland. Albany: State University of New York Press. c1996. p. 281.

④　Bara, J. (1997). Western education and the rise of new identity: Mundas and Oraons of Chotanagpur, 18391939. *Economic and Political Weekly* 32(15): 785 – 790.

宽就业机会而退缩回"传统",而是广而告之地宣布他们的身份是"现代人"或者是陷入"传统"与"现代"之间的中间人。

尽管这么多年来把时间无谓地浪费在寻找一份稳定的政府部门的工作上,但南噶尔贾特村的知识青年仍然坚信正规学校教育的力量,因为它能提供"文化"和有用的知识。该村一直找不到政府部门工作的商学硕士布瑞吉帕尔的一段话很有代表性。他说:"教育的最大好处就是它提供的文明。人们变得文明起来,养成了好习惯。其他人是这样看待教育的益处的。他们知道我们举止文明。受过教育的人敢于要求他们的权力。教育给我们带来了很大的自信以至于我们不怕任何政府官员。人们不敢对受过教育的人胡说八道,因为他们知道受过教育的人有知识,懂法律。"①

皮革匠父母把学校教育以及学校教育提供的文凭和证书视为提高他们家庭经济地位的关键。他们通常认为教育的益处在于给他们的儿子提供了获得有薪水工作的机会。在稀缺的、工资高的、有保障和舒适的政府部门工作,在无保障、工资低的私营部门工作以及在地位地下的辛勤体力劳作之间,皮革匠们保持着三重身份。皮革匠认为政府部门的工作,哪怕职务很低,都意味着有固定收入、一大笔"灰色收入"(来自贿赂)、有财政保障、声望以及强化的社交圈。另一些皮革匠父母认为教育不能再给他们提供获得政府部门工作的机会了。但即使如此,他们声言正规教育提供了关键的技能、知识以及各种形式的文化身份。大众社会党的崛起与安贝卡思想的传播强化了父母们对正规教育有可能带来个人和社会变革的期望。皮革匠父母把教育等同于文明的成年生活。"受教育"这个词成了现代化的代名词(metonym)。教育被设想成社会进步的过程。一些父母说教育"本身就是利益"。

2. 积极参与乡村政治

在北方邦农村,一些年轻人对被排除在有保障的政府职位之外所

---

① Craig Jeffrey, Patricia Jeffery, Roger Jeffery: When schooling fails Young men, education and low - caste politics in rural north India. *Contributions to Indian Sociology*, *Vol.* 39, No. 1, 1 -38(2005). p. 3.

作的反应是:把自己塑造成乡村领导者的形象,文质彬彬、知识渊博、投身于广泛的低种姓激进主义运动。南噶尔贾特村有一些知识青年经过多年拼搏而未能获得永久性的政府部门职位,因而走向了政治。这些年轻人常常被描述为乡村政治家(netas)。这个绰号有时半幽默地用来嘲弄这些野心勃勃的知识青年,但在其他场合,这个词被严格地用来指那些在村里鼓捣政治辞藻,在当地组织中担任某种角色的年轻人。克瑞格·杰弗瑞等人访谈了几个半失业状态的皮革匠年轻人,年龄在25~34岁之间,他们身上都表现出皮革匠政治家的特点。如同北方邦城市里受过教育的政治领袖一样,他们积极支持低种姓政治组织、支持社会觉醒运动、充当传播新思想的"文化经纪人"。他们没有在村外担任正式的政治职务,但有两人声称他们与大众社会党有着"良好的关系"。皮革匠政治家们常常坐镇当地学校管理委员会,在村民自治委员会(Panchayat)中任职,支持引进新的政府计划。他们在当地"安贝卡小小鸟"青年组织中,在非政府组织的皮革匠轮流贷款计划和各种社会福利计划中还起着积极作用。除了扮演正规的政治角色之外,皮革匠政治家还在农民与地方政府官员中间起着纽带作用,在朋友和亲戚努力争取政府官员帮助的过程中担当政治说客。

布瑞吉帕尔是最典型的皮革匠乡村政治家。他在村里读到10年级,接着到外面读了高中和两所邦立学位学院,最高学历是在北方邦西部的米鲁特市(Meerut)取得的商学硕士学位。2001年布瑞吉帕尔正好三十出头。他作为卷烟小代理商的工资很低,这份工作还得靠他与政府官员和村外的商家保持良好关系才长久。布瑞吉帕尔好几次想争取得到有保障的政府部门工作,但未能如愿。1987年他加入了受剥削者与受压迫者群体战斗同盟①,这是一个旨在代表不可接触者政治利益,提高他们社会地位的政治组织,1993年他成了大众社会党员。

---

① 受剥削者与受压迫者群体战斗同盟(Dalit Shoshit Samaj Sangarsh Samiti):简称DS-4党。1981年贱民政治家Kanshi Ram成立了DS-4党,目的是帮助农村贱民,但希望从更广泛的受压迫者阶级中赢得支持。1984年大众社会党在政党斗争中取代了该党,该党后来成为大众社会党的青年联盟。

布瑞吉帕尔参加过地方政府的选举,曾经主持过安贝卡学校管理委员会的工作。他也帮亲戚朋友们与村外的"高官"(higher ups)进行过谈判。

布瑞吉帕尔在村里的政治演讲中起着重要的作用。他公开抨击在南噶尔贾特村依然存在的种姓歧视,揭露造成种姓和阶级不平等的传统基础和政治基础。布瑞吉帕尔声称高级种姓的人用许多隐蔽的方法贬低皮革匠,即使他们不再避免与贱民有身体的接触或公开侮辱低种姓。他十分厌恶地描述了高种姓的人如何把垃圾倒在贱民的屋外,高种姓的妇女在路过皮革匠居住地时是如何小心翼翼地提起她们的萨丽裙。布瑞吉帕尔说:"瞧一瞧印度教徒犯下的暴行! 他们故意把酒摆在靠近贱民家庭的地方,而且卖得很便宜,就是要贱民们买酒喝。印度教徒不承认神是属于大家的。没有人能买走神。我们不能保持沉默了。我们要高声地反对这些暴行。我们要告诉其他人我们并不低人一等……我们要在世人的眼中获得同样的尊重和权利。"①

受过教育的皮革匠乡村政治家常常谈起发生在学校里的种姓歧视。他们说,把皮革匠分开坐、分开吃、分开喝水的做法 20 世纪 60 年代就在当地学校里消失了,但皮革匠仍然被教师和同学嘲弄,遭受不公平的处罚。一些皮革匠年轻人说他们通过直接投诉歧视他们的教师、与同情他们的教职员建立友谊、在皮革匠朋友中建立互助网络或者策略性地显露或隐瞒他们的身份等方式,来消除种姓歧视的负面影响。克瑞格问布瑞吉帕尔是否觉得有必要在学校里隐瞒他的皮革匠身份时,他说:"我没有悄悄地保持我的身份。如果我保持沉默,那么,印度教徒会公开地通过嘲笑皮革匠来侮辱我。但我说了我是皮革匠之后,至少我知道他们不敢当面侮辱我。当然,他们会继续在背后嘲弄我,但谁看得到自己背后发生了什么呢?"②

种姓歧视是布瑞吉帕尔决定效仿安贝卡的原因,他在 20 世纪 90

① Craig Jeffrey, Patricia Jeffery, Roger Jeffery: When schooling fails Young men, education and low – caste politics in rural north India. *Contributions to Indian Sociology*, *Vol.* 39, *No.* 1, 1 – 38(2005). p. 20.

② Ibid. ,p. 22.

年代由印度教皈依佛教。1936 年安贝卡博士宣誓追求一种充满"自由、公平、博爱",反对经济压迫的宗教。1956 年安贝卡在印度中部的纳格普(Nagpur)带领约 50 万不可接触者公开皈依佛教,从那时起,新佛教运动大量涌现,在印度各地掀起了政治运动。南噶尔贾特村皮革匠皈依佛教的人数估计不到 20 户。

　　教育蕴涵的话语能力(discourse)与低种姓的政治进展是紧密相关的。布瑞吉帕尔认为贱民受教育者因掌握了知识和技能而形成的文化身份为他们整体的无畏、聪慧、自觉和自信奠定了基础。他认为大众社会党领袖玛雅娃蒂(Mayawati)运用她的知识改革了北方邦的官僚制度,使贱民享受到了各种政府计划的益处,诸如住房计划、养老金和地方学校贱民奖学金。布瑞吉帕尔常常骄傲地介绍关于玛雅娃蒂生平的书《铁娘子》(The Iron Lady),讲起了她决心如何促使政府官员们帮助弱势群体。他声言在玛雅娃蒂担任北方邦首席部长期间,教师们准时到校上课,政府官僚们不得不在腐败与歧视上有所收敛。[①]

　　基于上述认识,布瑞吉帕尔认为大众社会党能够创造一个展现新的贱民知识分子身份的氛围。皮革匠乡村政客坚信玛雅娃蒂重返政坛将预示着对该邦官僚体制的整体改革和由此而削弱地方精英特权阶层的权力。这一信念部分建立在大众社会党为在北方邦受压迫者阶层建立一个统一的行动纲领,而把不同的社会群体团结起来的观点上。布瑞吉帕尔等人都强调玛雅娃蒂公平地对待贱民、穆斯林和其他落后种姓(穆斯林们总是不同意这一观点;他们不觉得玛雅娃蒂代表了他们的利益)。而且,他们信任大众社会党背后的原因是想通过该党制定新的政策提高贱民在教育机构和政府机构的比例,解决贱民的贫困和社会排斥问题。

　　总之,贱民乡村政治家们通过重新肯定了正规教育的其他价值来回应教育的"失败"。对于贱民乡村政治家小群体而言,接受教育意味

---

① Craig Jeffrey, Patricia Jeffery, Roger Jeffery: When schooling fails Young men, education and low - caste politics in rural north India. *Contributions to Indian Sociology*, *Vol.* 39, *No.* 1, 1 - 38(2005). p. 27.

着成功地与现代接轨并得到发展,许多贱民的父辈也有同样的看法。这一乐观主义态度反映了教育、大众社会党的政治计划与相关的贱民社会流动思想体系之间的紧密相关性。通过与大众社会党结成联盟,传播贱民受压迫和反抗的故事,贱民乡村政客把他们的个人失败反映在贱民进步任重道远的广泛宣传中。这并不代表贱民通过梵化过程来提高他们的印度教种姓等级地位所作的整体努力。然而,皮革匠乡村政治家现象反映了一种较为支离破碎的向上层社会流动,他们把印度教种姓制度作为参照系数来提高自己家庭的社会地位。

皮革匠乡村政治家,以受教育者身份批驳了作为社会财富衡量标志的种姓制度。他们对皮革匠过去与种姓屈辱有关的种种行为进行了辩驳。他们因此赞扬了贱民知识分子细致入微的卫生习惯、小心翼翼的自我表现等特点,他们的家干净得"苍蝇子站上去也要打滚"。① 他们把这些特点与某些高种姓青年粗俗、不修边幅的行为作了对比。乡村政治家强调,皮革匠的"受教育"行为没有暴发户那种自我意识的膨胀和怒吼,相反成了他们习性中的一部分,也就是铭刻在人们的行为、反映和行动中内化了的行为倾向。当然,皮革匠们没有以受教育者身份去批评或羞辱他们的父辈,他们的父辈几乎都是文盲。事实上,对父辈及其智慧的尊重和包容,被视为受教育者有礼貌的表征。

皮革匠乡村政客吸收了用现代教育改良社会的思想,即使他们承认教育再也不能保证他们获得白领工作的机会了。布瑞吉帕尔和其他皮革匠乡村政客满怀热情地坚信正规教育能够提高人们的技能、知识和文明程度。他们强调阅读和书写印地语的重要性,掌握基本的计算能力可以在社会上表现得自信、不被欺骗。许多在皮革匠乡村政治家中流传的故事,主要反映那些不幸的"用拇指盖印"的人,他们的财富就是用拇指盖章被骗走的。他们还认为教育提供了他们就业和参与政治所必需的知识和智慧。"知识"这个词含义很广,包含认识地方

① Craig Jeffrey, Patricia Jeffery, Roger Jeffery: When schooling fails Young men, education and low - caste politics in rural north India. *Contributions to Indian Sociology*, *Vol. 39*, *No. 1*, 1 - 38(2005). p. 26.

政治和广泛地了解村外的社会政治动态。布瑞吉帕尔强调他所受的教育对于他担当地方政府监督人的能力至关重要。与政府官员讨论问题需要作精心的计划和准备。布瑞吉帕尔强调必须抓住大多数政府官员的把柄和过失,在自信和自卑之间建立必要的平衡。只有受过教育的人才能驾驭得了与政府官员的谈判。

技能和知识的重要性毋庸讳言,这些乡村政客坚信教育给他们提供了扎根于一个人的言谈、衣着和风度中的各种文化特征。他们围绕受过教育的青年和未受过教育的青年这两类人塑造了独特的年轻男子汉的形象。受过教育的人被设想为有小学以上学历或读完 10 年级的人。皮革匠乡村政治家认为受过教育的年轻人能够悠闲、自信、有目标和有风度地漫游在、生活在传统与现代之间。而那些没有印地语知识、没有世俗知识、没有文化身份的人被视为没有目标、愚昧和没有方向的人。他们强调没有知识的人不了解社会局势,举止不得体。比如说,他们谈到文盲们进寺庙时往往忘记鞠躬,同小孩乱开玩笑,在政府官员面前手舞足蹈。

这些年轻有知识的皮革匠乡村政治家把文盲对社会的所谓不适应与他们不懂得使用现代社会的东西如电话、照相机和计算机联系在一起。受过教育的年轻人通过嘲笑文盲的无能表达了这个意思。典型的文盲被描述成冲着话筒大声嚷嚷、在市政府官员面前结结巴巴说不出话、直愣愣地盯着照相机镜头、敬畏并无知地凝视火车站通告牌。这些政治家认为文盲的这种无知还伴随着他们没有风度,有染上坏习惯的倾向。一群受过教育的年轻皮革匠谈到了受过教育的人在城市定居的优势。身着腰部随风飘动的现代军装式衬衫的受教育者,在城市里被视为时髦和风度。受过教育的年轻人认为,文盲在街上会表现出许多粗鄙、不礼貌的举动:如,向年轻妇女打秋波、把脖子上带着一些装饰用的小饰物(护身符)塞进衬衫里,站没站相,口里嚼着槟榔,下巴上还敷满了槟榔汁。①

①　Craig Jeffrey, Patricia Jeffery, Roger Jeffery: When schooling fails Young men, education and low‐caste politics in rural north India. *Contributions to Indian Sociology*, Vol. 39, *No.* 1, 1–38(2005). p. 25.

"受教育者"与"未受教育者"不同消费眼光的观点延伸到了服装、发型、房间装饰、杂志、酗酒和吸毒的讨论上。在这几个方面,皮革匠乡村政治家认为受过教育者表现得温文尔雅、有风度和有理性。他们不把没有知识视为他们要抛弃的传统生活的一部分,而是看成一种消极的(负面的)当代社会行为,一种"糟糕的现代性"。①

一些皮革匠文盲青年用与体力劳动有关的男子汉气概来同受教育者的优越性抗争。他们提到了体力劳动所需要的体力、精力和耐力以及他们在这方面超过受教育者同辈的优势。他们差不多快把他们认为不受欢迎和具有剥削性的体力劳动理想化了。然而,许多文盲青年也同意知识青年的观点,正规教育给他们提供了文化身份、与父辈权威分庭抗礼的发言权,这些文盲青年说起了他们没有学历的原因:贫困、运气不好、对学习无兴趣等综合因素使他们辍学。

南噶尔贾特村乡村政治家的观点对其他皮革匠有着深远的影响。乡村政治家们可以在村里村外、在安贝卡学校和安贝卡青年组织等机构的日常交流中宣传他们的观点。

3. 远离政治与农活

然而,并非所有的年轻人都投身于贱民进步运动,许多受过教育的年轻人对通过教育和政治取得权力表现出一种超然的态度。他们把自己视为"无所事事"的人,远离低种姓激进主义运动,只局限在受过教育的身份中。可以肯定皮革匠知识青年的观点与皮革匠乡村政治家的观点差异显著,而且通常与大众社会党和乡村政治家的观点相左。这一点在另一位拼搏多次也未能在政府部门就业的皮革匠青年阿玛帕尔身上表现得很明显。

2001年阿玛帕尔有二十七八岁。他从北方邦的一所邦立学位学院获得了商学硕士学位,是南噶尔贾特村无地农户的儿子。他把20多年的时光都用来拼搏学历证书和无望地寻找政府部门的工作了。

---

① Craig Jeffrey, Patricia Jeffery, Roger Jeffery: When schooling fails Young men, education and low - caste politics in rural north India. *Contributions to Indian Sociology*, *Vol.* 39, *No.* 1, 1 – 38(2005). p. 26.

与皮革匠乡村政治家不同,阿玛帕尔对种姓话题持不同的态度。他对被排出在"高高在上"(指村外)的权力圈外,感到十分愤怒,他谈到被排挤问题时,用的字眼是阶级而不是种姓。阿玛帕尔对种姓歧视问题所保持的沉默态度,折射出村里的一种广泛倾向。在贱民乡村政治家的小圈子之外,这些受过教育的年轻人很少说起种姓压迫,或贱民英雄的历史故事。而且,这些年轻人坚决地把贫穷视为遭受排斥的原因,并且与正统的政治说教无关。像许多受过教育的贱民青年一样,阿玛帕尔对安贝卡的思想几乎没兴趣,不愿在安贝卡青年组织里发挥积极的作用,似乎对贱民权利也没什么兴趣。阿玛帕尔承认大众社会党确实减少了腐败,使更多的发展资源流到村里,但他认为这些成就是暂时的。

高中毕业后,阿玛帕尔在村里开过一间电视机修理铺、在一家私人奶站监督牛奶销售、当过临时的政府牛奶监察员、在比基诺县私人银行当过职员、在村里经营过小型的三轮车生意,最近,在比基诺县的一家修车厂当销售助理。比不上布瑞吉帕尔,他找不到卷烟代理那样有利可图的工作;他还述说了创办小企业的种种艰辛。阿玛帕尔找工作的经历反映了他不愿回村里干农活的愿望。他说,"我受过教育,因此我觉得我应该干文字工作,即使每天只挣 40~50 卢比。我干农活挣得更多,每天 50~60 卢比。但我不愿意干这种工作。"①许多受过教育的皮革匠青年努力摆脱各种体力劳动来避免屈辱。年轻人总是嘲笑受过教育的皮革匠手工艺人,比如,称他们为理发匠或裁缝。这些称谓与特殊职业有关,同时也是某个种姓的名称。这些嘲笑触及痛处,因为他们把皮革匠年轻人与过去村里低种姓从事的手艺活路联系在一起,借此强调他们被排除在他们渴望获得的"体面"职业之外(然而 Qaziwala 村的年轻穆斯林却从不会嘲笑朋友们当裁缝或绣花工,而且,他们不觉得受过教育的人从事这些职业有什么见不得人的。在穆

---

① Craig Jeffrey, Patricia Jeffery, Roger Jeffery: When schooling fails Young men, education and low - caste politics in rural north India. *Contributions to Indian Sociology*, *Vol. 39*, *No.* 1, 1 - 38(2005). p. 29.

斯林中，手工艺劳动被视为一种优雅的男性美，需要运用耐心和细致的技巧）。

正如这一就业倾向所暗示的那样，阿玛帕尔认为教育成了衡量社会身份的标志："一边是未受过教育的人，另一边是受过教育的人；在他们之间差距很大。"①像布瑞吉帕尔一样，阿玛帕尔把社会身份意识与种姓地位重要性的降低联系在一起，种姓地位是衡量是否受社会尊重的标志。关于村里种姓歧视的问题，阿玛帕尔嘲笑了村里两个贾特兄弟的行为，他们吸毒成瘾、衣衫褴褛、睡在村外甘蔗地里。阿玛帕尔认为这些人没有教养的行为是不可能使低种姓获得社会优越地位的。

然而，阿玛帕尔认为教育者身份也是一种陷阱。他声言教育使得受教育者产生过高的不切实际的期望值，因而使其受到伤害："我认为受过教育的人毫无用处。他们把自己陷进去了。他们被限制在自己想做的体面工作中。没有受过教育的人自由自在；他们可以做他们想做的事情：劳动、耕地等等。并且如果文盲做错了什么事情，他们受到的批评很少。人们会说这个家伙是个文盲，什么都不懂，既天真又无知。"此外，阿玛帕尔认为教育与机会成本相关："受过教育的人干不了体力劳动或农活。如果干农活的话，他们会觉得耻辱，他们没有养成做农活的习惯。如果你拿一个从小就干农活的人同一个受过 25 年教育之后才开始务农的人作比较，你就会发现他们之间存在明显的差别。"②

陷阱、读书无用等教育话题在皮革匠的言谈中反复出现。脱节（dislocation）是他们的话语中最有震撼力的思想。许多年轻人把体力劳动、学习和娱乐视为混光阴的形式。他们也谈到了他们的漫无目的感以及他们的新身份，使他们像流浪者一样进入了只能"观望"和"等待"的脱节状态。与其他国家持有相同观点的年轻人不同，与就业有关的脱节和读书无用成了皮革匠年轻人的口头禅。他们不可能不找

---

① Craig Jeffrey, Patricia Jeffery, Roger Jeffery: When schooling fails Young men, education and low - caste politics in rural north India. *Contributions to Indian Sociology*, *Vol. 39*, *No.* 1, 1 -38(2005). p. 29.

② Ibid. , p. 30.

工作而当一辈子流浪者,他们的父母也不可能像这样供养他们(相比较而言,一些贾特人的父母似乎既愿意(常常是勉强地)也能够供养他们没有工作或在找工作的受过教育的儿子。这些富裕的贾特人能够把休闲聊天同无所事事和漫无目的紧密联系起来)。没有希望成了年轻人经常谈论的话题。阿玛帕尔说,"在今天的世界,考虑到失业的情况,当文盲再好不过了……在印度找不到希望。由于找不到工作,人们失去了生活的希望。"①

很少有皮革匠因为就业危机而离开比基诺县。大多数皮革匠在城市缺少良好的社会交际能力或缺少经商的知识和手艺。皮革匠年轻人说他们在附近的城市里感到很孤独,有被遗弃的感觉,而且经常被欺负。由于获得有保障的政府部门职位的机会稀少,又不愿意回去从事低人一等的体力劳动,许多皮革匠青年被迫通过非正规经济渠道寻找小职员的工作。这种工作断断续续、没有保障、剥削性强。这种职员工作还不如当地体力劳动的薪水高而且还没有保障。

当然,有一个重要的因素是,印度的基础教育都是为升学服务的,虽然,高中阶段实行分流,但很少有人愿意修习职业技术课程。而大学里农学和兽医学是专业学科,学费高,要求也高,不是穷人或者说农民子弟能够随意选择的专业。而且这些专业的招生数量非常少,是专门培养农业科学专家的。农村教育和城市教育一样,都是升学的教育。

印度学者 Rheman② 对一户贱民家庭的访谈让我们了解到贱民的

---

① Craig Jeffrey, Patricia Jeffery, Roger Jeffery: When schooling fails Young men, education and low - caste politics in rural north India. Contributions to Indian Sociology, Vol. 39, No. 1, 1 - 38(2005)p. 31.

② M. M. Rehman 是印度国家劳动力研究所研究员,他在印度劳动力研究方面出版了不少专著和研究报告,如 Child Labor and Child Rights(2001). Encyclopedia of Historiography in 5 Vols(2005). Human Rights and Human Development(1998). Participation for Development(1998). Political Economy of Institutional Planning In Education(1990). Society Economy and Education of the Deprived(1992). Tobacco, Tendu Leaf and Beedi Workers in India: Problems and Prospects (2005). http://www. dkpdindia. com/servlet/dispinfo offset = 0&searchtype = Author&text1 = M%20M%20Rehman, 2006 - 3 - 13.

真实生活、他们子女的教育状况、他们对就业的期望以及他们对保留政策的看法。

读书难，读了又有何用？——贱民生活写照

下面这段短文是印度学者 Rehman 在 1982 年对住在离哈里亚纳邦古贡县①几英里远的村子里一位叫哈拉丹的贱民所作的访谈。哈拉丹向来访者讲述了这样一个故事：

我是你们正在参观的这所学校的夜间门卫（chowkidar）。我的月薪只有 70 卢比，②还不能按时领到手。一般要拖欠 2～3 个月才能领到工资。我和妻子有 5 个孩子。我无力送他们上学。我妻子为地主种地。地主从来不按时付给我们工资。播种和锄草季节是我们最难熬的日子。这个季节我们得不到工资。地主要在收获季节才给我们工资，而且想给多少给多少。我们无话可说，而且也不敢说什么。因为我们生活在他们的"土地上"。我们经常被威胁要被赶出他们的土地。他们甚至会为了一点小小的借口威胁我们。

我们主要的问题是缺少收入来源。我们完全是没有土地的人，永远对地主唯命是从。在"紧急状态"时期，政府给我们一块土地用来盖房子，离村子有半公里远。但是，先生，给你说老实话，这块地根本不适合居住。在雨季土地被水淹，积水达两尺多深，一年中土地被水淹的时间累计达 4～5 个月之久。

我们听说了政府为我们保留了工作职位以及提供一些其他的方便。可是我们怎么可能得到那些可望不可即的东西呢。如果不具备最起码的条件，我们怎能指望得到那些给我们保留的东西呢？所有关于保留政策的"争吵"，只是一种控制我们的方法，

---

① 古贡县在新德里西南郊，只有 20 公里左右。

② 1983 年印度农业工人的年收入为 1600 卢比，一个 5 口之家，年人均 320 卢比，即使是素食者，维持生存每月至少要 45 卢比。参见 M. M. Rehman, *Society Economy and Education of the Deprived*, Anupama Publications, Delhi, 1992, pp. 157－158.

抑制我们的挫败感,这些总有一天会爆发出来,成为可怕的怒火。是的,我们必须斗争,为我们自己的事业而斗争。除了我们自己,没有人会帮助我们的,我们被这个不公正的社会剥夺了太多的东西。

瞧,先生,我是学校的工人,我有几个到了上学年龄的孩子,但我无力送他们上学。他们在地主的地里干活,才能得到两餐勉强果腹的饭菜,而且只有饭菜,没有工资,没有红利。我们还把这看成是地主老爷们高抬贵手了。先生,你瞧,站在你面前的男孩已经读完9年级了,现在他辍学了,因为没有钱送他继续上学了。没有工作,也没有挣钱的条件。他去找政治家们求助,想在卡坎纳就业。但他怎么才能找到一份工作呢? 他没有钱送给他们,也没有钱买"礼品"(bottle)送他们……先生,我无法跟你说清楚,一个人仅仅只想得到一份工厂的工作,究竟需要送多少东西? 最困难的是……

"哈拉丹,你正在你屋里同谁说话啊?"一个沙哑粗暴的声音从哈拉丹泥土屋子的门口传来。哈拉丹惊跳起来,双脚直抖地向这个声音沙哑的人行大礼①致敬。这是一位中年男人、大地主、老爷、哈拉丹的神。他就是哈拉丹的湿婆神②(Lord Shiva)。他能创造哈拉丹,养着哈拉丹,也能用他那古怪的技艺毁灭哈拉丹。

Rehman 等人只好撇开吓得六神无主的哈拉丹,向他的老爷解释他们来访的目的。也许哈拉丹不得不十分艰难地编造一个让他的毁灭神"湿婆"满意的故事来,才能蒙混过关。③

---

① 行礼者匍匐在地上,用额头触碰受礼者的鞋或脚,以示最高的敬意。

② 印度教徒信奉的三大主神分别是创造神大梵天(Brahma)、保护神毗湿奴(Visnu)以及破坏神湿婆(Shiva)。大梵天又叫糊涂神,高兴时,世间太平,发怒时,世间不稳定,信徒很少;毗湿奴在佛教中又称为遍入天,信徒很多;湿婆专司毁灭和生殖,信徒很多。

③ M. M. Rehman, *Society Economy and Education of the Deprived*, Anupama Publications, Delhi, 1992, pp. 238 – 263.

第五章　表列种姓与表列部落保留政策成效评价

　　在印度弱势群体教育发展中,一个至关重要的教育政策就是印度人称为在全世界福利范围最广泛的"保留政策"(Reservation Policy or Affirmative Action)。这个在英国人统治印度时期就开始实行的保留政策,在独立后的印度得以发扬光大。保留政策在中央和地方政府机构、公营企业和教育机构(主要是重点大学和中小学),给表列种姓15%、表列部落7.5%和其他落后阶层27%的保留配额。这一章主要讨论保留政策的实施情况和效果。

　　印度的保留政策不是独立后才有的,最早可追溯到1880年,当时的英印政府把一些文盲和土著阶层列入一份落后阶层名单,给他们的子女就读基础学校发放津贴。1895年在马德拉斯辖区还建立了落后阶层(包含大部分不可接触者种姓)补助学校,迈索尔政府还给落后阶层保留一定的职位。1925年在孟买政府的一份决议中,确定落后阶层是"除了婆罗门、普拉布人、马瓦利人、帕西人、巴尼亚人和基督教徒之外的阶层。"①1928年,哈托克(Hartog)委员会把落后阶层界定为教育落后的种姓和阶层,包括受压迫者阶层、土著、山区部落和犯罪部落。1929年联邦印度教落后阶层联盟制定了一份包含115个落后种姓(指

---

　　① 普拉布人(Prabhus):古吉拉特邦刹帝利种姓,种植并销售花果菜的富农;马瓦利人(Marwaris):拉贾斯坦邦吠舍大商人种姓,印度大财团总裁比尔拉就是马瓦利种姓;帕西人(Parsis):很富有的波斯拜火教徒;巴尼亚人(Banias):很富有的吠舍商人种姓。

非再生族、颓废阶层或首陀罗阶层）的名单。1936 年《表列种姓法》把
429 个种姓和部落确定为不可接触者。1946 年尼赫鲁提议在宪法中
给其他落后阶层制定适当的保护条款。根据 1950 年印度政府《（表列
种姓）宪法条例》和《（表列部落）宪法条例》，宣布了 1086 个表列种姓
和 443 个表列部落名单，对这两个群体实行特殊的政策保护。而各邦
政府建立的落后阶层委员会不定期在不同时段界定并公布社会落后、
经济落后和教育落后的种姓或阶层名单。①

　　研究印度的弱势群体问题，如果避开其他落后阶层的问题，难以
反映印度弱势群体问题的全貌。在印度，其他落后阶层问题和表列种
姓、表列部落的问题是交织在一起的。其他落后阶层问题实际上比表
列种姓和表列部落的问题还要复杂。这个阶层包括低级种姓、部分婆
罗门穷人、穆斯林、由表列部落和表列种姓皈依的基督教徒和佛教徒
等“少数民族”以及一些低贱职业者。② 当然这个阶层中大部分属于
首陀罗低级种姓，其社会地位比表列种姓略高，但在种姓制度中他们
不是再生种姓，仍受到高种姓的歧视。事实上，对表列种姓和表列部
落的认定和照顾本身争议不大，但是占印度人口近52%的其他落后阶
层的保留政策引起了很大的争议和暴力冲突。随着印度首陀罗阶层
的崛起、发展和壮大，他们开始向政府施加压力，争取获得配额，在政
府中获得权力，甚至能左右政府政策导向和选举。政府迫于压力不得
不给他们适当的配额。

　　1951 年以印度总理尼赫鲁为首的印度宪法特别委员会 22 人小组
（司法部长安贝卡博士也是重要成员之一）经过三天的激励争论，确定

---

　　① 　Dr. Shish Ram Sharma：*Protective Discrimination：Other Backward Classes in India.*
Delhi：Raj Publications. 2002. pp. 1 - 7. 印度政府为了实施好保留政策，1985 年开始在
全国范围内对种姓和阶层进行大规模的调查。一个叫做《印度人民计划》的“印度人种
学普查”，确定了4693 个阶层、12 大语族和325 种语言、24 种字体和91 个文化带。这是
印度历史上最全面的人口群普查，涉及社会、经济、文化、语言和生态的多样性。

　　② 　Press Information Bureau. Government of India. *Towards Uplift of Other Backward
Classes.* http://pib. nic. in/feature/feyr2002/faug2002/f060820021. html 2002 - 8 - 6.

那些教育上、社会上和经济上落后的群体属于"其他落后阶层"。①
1953 年印度政府根据宪法第 15 条第 4 款和第 340 条第 1 款,任命了
第一届全印落后阶层委员会,调查是否对他们实行保护的问题,Kaka
Kalelkar 出任主席。② 委员会把下列标准用来界定社会落后(social
backward 主要是指其他人或政府认为他们落后,盛行童婚、生存靠体
力劳动、非正式工作、工作条件差、缺少基本设施如厕所、生活环境不
卫生等等)、经济落后和教育落后的阶层:在印度教社会传统等级中社
会地位低;一个种姓或群体中大部分人缺少教育;在政府部门中的人
数少或没有;很少有人从事贸易、商业和产业。Kaka Kalelkar 委员会
在全国范围内拟定了一份有 2399 个落后种姓或阶层的名单,其中 837
个为最落后的阶层。主席坚持不以种姓作为界定标准,而以家庭年收
入低于 800 卢比为标准,而不管他是什么种姓。但因对划分落后阶层
的标准有争议,直到 1979 年都没有采取有意义的措施和行动。

　　1979 年根据宪法第 340 条,成立了第二届全印落后阶层委员会,
又叫作"曼达尔委员会",中央政府要求委员会制定一个全面科学的标
准来确定社会和教育落后的阶层。1980 年委员会提交了报告,从社
会、教育和经济三个大类中分出 11 个指标。

　　社会:被其他人认为落后的种姓和阶层;主要靠体力劳动为生;农
村至少 25% 的男性和 10% 的女性在 17 岁以前结婚;女性务工比例至
少超过全国平均比例 25% 。

　　教育:5 ~ 15 岁孩子的从未上过学的比例超过全国平均比例
25% ;5 ~ 15 岁的学生辍学率至少超过全国平均比例 25% ;高中生比
例至少低于全国平均比例 25% 。

　　经济:家庭财产价值低于全国平均值至少 25% ;住毛草房(kuc-
cha)的家庭高于全国平均数 25% ;饮用水源超过半公里的比例超过

　　① 　Dr. Sanjay Paswan. Dr. Pramanshi Jaideva. *Encyclopedia of Dalits in India*(*In* 11
Volumes). *Reservation*. (*Volume*5). Delhi. Kalpaz Publications. pp. 179 – 248.

　　② 　Dr. Shish Ram Sharma: *Protective Discrimination*: *Other Backward Classes in India*.
Delhi: Raj Publications. 2002. p. 15.

50%；贷款消费家庭数超过全国平均数 25% 。①

标准出台后，引来很多批评意见。首先是根据种姓来确定落后阶层遭到批评。早婚不只是低种姓的专利，高种姓也如此。体力劳动没有分清楚是出卖劳动还是为自己干活。妇女务工不具体，没有说明是什么样的劳动，如家务、出卖劳动力，还是别的体力劳动。仅以高中生比例作为衡量标准是不足够的，还应包括大学生、研究生和工科学生。有些地方饮用水源很远，不光是低种姓，高种姓也一样面临同样的问题。25% 的界限也不合理，那些刚好低于 25% 的种姓成了落后阶层，刚好超过一点的种姓成了先进（富裕）阶层。最后的结果是许多真正落后的阶层或种姓没有进入"社会教育落后阶层"名单，而一些先进的阶层却进入了"社会教育落后阶层"名单。这届委员会共提交了 3743 个落后阶层的名单，需要政府给予政策保护和照顾，考虑到问题的复杂性，怕引起种姓冲突和社会动乱，一直到维·普·辛格当总理后才开始执行。由于多达 49.5% 的照顾面，有些邦政府出于各种目的，照顾范围还超出这个比例，使得一些高级种姓青年失去了进入政府部门工作或进入好专业上学的机会，损害了他们的利益，带来了新的不公。冲突不可避免地发生了，这届政府也因此而下台。

根据最高法院的指示，印度政府 1993 年颁布全国落后阶层法，建立了第三届全国落后阶层委员会，负责审查进入中央落后阶层名单中的落后阶层的要求，听取未进入名单中落后阶层的意见。印度的社会情况异常复杂，虽然都是以职业是否"洁净"为标准，在一个邦是贱民的群体，在另一个邦却不是；一些其他落后阶层进入了表列群体的名单，一些贱民却进了其他落后阶层的名单。这届委员会还公布了低贱不洁职业名单，如捕鱼、打猎、捕鸟、农工、泥工、石匠、盐工、烧石灰、烤酒、养牲畜、屠夫、理发、洗衣、渡船、拾荒、磨刀、烘粮、歌舞、杂耍、耍蛇、表演、乞讨或做托钵僧（mendicancy）等。② 这届委员会直到 2001

---

① Dr. Shish Ram Sharma：*Protective Discrimination：Other Backward Classes in India.* Delhi：Raj Publications. 2002. p. 31.

② Ibid. ，p. 45.

年,才最终在全国 22 个邦和 4 个直辖区确定了 2278 个种姓和阶层进入中央的"其他落后阶层"名单。

1993 年印度最高法院的指示,中央和各邦政府给表列种姓(15％)、表列部落(7.5％)和其他落后阶层(27％)的保留配额合计不超过 50％。但实际上,许多邦给其他落后阶层的配额超过 27％,而给表列群体的比例低于 22.5％。如泰米尔纳杜邦为其他落后阶层保留 50％的配额,给表列种姓和表列部落保留 18％的配额。卡纳塔卡邦给其他落后阶层 48％,给表列种姓和表列部落 18％的配额。①

一、印度不同种姓群体的观点与评价

对于给表列种姓、表列部落和其他落后阶层的学生名额保留问题,印度不同阶层或种姓的人有不同的看法。有一点是明确的,无论是尼赫鲁、英·甘地和拉·甘地领导的国大党执政,还是其他政党执政,对于表列种姓和表列部落的保留政策是没有争议的,是一如既往地执行的。问题是出在其他落后阶层的保留政策上。印度国内不同阶层、不同学者和学生对保留政策的观点和评价如下:

(一)弱势群体应该享受保留政策且范围还应扩大

第一种意见认为,弱势群体应该享受保留政策,而且保留政策的范围和比例还应该扩大,因为弱势群体在印度遭受几千年的剥夺、压迫、歧视和排斥,应给予他们特殊政策保护和待遇,这样才能达到与其他群体一样的平等地位。印度政府与广大的弱势群体就持这种观点。贱民出生的达亚尔·辛格学院政治学助教拉吉库马说,"如果没有配额制,我至今仍在地里干活,给高种姓的地主当奴隶。""我在政府学校读书时,老师们经常说,教育被浪费在你们这些剥皮匠身上了。你们

---

① Dr. Shish Ram Sharma: *Protective Discrimination: Other Backward Classes in India*. Delhi: Raj Publications. 2002. p. 74.

应当去扫大街,去割草喂牛。"贱民的孩子在教室里只能坐在最后,时常因为一些小分歧挨揍,他们中很少有人能坚持到上大学。[1] 拉吉库马是一个例外。他的名字是个单名,目的是隐瞒其真实身份。因为不知道他的身份,到目前为止还没有哪个高种姓的人与他握手后回去洗手的。他虽然已拥有了住房和轿车,过着印度人梦寐以求的生活,但他认为目前的政策几乎不可能克服几千年来形成的经济社会歧视问题。

印度全国表列种姓和表列部落委员会主席夏斯特里(Bizay Sonkar Shastri)认为,人们根本不明白为"经济落后群体"保留配额的政策对不可接触者意味着什么。他说委员会每天都要收到一百多封来自贱民和部落民的诉状,控诉他们所遭遇的暴行。他列举了贱民妇女遭轮奸、不服从高种姓领导的村民遭受暴行的典型案件。在一件最令人吃惊的案件中,有人造谣说 5 个贱民在剥牛皮。牛是印度教的圣物,因此,愤怒的高种姓人们毒打这几个人并把他们吊死在警察局门外。这几个受害者就是像拉吉库马一样的剥皮匠。"不可接触制已经被废除 50 多年了,我们依然是地位最低的,挣扎在死亡线上,死亡率最高,遭到其他种姓的仇视。这不仅仅是提高经济地位就能解决的问题,而是我们的社会公正与合法权益应得到保护的问题。"[2]

贱民领袖之一的尼赫鲁大学经济学教授托拉特(Thorat)指出,市场失败时,政府会出面干预,阻止不公平垄断、创造就业机会和保证公平贸易。而社会坍塌时,政府也应该干预,最好的办法就是通过保留政策给他们提供保护、促进他们的发展。如果多数民族因为肤色、种姓和宗教而排斥少数民族,政府就应该干预,反对这种歧视行为。保留政策的起因是什么?就是多数民族的歧视性排斥行为。正是歧视导致社会剥夺,而不是贫困本身。[3]

---

[1] Matha Ann Overland. In India, Almost Everyone Wants to Be Special in The Chronicle of Higher Education. February 13, 2004. p. A40.

[2] Ibid. , p. A42.

[3] Ibid. , p. A41.

这些贱民活动家和领袖用充分的证据说明,正是他们遭受了长期的歧视和剥夺,不仅要对弱势群体实行保留政策,而且要消除不可接触制度,保护他们的合法权益,实现真正意义上的平等。但要消除社会歧视和偏见以及由此引发的暴力冲突和流血事件,不是一朝一夕能解决的问题。印度独立已经60年了,对贱民的歧视和暴力伤害依然存在。

(二)保留政策违背了效率优先的原则

第二种意见认为,保留政策违反了"成绩"(merit)和"效率"(efficiency)的原则,违反了宪法面前人人平等的原则,带来了新的不公正和不平等。一部分享受保留指标而成绩差的学生把另一部分成绩优秀而没有保留政策待遇的学生挤出了高等教育,使他们失去了获得优质高等教育的机会。印度许多高种姓学者和学生就持这种观点。他们常常争论说,保留政策给被剥夺者以社会公正,但却是以牺牲效率(efficiency)和成绩(merit)为代价的。关于效率和成绩的争论很大程度上暗示被剥夺者能力很差。那些被挡在医学、工程技术和计算机等好专业门外的优秀高种姓学生不得不为祖先过去对被剥夺者的不公正付出代价。关于"社会公正"有不同的解释,有人认为,现在的学生不该为过去的不公正负责,因为他们不可能永远都直接或间接地受益于过去的不公正。[1] 1983年,马德拉斯印度理工学院院长在全校教职工大会上作报告时说:"社会公正是否意味着印度不应该有按分数录取考生的学校?是否意味着社会底层的人享有某些特权而优秀学生就不该有自己的权利?这是一些辩论双方都有很多话要说的问题。不幸的是,认为不应该公开辩论这些问题的观点占了上风——这是学术自由与政府权威发生冲突的一个典型事例。大学需要有三项基本自由:决定教什么的自由,决定教谁的自由,决定谁教的自由。我们今天目睹的正是这些自由权利遭到侵蚀。不幸的是,大学像朵花一样,

---

[1] Dr. Sanjay Paswan. Dr. Pramanshi Jaideva. *Encyclopedia of Dalits in India* (*In 11 Volumes*). *Reservation.* (*Volume* 5). Delhi. Kalpaz Publications. pp. 152 – 154.

很柔弱,易受摧残,完全依赖于人们的良好愿望才能生存。不久以前,阿拉哈巴德大学和加尔各答大学还像现在的印度理工学院一样,是印度最好的大学并且在世界上享有盛誉。看看它们现在的下场。我们不能不担心我们自己的未来。"①有些印度学者悲观地估计,印度理工学院按成绩录取的学生数有可能被削减到50%以下。几乎可以肯定的是,假设印度理工学院不是在 20 世纪 50 年代建立的,而是在当前这种政治氛围下去创办,印度可能永远不会有如此高水平的教育机构。

(三) 人人都应该享受保留政策

第三种意见是人人都应该享受保留政策的照顾,无论他们属于什么种姓或阶层,只要他们是教育落后、经济落后的群体。德里大学一位婆罗门种姓出身的女大学生波密克说,她和她的同学申请了 30 多个学院都被拒绝了,因为这些学院或专业都有自己的录取标准、配额和申请要求,想申请读自己喜欢专业的希望越来越渺茫,给他们剩下的只有绝望了。有些专业给普通种姓的配额就只有 3 个。她认为这一切荒唐透顶了。而另一所大学的低种姓学生乌玛坚持认为,保留政策是必要的,因为贱民和部落民遭到的歧视仍然是恶意的和普遍的。还应给贱民们增加配额。这些年来,在中央的表列种姓和表列部落表册中添加了不少新的贱民种姓和部落,但配额比例还是 22.5%。② 印度学者拉达克里希南 20 世纪 80 年代在中央邦和比哈尔邦对表列种姓青年大学生所作的问卷调查表明,大部分学生认为保留政策的确提高了他们的地位,没有保留政策,他们想取得今天的地位,简直是不可想象的,因此,希望继续实行保留政策,给他们的比例最好能提高到35%。他们认为不应该给表列种姓中既得利益者家庭(如国会议员、

---

① Suma Chitnis, Philip G. Altbach. *Higher Education Reform in India*: *Experience and Perspectives*. New Delhi/London: Sage Publications. 1993. pp. 358 – 359.

② Matha Ann Overland. *In India*, *Almost Everyone Wants to Be Special in* The Chronicle of Higher Education. February 13, 2004. p. A41.

立法院议员和地主)的孩子提供保留配额。相反,63%的表列种姓学生同意高种姓中穷人的孩子也应该享受保留政策。①

尽管人们抱怨配额制,但没有形成终止配额制的潮流,因为涉及的群体太广泛,简单地终止保留政策的建议只能导致政治上的自杀。取而代之的是人们要求扩充保留政策。正在德里大学经济学院攻读硕士学位的女学生阿努认为,"我们也应该获得配额。"她是拉吉普特人(属于刹帝利种姓),祖先曾统治印度北方大部分地区。由于没有给他们高种姓的人配额,她认为配额制不公平。"低种姓的人轻易地得到所有的东西,我们什么照顾也没有,而我们是很有潜力的人。"②她虽抱怨配额制,但不主张废除配额制,只是希望自己也得到配额。

(四)保留政策惠及了少数人却强化了种姓意识

还有一种意见认为,保留政策更多的是一种施舍行为,弱势群体中只有少数人享受到了保留政策的利益。一位印度学者对国大党政府几十年来贱民政策实施的结果作了这样的总结:"尽管有了这些伟人的热情和努力以及宪法条款保障,不可接触制在传统习惯上仍占主导地位,宪法中的保留工作岗位、席位制只有利于贱民极少的一部分人,而数千万的贱民仍生活在贫民窟中;人们的种姓观念并没改变,分配土地,提倡不同种姓结婚,给予教育帮助等措施,更多的是一些慈善行为,而不是在不可接触者与可接触者之间导致剧烈的变革,不可接触者仍在日常生活中饱受歧视。对此,已去世的英·甘地总理曾哀叹说:"至今为止,我们还一直不能平等地对待贱民,这主要是政府的失败,也是全体印度人民的失败。"③

此外,印度各政党为了自己的利益,继续保持保留政策,目的就是

---

① S. Radhakrishnan, Ranjana Kumari. *Impact of Education on Scheduled Caste Youth in India: A Study of Social 1. Transformation in Bihar and Madhya Pradesh*. New Delhi: Radiant Publishers. c1989. pp. 100 – 102.

② Matha Ann Overland. In India, Almost Everyone Wants to Be Special. in *The Chronicle of Higher Education.*. February 13, 2004. p. A41.

③ 陈峰君:《印度社会述论》,中国社会科学出版社1991年版,第381页。

拉选票,因为表列种姓和表列部落以及其他落后阶层占印度人口的
2/3 以上。德里大学英语系获得荣誉学位的学生达斯古普塔认为,配
额制度使阶层分化合法化,配额制成了各政党玩的政治游戏,政治家
们正用它作为拉取选票的筹码。如果印度想成为一个没有阶级的社
会,就只有取缔配额制,用择优录取和奖学金制度代替保留政策,从根
本上取消阶级分层。① 维·普·辛格就是利用低种姓穷人的选票才坐
上总理宝座的。1980 年,英·甘地东山再起时,就宣称要把穷人最需
要的礼物送给穷人。英·甘地儿媳索尼亚·甘地领导的国大党就是
声称国大党是低种姓穷人的政党而获得多数选票上台的。实际上,这
种利用种姓集团作为选票库的行为,只会强化老百姓的种姓意识,使
种姓制度更加难以消除。

二、中国学者的观点与评价

研究印度保留政策的印度国外学者不是很多,而且大都主要是在
研究印度历史、文化、政治、经济、宗教问题时涉及印度的保留政策问
题。中国研究印度历史、政治、经济和宗教的学者都或多或少地谈到
这个问题,观点大致相同。

(一)保留政策树立了表列群体的自尊和自信

北京大学教授林承杰指出,保留政策使这两个最突出的社会弱势
群体第一次享受到担任、参与国家管理的政治权利,一大批有能力的
人走上各种公共岗位,改变了社会对这两个群体的看法,也大大提高
了他们的自尊心和自信心。②

然而,表列种姓长期处在社会最底层,其地位的改善绝非几条法

---

① Matha Ann Overland. In India, Almost Everyone Wants to Be Special. in *The Chronicle of Higher Education*. February 13, 2004. p. A40.

② 林承节:《印度史》,人民出版社 2004 年版,第 437 页。

令和措施就能解决的。而社会上世代形成的种姓偏见也非一朝一夕所能革除。尽管政府利用舆论努力消除传统的偏见和弊端，歧视贱民仍然是普遍现象，迫害事件多有发生。部落民大部分居住在山区和森林地带，务农者居多，经济文化一般都很落后。政府对部落民的政策主要是通过积极帮助、扶植，把他们整合到印度主流社会中，逐渐跟上主流，同时又能保持自己的文化特色。尼赫鲁强调，部落地区必须得到发展，而发展要靠部落民自己，不能有外界力量强加给他们。

由于保留政策的作用和贱民自己的努力，贱民的政治地位不断在提高，一些邦还成立了自己的政党，北方邦的贱民和落后阶层组成的大众社会党还几次在该邦执政。高级种姓中的一些人看到贱民和自己平起平坐，特别是受到国家扶植，心里很不舒服，因而采取非法迫害的手段以发泄愤恨情绪，或公开反对政府在官员职位上对表列种姓实行保留配额政策。

（二）保留政策成了各政党争夺选票的筹码

另一方面保留政策成为各政党向弱势群体拉选票的诱饵。这种把不同种姓作为"选票库"的行为，从另一个角度强化了种姓制度。1990年，接替拉·甘地当总理的维·普·辛格想以保留政策巩固自己的地位，结果在年末就因保留政策而下台。辛格曾说："为建设我们的社会，就必须消灭顽固的不公正和不平等……如果我们中的一些人贫弱或被剥削，必须帮助他们前进。我们的部落民生活在远离德里的森林里和荒地上，已成为我们社会遗忘的贫穷者，这些人的声音必须在德里听到。"辛格政府保证每年为弱势群体提供55000个政府工作的机会，保证实行一系列的措施，使人们普遍意识到"普通人也是国家的主人"，等等。劳工部长帕斯万把辛格政府决定给予落后阶级新的保留配额的目的讲得很清楚，"这是一个福利政府，如果把表列种姓、表列部落、其他落后阶层、少数民族如穆斯林等加起来，一共可达到全国人口的89%。"

辛格政府想以平等的名义，以保留为手段，分别给各种人以配额，笼络大多数人，以达到"分而治之"的目的。当保留比例高达49.5%

的曼达尔报告宣布执行时,以学生为主体的抗议集会、罢课、示威游行、阻断交通、烧毁车辆、冲击政府机关等事件愈演愈烈,学生与警察发生冲突,死伤达千人。骚乱中,63名青年自杀,159名青年自杀未遂。辛格政府为此不得不下台。20世纪80年代末,大学生和研究生就业登记的人数与当年中央政府所能提供的职位空缺的比例大约为100∶6。[①]人人都把政府机关的职位看做是难得的肥缺,为落后阶层保留高达49.5%的比例,对于高种姓学生来说无异于断绝了寻求体面工作的机会和门路。再加上国大党(英)的操纵,冲突在所难免。

(三)保留政策带来新的种姓冲突

那么,保留政策的效果如何呢?许多人指出,以保留政策作为一个带领受压迫者进入全民生活主流的手段失败了。首先,独立以来的实践表明,保留政策的好处仅限于那些已经享有特权的小部分人。在那些有可能成为新的保留政策的受益人中,大部分是经济富裕并在地方上占统治地位的人。几十年来的保留政策,几乎没有给弱势群体中的贫苦大众带来多少社会正义,那些占有好处的小部分人在实现社会地位向上流动的同时,也向外流动,脱离了自己的人民,形成了一个新的阶层和对立。而弱势群体中的大多数人仍像以前一样落后,"扫地的人仍头顶粪土,不可接触者仍不可接触,表列部落因为非部落民的占领和政府征地正逐渐被同化"。[②]

北京大学教授尚会鹏认为,种姓冲突是种姓对立的进一步表现。在这个层次上,人们不再仅仅固守种姓隔离的规定、相互瞧不起和争论,而是开始采取对抗行动。他把种姓冲突划分为两个层次。第一个层次称为种姓紧张。其表现形式为:高种姓对低种姓的惩罚(如公开羞辱、罚款、请吃酒席等)和低种姓的抗议(如不为高种姓家干活、故意破坏种姓法规等)、相互攻击辱骂、种姓宣传、针对某一种姓集团利益

---

①　孙士海:《印度的发展及其对外战略》,中国社会科学出版社2000年版,第73页。

②　邱永辉:《现代印度的种姓制度》,四川人民出版社1996年版,第172页。

采取不正当手段等。在现代印度一些新的条件下,种姓紧张有了新内容,采取了新形式,有了更大规模和影响。种姓冲突的第二个层次是种姓暴力。这是种姓冲突的最极端形式。在这个层次上,有种姓歧视的人采取暴力手段迫害甚至从肉体上消灭所歧视的人。种姓暴力多是高种姓对低种姓施暴,贱民对高种姓施暴则较少见。[1]

不可接触者成为种姓暴力的最大受害者,是同他们极端底下的社会地位相一致的。一个人无论种姓高低,都是社会秩序的一部分,故而是不可或缺的。首陀罗虽然地位底下,但出身高种姓的富豪显贵不能不用奴仆。而不可接触者在种姓阶梯上没有位置,被认为是从"解脱"道路上滑落下来的人。这些人的存在本身就是一种罪恶。他们不仅是"不可接触者",其至是"不可看见者"和"不可想到者"。社会习俗对于他们到了如此严酷的程度,对他们使用暴力就没有什么奇怪了。所以,在种姓社会里,人们可能会谴责打死苍蝇和臭虫的行为,却不会同情受暴力迫害的贱民。

如果说以前的种姓暴力是对不遵守种姓法规的贱民施以惩罚的话,那么,近代以来的种姓暴力冲突有了新的变化,增加了新的内容——保留政策。随着贱民的觉醒,贱民反歧视、反迫害的斗争有了较明确的目标和较大的规模,种姓暴力冲突也就出现了规模化和组织化的趋势。人们所说的"种姓战争"就反映了这个趋势。1977年遍及马哈拉斯特拉邦的"种姓战争",1980年底至1981年初席卷古吉拉特邦的"种姓战争"和1990年因实施"曼达尔方案"而引起的"种姓战争"等,都说明了种姓暴力冲突正朝着有组织、大规模的方向发展。

尚会鹏把印度社会的种姓和教派的冲突同印度教特征、人的文化心理特征、社会一般特征和社会病理特征等四个方面,用四个图表对种姓冲突的来龙去脉作了很有见地的剖析。[2]

---

[1] 尚会鹏:《种姓与印度教社会》,北京大学出版社2001年版,第170~172页。

[2] 尚会鹏:《种姓与印度教社会》,北京大学出版社2001年版,第189~191页。

社会病理特征	社会一般特征	文化心理特征	宗教特征
种姓冲突、教派冲突、某种意义上的种族冲突及各种因素	→ 森严的等级制、对宗教生活的重视、理论宗教流派的多样性、异质文化因素未被同化 ←	→ 超自然中心的文化心理取向、差别主义的生活态度、扩善分离的世界观 ←	"梵我一如"拯救观、极大的包容性、洁净和污秽观念的发达

　　北京大学教授林良光认为,独立后几十年的发展,其他落后阶层中的许多人利用新的机会获得了财富,增强了经济实力,开始争夺政治权利和为他们的子女争取教育和工作权利。当他们雄心勃勃为自己争取地盘时,却发现不论是政府机构、党的组织或是教育机构中多数职位已为高种姓占据着。另一方面,其他落后阶层由于没有享受到表列种姓那样的照顾,引起了他们的强烈不满,加剧了他们同其他种姓的矛盾和冲突。随着其他落后阶层力量的日益强大,20 世纪 70 年代南方一些邦的政党,尤其是其他落后阶层占优势的政党,纷纷规定在政府机构和学校为落后阶层保留配额。政府也就越来越不能无视他们的要求。根据宪法第 340 条,印度政府于 1977 年任命了第二个落后阶层委员会,通常称为"曼达尔委员会",研究为落后阶层保留配额的问题。该委员于 1980 年 12 月 31 日提交了报告,确定全国有 3743 个落后阶层需要保护和照顾,提出为他们保留 27% 的中央政府和公营企业的职位。考虑到问题复杂,可能会引起种姓之间的冲突和骚乱,政府没有执行。直到 1990 年 8 月,政府才公布了政府备忘录,宣布实行向教育和社会落后的阶层实施保留配额的政策。[①]

　　自实施保留配额政策以来,一直就有两种对立的观点。支持者说,弱小阶层(表列种姓、表列部落、其他落后阶层)历来受剥夺,他们同富有而强大的阶层不是站在一条起跑线上,要使他们享有平等的权利就必须对其实行特殊保护;反对者说,保留政策不利于择优录取人才,会引起国家管理人员素质低下,效率下降。对表列种姓和表列部

---

①　林良光:《印度政治制度研究》,北京大学出版社 1995 年版,第 270~271 页。

落的保留政策,高种姓虽然有意见,但因保留的数目少,对高种姓威胁不大,虽也引起冲突,但还不算严重。暴力冲突很大一部分是由于高级种姓对其他落后阶层享受到保留政策利益的不满而引起的。

古吉拉特邦素有"反保留骚乱的温床"之称。高种姓占该邦人口的31%,落后阶层(或种姓)占人口的35.5%,由于落后阶层的经济实力逐步强大,他们要求在政治上分享权力,同高种姓的冲突日益突出。1985年因邦政府决定为落后阶层实施保留政策,该邦发生了大规模的种姓骚乱,骚乱持续了5个月,造成200多人死亡,1万多人无家可归,财产损失无数,邦政府被迫辞职,保留政策也被迫取消。

1990年8月,印度政府宣布实施"曼达尔报告"以后,首先引起高校学生尤其是高种姓学生的抗议活动,抗议活动遂发展成骚乱,蔓延到北方各邦,学生不断自焚,共有63名学生自杀身亡,159名自杀未遂,还有不少人死于冲突。鉴于事态严重,印度最高法院判决延缓执行"曼达尔报告"。这届政府因受到多方面的抨击不得不下台。①

在此次抗议活动中,英地拉·索尼等人向最高法院提交了反对政府决议的正式抗议书。1992年11月16日印度最高法院对这一关于保留名额政策的抗议作出了意义十分深远的裁决。主要内容是:确定其他落后阶层的标准不再以种姓为基准,而是以经济落后和教育落后为尺度。坚决剔出落后种姓中的"奶酪阶层"(Creamy Layer),这部分人虽然是落后种姓,但他们已经富裕起来,教育上已经不落后了。1993年新上台的政府开始实施这个包括其他落后阶层在内的保留政策,表列种姓15%和表列部落7.5%的保留配额仍然不变,其他落后群体保留27%的配额,总计达49.5%。可以说是全世界保留范围最广泛的照顾政策。不过在实施过程中,一些邦的保留指标超过49.5%,一些邦达不到49.5%。

2006年5月18日,印度总理辛格宣布成立一个由4名部长组成的委员会,重新讨论此前推出的高校"低种姓保留配额"政策,试图平息持续一周多、波及全国各大中城市的示威游行活动。然而辛格总理

---

① 林良光:《印度政治制度研究》,北京大学出版社1995年版,第274~275页。

的表态未能达到预期效果,在首都新德里,学生和医生再次举行大规模游行并与警察发生冲突,部分静坐绝食的学生健康状况也进一步恶化。示威游行活动起因于 2006 年 4 月印度人力资源开发部部长阿穷·辛格宣布,在印度理工学院、印度管理学院和全印医学院 3 所印度最知名的院校将为低种姓学生保留的配额从 22.5% 提高到 49.5%。政策宣布后,立即遭到高种姓学生的强烈反对,医学界的反对声浪最为高涨,几百名来自不同医学院的学生于 5 月初组织了示威游行活动,随后各医院的医生也加入示威行列。造成了医院瘫痪多日,病人无人救治。绝食学生萨迦尼·辛格说:"我们强烈反对,我们认为,录取学生应根据成绩,而不是出身。我不知道学校里谁是什么种姓,但政治家们希望给我们贴上标签,并以此作为进入大学的决定性因素。"①据分析此次大幅度提高低种姓保留配额,是国大党与左翼政党妥协的结果。国大党 2004 年赢得大选后宣布了《最低共同纲领》,表示将重点保护弱势群体的利益。但两年来左翼政党一直批评国大党没有履行承诺。今年 5 月左翼政党在地方选举中大获全胜,不可能不对国大党兑现诺言形成强有力的刺激。

(四)保留政策还带来意想不到的结果

北京大学学者林良光认为,表列部落保留政策的实施带来了一些意想不到的后果。首先,经济和教育上优待部落的政策引起了部落社会内部的竞争和分化,加剧了部落内部的相互仇视和斗争。其次,印度的部落教育政策培养了一批具有现代科学文化知识和世界观的部落知识分子。他们中的一些人有较强的民族意识,成为部落利益的宣传者和捍卫者。在他们的影响下,部落人民日益强调自己社会和文化的特殊性,为争取保护自己特殊利益、争取民族自治而斗争。部落保护政策本来是一种临时措施。按照制定这一政策的人们的设想,随着部落社会地位的提高和部落文化被同化,这一政策将被取消。但部落

---

① 陈继辉:《种姓改革又在印度闹翻天——给低种姓教育优惠触动最敏感社会神经》,《环球时报》,2005 - 5 - 19(3).

政策的实施似乎带来了相反的结果:部落民民族意识增强了,取消保护政策变得越来越困难。① 实际上,印度政府在促进部落社会发展经济和教育的同时,应尊重他们文化和社会的多样性,给他们以更大的自主权,把这几者结合起来,乃是解决这个问题的根本途径,而不是简单地对他们进行同化或主流社会化。

三、其他国家学者的观点与评价

斯图尔特·科布瑞吉(Stuart Corbridge)②关于印度东部地区的政治、经济、民主和发展的著述颇丰。他 1980 年、1983 年和 1993 年三次长住印度比哈尔邦的贾坎德部落地区兰契县,对霍人(Ho)村、蒙达人(Munda)村和奥朗人(Oraon)村等三个部落村的保留政策受益者作了入户访谈和工作场所访谈。1981 年、1986 年、1994 年、1996 年和 1997 年又对贾坎德地区进行短期的访问。八次一共访谈了 204 个对象,收集了大量的数据。他 2000 年发表在《亚洲研究》的论文"竞争不平等:印度贾坎德地区表列部落和保留制度"③就是他关于 20 世纪 80 年代和 90 年代比哈尔邦贾坎德地区表列部落保留政策进行的系统深入研究的成果。他指出由于早期(20 世纪 40 ~ 60 年代)工业化的进程,这个地区的部落民中产生了一个中产阶级,这部分人是保留政策的主要享受者。然而,正是保留政策使部落民觉醒了,他们要求自治的愿望越来越强烈。贾坎德地区的部落民经过长期的贾坎德运动,终于在 2000 年从比哈尔邦分割出来,单独组建了一个部落邦。

这个案例主要介绍印度比哈尔邦贾坎德部落地区为表列部落成

---

① 林良光:《印度政治制度研究》,北京大学出版社 1995 年版,第 271 页。

② 斯图尔特·科布瑞吉:2001 年以前是美国迈阿密大学国际关系学教授,现在是伦敦大学经济政治学系人文地理学教授,研究方向为:东部印度的政治、治理、政策和权利,发展理论等;主要教授印度民族主义、民主和发展,地理思想史和发展理论。

③ Stuart Corbridge. *Competing inequalities: the scheduled tribes and the reservations system in India's Jharkand*. The Journal of Asian Studies 59, no. 1(Feb 2000):62 – 85.

员保留政府部门和公共部门职位所带来的政治经济效应。这个案例涉及三个问题。首先是对职位保留制度以及学校配额制度所作的实证调查研究,这一研究与表列部落地位的变化相关。其次,保留政策是怎么样和为什么会刺激部落中产阶级的形成。再次,他认为发展与反发展理论(Anti – Development)适用于印度部落群体。斯图尔特虽然驳斥了对印度"部落身份"静态的、一成不变的、陈腐的描述,但他既不赞同部落的分类是完全虚构的,或者说是官员们鉴别出来的产物,① 也不认为政府资助的发展政策完全有利于部落家庭。比哈尔邦的证据表明不少部落穷人受益于补偿性区别对待政策,获得了公共部门的职位,积累了文化资本。同时,保留政策也是产生部落精英阶层或小资产阶级阶层的重要因素。

然而,保留制度的初衷实现了吗? 保留制度应该的受益者现在怎么样了? 表列群体成员享受到保留制度赋予他们的权利了吗? 保留制度与那些特殊的表列群体为进一步追求更大的利益而形成的各种政治派别有没有瓜葛? 有学者认为在旁遮普邦和北方邦崛起的大众社会党(Bahujan Samaj Party)与表列种姓中形成的官员阶层有联系。② 保留制度或者说肯定性行动为这部分人获得政治权利铺平了道路。

印度独立后通过经济干预和立法干预,力图改变这两个落后"边缘"群体(表列种姓和表列部落)的地位,却创造了一个新的"现代落后"阶层。美国芝加哥大学印度史学教授罗纳德·因登认为,"现代印度"的标准化声音是一种统一的、口径一致的声音,结果对印度许多边缘群体造成了危害。③

斯图尔特根据 20 世纪 80 年代和 20 世纪 90 年代在贾坎德地区(比哈尔邦南部)所收集的实地调查数据,试图回答两个方面的问

---

① Ibid. ,p. 74. 许多欧美学者到印度一些部落村寨实地考察时,发现同一地区的部落村民和非部落村民没什么两样。因此就怀疑部落是印度政府杜撰出来的,要么就已经被印度主流文化给同化掉了。

② Chandra, Kanchan. 2000. "Rising Scheduled Castes: Explaining the Success of the Bahujan Samaj Party." *Journal of Asian Studies* 59, no. 1(*Feb* 2000). pp. 26 – 61.

③ Inden, Ronald. *Imaging India*. Oxford: Blackwell. 1990. pp. 61 – 65.

题。首先，有什么证据可以证明政府部门和公营企业保留职位的制度
是有利于表列部落家庭的？如果这种利益得到了保障，凭什么手段？
谁享受到这种利益？保留职位制度的利益有没有被表列部落中的特
殊群体所垄断？如果情况属实，关于"表列部落"的鉴别以及部落社会
是一个平等无差别的经济社会的观点，又有何意义？其次，保留职位
制度在"部落"政治身份、政治抱负和政治活动方面导致的政治结果是
什么，如果有的话，这种情况完全同罗纳德·因登的描述一致吗？即，
印度所谓的土著人或部落民是因为印度政府所作的鉴别和保留制度
所创造的，他们成了哀求国家救济和帮助的人，这种制度是否伤害了
这些群体？

斯图尔特把贾坎德部落地区作为案例，对表列部落保留政策的实
施和结果进行了分析研究，作出如下评价：

（一）竞争不平等

首先，保留政策作为一种区别对待政策，是想使落后阶层借助于
保留政策实现与其他阶层一样的平等地位，结果却带来新的不平等。
"竞争不平等"是指在法律面前人人平等与印度社会各群体中现实的
不平等之间所作的平衡和取舍。在保留制度的捍卫者们无视该制度
存在缺陷的情况下，用自由的话语和罗尔斯①的话语捍卫保留制度。
印度的补偿性区别对待政策在其支持者中再生产了一些新的不平等。

---

① 约翰·罗尔斯(John Rawls,1921~2002)是20世纪美国乃至西方思想界最重要
的政治哲学家之一,哈佛等多所著名大学教授。其代表作有《正义论》、《政治自由主义》
等。罗尔斯关心的主要问题是如果一个社会要成为公正的社会,它应该具备什么条件?
罗尔斯认为,一个公正社会的决定性标准在于社会中处境最差的那些人的位置如何。
由此,他引入了在公民中进行利益分配的一些原则。首先,必须保障所有人平等的政治
与公民的权利、提供公平同等的机会。每个具有一定才能和职业准备的人都应该享有
同等机会进入社会的不同公职。在经济分配方面,罗尔斯既反对那种纯粹市场自由主
义式的全然自由,也反对同等报酬模式的完全平等。他的原则是,体制应该保障人们平
等的生活收入,无论其社会地位如何。只有一种例外的情况可以接受,那就是某种不平
等的分配可以激励那些能够扩大社会共同财富的人们工作,使那些处境最差的人们得
以改善境况。

但这需要对受益者与非受益者之间基于不平等竞争的保留制度所带来的直接效果(就业)和间接效果(政治身份)作出判断和平衡。打破平衡是件不易的事情,高级种姓群体对保留制度日益高涨的抗议活动就说明了问题。

在印度,人人都向往政府机关、学校等机构稳定的白领工作,公营企业的工作也是很有保障的,也是很多高种姓男女青年所追求的。比如,国营钢铁厂长期给工人们发奖金、病假工资、休假工资;国有银行也是如此(英迪拉·甘地夫人1971年已把印度的银行国有化了)。而私营企业就没有这诸多好处了,塔塔钢铁厂成了"没有哪家父母会喜欢的企业"。① 因此,曼德尔委员会和辛格政府的决议威胁到了高种姓的人们,增加了他们竞争政府部门职位和大学配额的难度,他们的竞争对手主要来自比表列种姓和表列部落势力强大的其他落后阶层——印度农村首陀罗群体。20世纪80年代和90年代随着代表其他落后阶层利益政党权力的上升,印度政府的政治蓝图发生了变化,另有27%的工作职位保留给其他落后阶层。在印度北方这一现象最为明显,但这种现象并不仅局限于讲印地语的印度腹地。事实上,印度南方从20世纪60年代起就为其他落后阶层保留职位。北方邦在1948年就给其他落后阶层给予教育上的照顾,比哈尔邦1951年就确定了其他落后阶层的名单。②

其次,印度政府认为部落社会是一个平等主义的、无差别的社会。它的区别补偿政策就是基于这一观点制定的。虽然,保留政策让贫穷的部落民获得了利益,积累了文化资本,但更多的利益被早先因为工业化而富起来的中产阶级所攫取。这部分人要么居住在城市,要么是农村中拥有很多土地的富农,而且大部分是男性。在部落社会大男子主义没有印度教社会那么强,女子地位比较高,她们读大学的比例与男生差不多。但是在就业上却比男生少多了,原因是招聘者们是印度

---

① Stuart Corbridge. *Competing inequalities*: *The scheduled tribes and the reservations system in India's Jharkand*. The Journal of Asian Studies 59, no. 1(Feb 2000):62-85. p. 63.

② Ibid. , p. 62.

教的大男子主义者。她们在部落社会遭受的偏见远远低于工作社会的招聘者们对她们的偏见。斯图尔特在贾坎德部落地区 204 个因职位保留制度而获得工作的部落访谈对象中,只有 36 人是妇女,占总数的 17.6%。① 印度保留职位的计划和配额等都是通过广告宣布的,在偏僻的乡村难以得到这方面的消息。事实上,保留制度并没有带来一个部落中产阶级,而是保留制度的利益为过去存在的部落精英阶层所攫取。而这一阶层是印度宪法的缔造者们不愿意承认的。这一精英阶层正在通过自身的努力在国家教育机构中获得金饭碗,从而赚取了皮埃尔·布迪厄所说的文化资本。保留制度只是扩大了部落中产阶级的规模,这一规模的形成,主要是起源于职位与学历的相关性,而不是与社会背景的相关性。

最后,尽管比哈尔邦大量的部落民通过保留制度获得合理的报酬和稳定的工作,但职位保留制度仍然不能按照宪法制定者设计的方式把一类职位和二类职位按人口比例保留给表列部落。虽然从 20 世纪 70 年代中后期以来已作了一定的改进。

保留制度使得政府官员们更注重宣传补偿政策的思想,通过制订工作招聘计划和工作分配名册(即,每一种工作都有一个序列号),表明这种工作是为某一特定群体保留的。尽管一些用人单位利用效率原则把一部分人挡在门外,但工作职位仍然保留着,直到相应的候选人补上为止。来自农村受过教育的部落民通过保留职位制度取得了进步,而且还在取得进步。部落男女还是能够从四类职位上升到三类职位的,况且还有有效的表列制度作保障。

保留制度在比哈尔邦的实践比评论家预料的要成功得多。斯图尔特的本意不是想证明有大量的表列部落民因为获得了保留的职位,从而基本上改变了比哈尔邦贾坎德地区的劳动力市场的性质和社群的关系。实际上并非如此:每十万个部落民求职者中只有 1000 个获得保留职位。但问题的关键并不在这里。对于被排除在私营企业或

① Stuart Corbridge. *Competing inequalities: The scheduled tribes and the reservations system in India's Jharkand*. The Journal of Asian Studies 59, no. 1(Feb 2000):62-85. p.76.

非正规就业部门的部落民而言(1990 年以后国营企业大不如从前了),保留制度不是万能药。在印度人们热切追逐的是公营部门的工作,与保留制度的批评者的想象不同的是,比哈尔邦较多的部落民正在获得公营企业和政府部门所保留的工作。来自非精英阶层的部落民获得正规教育之后,也获得了大量的此类职位。斯图尔特把他在比哈尔邦的研究结果与简·布莱曼在古吉拉特邦的研究结果作了有趣的对比。古吉拉特邦部落无产者的地方就业机会被雇佣者全面冻结了,雇佣者们热心于把外来劳动力引入这个地区。当然,也有些部落半无产者生活相当富裕,他们用保留的土地权利为孩子争取到了教育机会和保留的职位。布莱曼认为保留政策的一个目的就是为帮助部落民摆脱他们的社会落后状况而在公共部门中保留职位,在过去几十年里,在保留政策框架内为表列种姓和表列部落制定了一系列的措施,使得年轻的部落民能够向上流动即提高社会地位。他们进步的前提必须是受过几年教育。毕业证书使得他们能够成为较低级别政府官员、教学人员、银行职员、铁路员工和邮政局员工。教育也使得部落民有资格在本地兴起的大型企业永久就业。① 有趣的是,贾坎德一些非部落的成员,如纳亚克人,偶尔会冒充为"部落民",以争取得到保留职位。

(二)标准化他人②

　　罗纳德·因登 1995 年撰文指出,印度在 20 世纪 50 年代致力于国家建设所使用的话语是一种高度现代主义的话语,结果没能与其帝国发展和宗教进程早期的概念保持相似性。因登对印度独立后"发展"的概念,作了基本的评论,并驳斥和否定了这个概念。因登认为,理解独立后印度的关键是其现代化思想。20 世纪 50 年代的印度努力把自

　　① Bremen Jan. *Footloose Labor*: *Working in India's Informal Economy*. Cambridge University Press. 1996. p. 179.
　　② 在印度,标准化他人是指用主流文化替代非主流文化;发展与反发展是指同化与反同化。

己创造成一个新的国家，一个不同于十年前被推向饥馑、分裂或难产的那个社会。其重点在于创造新的神话，即社会主义、世俗主义、联邦主义和民主主义的神话。印度抛弃了传统和帝国主义的枷锁，拥抱理性和现代化（包括工业化、教育、时间观念、城市化以及计划生育等）。这一切已世人皆知。但是因登否定了这一观点，因为"新印度"想用理性和规划取代宗教和帝国发展进程，结果却以宗教模仿和帝国发展的方式结束。①

罗纳德·因登和克里斯品·贝茨②对印度独立后的现代化理想和标准化理想进行了批评。就"部落的印度"而言，因登认为印度着迷于超验的发展观念，完全践踏了法律的声音和印度受压迫者的抱负和理想。表列部落被迫离开自己的家园，为虚构的发展神、为尼赫鲁的工厂和水坝腾出了地方（至少在贾坎德地区是如此），国家的各种机构设法使表列部落温驯地进入印度的主流生活中。斯图尔特认为，贝茨不是十分了解印度部落，他不太注意印度政府的标准化本性，而是过多地关注印度政府发明"部落社会"的能力，和借此继续保证他们在忽视部落生活方式的不切实际的实践中的统治地位。贝茨认为，对于所谓的部落民族而言，解构"部落"或"去部落化"是保证他们同其他社会群体一样获得真实的自由和平等。

因登强化了部落社会是不可分化的、是与现代苦乐观不相关的现有观点。在这一话语解释系统内，国家不可避免地被视为一个破坏机构；国家破坏了印度土著的单一性和整体性，用一种表面上没有给土著带来任何改变的发展模式欺骗土著。这个模式对贾坎德这类地区部落中产阶级的形成熟视无睹。而事实否定了因登的观点。贾坎德地区中产阶级的形成主要起因于早先开矿和工业化的结果，在这一进

---

① Inden, Ronald. Imperial Progresses to National Progresses in India. *Economy and Society* 1995. (24). 245 – 278.

② 克里斯品·贝茨(Dr. Crispin Bates)，英国爱丁堡大学现代南亚史高级讲师，研究方向广泛，包括印度邦县档案，农民、部落民社会经济史、甘地与印度独立运动、东方主义、殖民话语、当代印度社会、经济和政治运动。

程中,没有预料到的是许多部落家庭愿意获得由公营企业和私营企业提供的机会。当然,这并不是说,部落民们愿意看到自己的土地被用来筑坝建厂,而且该地区大多数非部落民也不愿意。

贝茨认为,印度(在部分地区)对"部落"的鉴别是人为虚构的,而且是临时的。因而,任何根据这些虚构的身份进行政治运动的企图都是天真和无知的。斯图尔特基本上不赞同这个观点。他从两个方面对贝茨的观点进行了驳斥。首先,1950年印度宪法就把部落群体确定为表列部落,这个经过鉴别的部落身份此后很少有变动。其次,对贾坎德运动的解读表明许多表列部落非常了解他们被统治的基础是什么,并且用他们获得的现实机会进行政治运动,以消解这种统治基础。简言之,贾坎德地区政治运动的核心一直是部落民自动自发地通过拓殖(围垦)这个邦的地盘与政府竞争。贾坎德政治运动领袖及其支持者通过保留制度,在印度资源竞争的三角关系中成功地获得了一些现代化的利益。与贝茨相反,斯图尔特认为放弃表列部落地位或身份很难说会给这个地区的穷人增加极大的财富。

保留政策甚至使部落民身份意识明晰化,承认许多部落群体遭到剥削以及被边缘化,部落民们也因此要求从政府那里得到补偿。要求设立单独的贾坎德邦的鼓吹者们在某种程度上利用了这种部落身份,或许补偿政策有意无意地在部落群体的扩充上,起了积极的作用。这一令人不愉快的意外结局是贾坎德地区部落民拒绝了宪法缔造者们提出的各种政治一体化和文化一体化的方案造成的。部落民们强调的是保持政治和文化的差异性并对其加以保护,而不需要政治和文化的一体化或标准化。①

(三)保留政策觉醒了部落民受教育者

1943年英印政府首先为表列种姓的利益颁布了法规;表列部落的相应法规1950年印度独立后才通过。原打算这一补偿性的区别对待

---

① Stuart Corbridge. *Competing inequalities: The scheduled tribes and the reservations system in India's Jharkand*. The Journal of Asian Studies 59, no. 1(Feb 2000):62 – 85. p. 65.

政策持续到 1960 年结束,不再延长。独立印度的领导人认为到那时候,国家提高最贫穷最落后群体经济地位的工作将会完成。一个在法律面前人人平等的国家将会随着传统印度现代化的实现而到来。但事与愿违,印度政治家们的远景规划并没有刺激私有财产向表列群体转移。另一方面,这些群体通过保留政策获得良好的教育,逐步觉醒了。因此,这些群体向历届政府施压,迫使他们重新制定积极的区别对待政策。在 20 世纪 50 年代、60 年代、70 年代和 80 年代末期,政府适时地重新颁布了向表列群体授予权力的法规。此外,印度的主要政党(包括国大党)为了自己的目的也热心于垄断表列群体的选票。

有趣的是,正是这些因为保留政策而受到良好教育的部落精英阶层成为把贾坎德地区从比哈尔邦独立出来、单独建立一个贾坎德部落邦的骨干力量。斯图尔特对 204 个保留政策受益者和 100 个非受益者作了一个对比问卷调查,发现支持并参与贾坎德自治运动的政策受益者的比例(61%)明显要高于非受益者(40%)。一位部落访谈对象说了这样一段话:"我很高兴有一份三类工作。塔塔集团是不会雇用我们这些部落民的,除非是去当清洁工。因此,我很愿意为政府工作,政府照顾我。政府给我休假。但那不是我的政府,它是外人的政府。在政府机关工作不应该只是我唯一的选择。这是我的土地,提供工作的应该是部落民本身。这就是我为什么参与贾坎德自治运动的原因。政府欠我们财富,不只是工作。"①斯图尔特在访谈部落村民时,他们总是先说自己是蒙达人、奥朗人或霍人,然后才说自己是表列部落或部落民。他们不只是想成为获得国家慷慨赠与的受益者,他们非常清楚私营企业的高薪工作是不会给他们的,贾坎德的实权掌握在非部落民手中。贾坎德的部落民们不仅仅要成立一个邦,他们还想成立并控制一个直辖区,以获得更多的权利。

20 世纪 90 年代初,贾坎德运动进一步促使中央政府宣布在印度联邦共和国内成立一个单独的贾坎德邦。贾坎德运动成功的一个举

---

① Stuart Corbridge. *Competing inequalities*: *The scheduled tribes and the reservations system in India's Jharkand* . The Journal of Asian Studies 59, no. 1(Feb 2000):62 – 85. p. 79.

措就是政府同意在 1995 年 8 月设立贾坎德自治区委员会。贾坎德地区的部落男女正在利用标准化机制①（表列制度和保留制度）向政府索取更多的权利，并且要求新的版图安排，承认他们具有不同的权利。2000 年 8 月 2 日，印度议会通过了"比哈尔邦重组法案"，批准成立贾坎德邦，从此，原比哈尔邦南部的 18 个县正式成为印度的一个邦。该邦位于印度东部，面积 74677 平方公里，人口 26909428 人（2001 年人口普查结果），首府兰契。贾坎德邦是印度工业最发达的地区之一，它的煤炭蕴藏量占全印度的 35.5%，炊事用煤蕴藏量占全印度的 90%，铜矿蕴藏量占全印度的 40%，铁矿蕴藏量占全印度的 22%，云母蕴藏量占全印度的 90%，还有大量的铝土、石英和陶瓷等。该邦的波卡罗县有印度最大钢铁厂塔塔钢铁有限公司和塔塔机车工程有限公司等大型工业企业。贾坎德邦拥有大量的森林资源和自然资源。以前该地区每年约 400 亿卢比的税收中，有 150 多亿要转入比哈尔邦的金库。现在，该邦的税收可以全部用于本邦社会经济的发展了。② 这也正是 20 世纪 50 年代开始的"贾坎德自治运动"分子及其支持者们最想看到的结果。

（四）保留政策造就了贱民精英阶层

20 世纪 70 年代以来，贱民们努力寻求正规教育和白领工作，像早期定居城市的低种姓群体一样努力通过社会流动来提高社会地位，此外，他们还渴望模仿高种姓的生活方式（一种被称为梵化的过程）来提高地位。当然，关于社会流动这一占主导地位的观点也与大众社会党作为一个重要的政治力量的兴起密切相关。大众社会党产生于一个代表受过教育的政府雇员的工会，该党不停地鼓吹贱民通过正规教育进入公务员部门工作以提升其社会地位的向上流动观点。该党还通过资助贱民教育机构，提高贱民在政府部门就业的保留比例来宣传这个观点。大众社会党的运动围绕赞美贱民英雄安贝卡博士（Dr. Bhim

---

① 标准化机制就是印度政府用主流文化的模式去同化部落文化，把他们拉进主流文化中。

② 杨平学：《印度新成立三个邦》，《南亚研究季刊》，2002（2）. 72 - 73.

Rao Ambedkar)的生平和哲学思想来展开,安贝卡博士把正规教育视为获得权利的基础。该党通过开展广泛的象征活动来传播安贝卡的思想,活动集中在纪念安贝卡的公园、学校、医院、道路和纪念碑,组织缅怀安贝卡的集会、游行和文化活动。分布在北方邦的许多安贝卡的雕像——典型形象是西装、领带、公文包和精心梳理的发式——凸显了贱民男性的伟大形象。

有研究表明政府部门为贱民保留的职位让一部分人继续从中获益,即使政府部门的职位数量在缩减。尤其是贱民中的皮革匠种姓可能从政府部门的保留职位中获益。皮革匠是北方邦人口最多的贱民亚种姓,是大众社会党政治纲领的主要受益者。一些学者描述了北方邦农村出现了新一代皮革匠男青年阶层,他们通过获取学历,与大众社会党结成联盟反抗过去被排出在白领工作和地方权力机构之外的传统。帕伊(Pai)在对北方邦西部4个村庄作了研究之后,认为出现了一个新的皮革匠青年白领阶层——一个向高种姓传统统治地位挑战、充当大众社会党与贫苦农村贱民桥梁的"知识分子"阶层。帕伊还对北方邦东部城市进行了研究,用事实证明出现了一个富有政治智慧的年轻皮革匠知识分子阶层,他们成功地获得了政府部门的职位。这就是大众社会党理想化的社会流动模式。他认为,学校教育给当地村庄引入了新的道德评价标准。皮革匠们认为教育可以使他们摆脱种姓等级中被歧视的命运、创造一个消除耻辱文盲身份的新未来。[1] 这些研究表明原不可接触者社会流动的加剧使他们成为"地位上升"的孤立群体。人们普遍认为新一代贱民青年是推进农业社会结构转型的急先锋,正进行一场"无声无息的"、"未完成的"革命。这场革命是建立在其正规教育的发展和他们在政府里政治代言人数量的增加上。

(五)保留政策因就业市场的萎缩而变形

英国学者杰弗瑞认为印度经济的转型,导致了就业市场的萎缩,

---

① Pai, Sudha. *Dalit assertion and the unfinished democratic revolution*: The Bahujan *Samaj Party in Uttar Pradesh*. New Delhi: Sage. 2002. pp. 21 – 27.

从而使保留政策在实施过程中走了样。杰弗瑞以南噶尔贾特村为案例说明了这个问题。在1970年到1990年之间,南噶尔贾特村约1/3的皮革匠青年初中(10年级)毕业后获得了政府部门的职位。然而,到了2001年,每10个大学毕业生中只有1个实现了获得政府部门职位的愿望。在这个村子里有6个大学毕业生成了临时工,一个有一间卷烟(beedi是一种用印度特有的烟叶片卷成筒状的手工烟,很便宜,印度穷人都吸这种烟)小作坊,一个推着手推车兜售玻璃镯子,另一个自贬为"无所事事"、"游手好闲"。①

在北方邦,由于给高中生和大学生提供白领和专业化职业机会的减少导致了教育危机。1991年经济结构调整更加剧了北方邦半失业率和失业率的增加,并且伴随着社会问题的增加。世界银行以每年减少2%的公共部门就业率作为条件,继续援助北方邦。然而,私营部门白领就业机会的增加却处于停滞状态。不适当的政府规划、制度信任的广泛缺失、糟糕的基础设施和高度的官僚腐败限制了私营企业的发展,使外来投资望而却步。2000年印度政府部门的职位扩充第一次出现了负增长,部分原因是1997年以来经济的普遍衰退。据估计,印度每24个求职者中只有1个能获得政府部门的职位。②

北方邦教育质量危机与就业机会的减少很可能对正在争取学历证书的社会边缘群体,尤其是贱民群体产生深远的影响。尽管政府为他们制定了保留职位政策,北印度农村大部分贱民仍然是最贫穷的,此外还有因礼仪地位卑贱而遭受的耻辱和屈从。这一"双重压迫"表现在贱民被排除在当地权力圈,集中在无保障、酬劳低的体力劳动职业上。

关于经济和政治变革在多大程度上增加了北方邦贱民青年生活

---

① Craig Jeffrey, Patricia Jeffery, Roger Jeffery: When schooling fails Young men, education and low-caste politics in rural north India. *Contributions to Indian Sociology*, Vol. 39, No. 1, 1-38(2005). p. 2.

② Jha, p. S. 2002. *A jobless future: political causes of economic crisis*. New Delhi: Rupa and Co. p. 15.

机遇的问题,学者们的观点出现了分歧。一些学者认为正规教育使贱民在学校里遭受各种形式的种姓压迫,可能进一步固化了对他们的社会排斥。这还包括教材中出现的种姓歧视内容,遭受老师和同学的欺负和排斥以及学校里的相貌(Iconography,肖像学)歧视。① 贱民们因集中就读于很差的学校和专业,不及格率高,辍学率高。毕业后,由于就业市场竞争日趋激烈,他们过低的社会资本和脆弱的财产地位使得他们中的大多数人不能争取到白领工作或专业化的工作。

种姓和阶级的不公反映在南噶尔贾特人对有利可图的政府部门职位的追求上。20世纪70年代、80年代初期,有12个皮革匠青年获得了政府部门的工作。然而,从1986年到2001年,该村受过教育的78个25~34岁的皮革匠年轻人中只有5.1%的人在政府部门就业,甚至在26个有耕地家庭的皮革匠同龄青年中也只有2个找到了有保障和有薪水的工作。1990年,受过8年以上教育的皮革匠青年中,有29%在政府部门工作,而这一比例2001年下降到9%。形成对比的是,这一期间,受过教育的贾特人②在政府部门工作的比例从7%上升到16%。面对竞争日益激烈的就业市场,只有那些有靠山(亲戚有地位、有影响)的人才能获得政府部门有保障的职位。

由于获得政府部门工作的门槛越来越高,在一些受教育年限很长的皮革匠青年中引起了不满和愤怒的情绪。2001年,许多25~34岁的皮革匠青年经历了10~15年的艰难求学历程后,就是为了申请政府部门的工作或间断性但有薪水的工作。申请一份政府部门的工作需要2年的时间,来来回回地跑路,重复参加考试,死磨硬缠地麻烦亲戚、朋友、熟人以得到经费上和精神上的支持。然而,许多年轻人到考场一看,发现有几千个人在申请8~9个职位。皮革种姓青年说他们

① Jeffery et al. *Social and Political Change in Uttar Pradesh: European Perspectives.* Delhi: Manohar. 2003. p. 119.

② 贾特人(Jat)属于从事农业劳动的地位高的贱民种姓,印度政府把他们列入表列种姓名单。独立后随着他们政治势力、经济实力的逐步强大、受教育水平的提高,他们控制了农村中的大量土地,充分享受到保留政策的好处,成了当地的"统治种姓",有趣的是他们声称自己属于刹帝利种姓。

在面试时遭受侮辱,在与那些有社会关系和大笔贿赂的申请者竞争就业岗位时,他们完全被忽略了。

皮革匠父母亲说,受过教育的青年中日益增长的挫折感,导致当地酗酒和犯罪活动的上升,包括谋杀、攻击、性骚扰、强奸、以强凌弱以及恶意破坏公物等。一些皮革匠年轻人也提到在那些长时期没有拼搏到政府部门职位,而备感绝望的人当中,自杀率上升了。在印度中部昌迪加尔地区年轻人自杀率也同样急剧上升,这与他们对就业前景的日益失望密切相关。2/3 的自杀发生在男性当中,大多数死者年龄在 15～30 岁之间。

教育是尼赫鲁创立一个现代化的、世俗的、民主的和繁荣昌盛的国家观念中的核心。1950 年印度宪法确立了持续到 14 岁的基础教育制度,作为国家建设的关键。人们认为教育能提供发展计划所需要的人力资本,能够巩固在殖民地时期已经出现的统治阶级的地位。尼赫鲁还坚信教育将会改善历史上被社会边缘化的受压迫者群体的地位。这一教育计划的部分而非整体的失败一直是无数学术报告和资助(donor)报告的主题。①

从斯图尔特和杰弗瑞的实证研究结果中,我们不难概括出这样几个事实:保留政策在表列群体中缔造了一个新的阶层——中产阶级或精英阶层;保留政策使表列群体觉醒了,但不是政府希望看到的那种觉醒,他们的觉醒使他们希望并且正在争取更多的权利;保留政策因为就业市场萎缩而变形了。

---

① The Probe Team. *Public report on basic education in India*. Delhi: Oxford University Press. 1999. p. 3.

第六章 结语

一、成就与不足

作为受压迫者的表列群体的教育发展历史几乎是最近 60 年的发展史。独立后,印度政府把表列种姓的教育和就业视为自己的责任。在第一、第二和第三个五年计划中,各种奖学金总数达到 517 511 个。第一个五年计划的奖学金总额是 1580 万卢比,第三个五年计划的奖学金总额就达到 1. 421 亿卢比。从 1969 年到 1973 年,政府投入 3. 538 亿卢比作为奖学金,颁发给 662 000 名表列种姓的学生。此外,还给 18 个表列种姓的学生颁发了出国留学的奖学金。第六个五年计划期间,1150 万个表列群体的学生获得了助学金和奖学金,另有 1130 万个表列群体的学生免交学费、获得免费服装、免费文具和书籍等。全国有 90 万表列种姓和表列部落大学生获得奖学金,修建了 300 座学生公寓和 900 所寄宿学校。[①] 然而,在印度的各种奖学金中,像拉·甘地奖学金这样的项目太少了,而且奖学金数目也不多,申请难度很大。该奖学金的获奖者足可以用这笔钱养家户口。圣雄甘地夫人女子寄宿学校计划也不错,只是规模还不够大,后续经费是否有保证是个未知数。

---

① Dr. Sanjay Paswan. *Encyclopaedia of Dalits in India*(*In* 11 *Volumes*): *Emancipation and Empowerment*(*Volume* 8). Delhi. Kalpaz Publications. 2002. pp. 210 – 211.

可以这么讲,印度已经建立起十分完备的法律保障体系、政策保护与扶持体系以及有针对性的政治、经济和教育发展的规划体系。这一切对于改善两个群体的生存状况起了很大的作用,这两个群体的识字率已经很接近普通种姓的识字率,毛入学率甚至超过了其他群体,就足以证明这一点。但是要达到印度宪法中规定的社会、经济与政治上的公正和在地位与机会方面的平等,似乎还有较大的差距。从本书中两个群体在政府机关和公营企业以及教育机构中只能占据较大比例的低级职位,而在高级职位上的比例很低,就可见一斑。

在大学里,这两个群体的学生大部分集中在文、理、商三个学科,在工程技术、医学、法学、农学和教育等专业学科上的比例就达不到规定的保留比例。原因是他们的起步晚、起点低、教育落后、贫困以及社会对他们有形无形的歧视,使他们无法完全享受到法律和政策给他们带来的好处。成品油代理权、大学教师高级职位的保留名额无法用完,就说明了这一点。还有不少学生进入重点大学(比如印度理工学院)之后,有 25% 的学生由于学习跟不上只好中途退学,另外,还有 5% 的保留指标浪费,因为他们连降分后的录取线都达不到,尽管他们在理工学院的比例分别只有 4.3% 和 0.8% 。教育层次、水平越高,两个群体学生的比例就越低。1988 ~ 1989 年度,在博士生中,表列种姓学生的比例为 2.91% ,表列部落的比例仅为 0.6% 。[1]

实事求是地说,印度对于表列种姓和表列部落的保留职位政策提高了这两个群体在议会和政府机关的人员比例,对于提高他们的社会地位起了一定的积极作用。1997 年就任印度第 10 任总统的纳拉亚南就是出身贱民阶层的总统,这在独立以前是不可想象的。这是一件令追求社会公正和平等的印度政府心满意足的事情。值得一提的是,印度全国表列种姓和表列部落委员会在为两类群体谋利益和保护他们的合法权益上做了大量具体而复杂的工作,发挥了应有的作用,履行了宪法赋予他们的司法、调查取证、督促、协调、建议、上传下达的权利和职责。

---

[1]　安双宏:《印度高等教育:问题与动态》,黑龙江教育出版社 2001 年版,第 131 页。

　　印度虽然是一个贫穷的发展中大国，为促进基础教育的普及和发展，制定了一系列的免费项目，如庞大的奖助学金计划、免费教育计划、免费午餐计划、免费乘车计划、免费服装计划、免费教科书计划、免费辅导计划、免费公寓计划等来扶持、帮助和促进弱势群体的教育进步，中央政府投入了大量的人力和物力，从这个意义上来讲，印度政府不仅追求社会公正和平等，也在努力使印度成为一个福利大国。其每年的教育经费比例基本上都维持在 4% 以上，就足可说明这一点。但是，由于印度的高等教育和基础教育基本上由政府出资，这些年来使得政府在经费投入上显得捉襟见肘、力不从心、难以为继。印度政府也曾考虑提高学生学费来弥补教育投入之不足，但每次计划刚出台，就遭到学生的强烈抗议，诸如示威游行、绝食静坐等等。就连公共汽车学生月票调价的问题，都会遭到此类抗议，最后不了了之。印度自诩为全球最大的民主和自由的国家，民众的民主意识是很强烈的，各个阶层的人只要觉得政府的政策没有照顾到或剥夺了他们的利益，抗议活动马上就开始了。新世纪初瓦杰帕依政府的下台，就是因为没有很好顾及大多数穷人的利益。

二、保留政策的困境

　　长时期以来，"公平与效率"问题一直是印度国内各阶层争论的焦点。考虑到弱势群体几千年来所遭受的歧视、压迫和剥夺，为他们在政府部门、学校和公营企业按人口比例保留职位配额，是公平的，也是理所当然的。然而，若根据宪法中的机会均等原则和社会发展竞争中的效率（efficiency）优先和能力（merit）优先原则来说，这似乎又是不公平的。因为这么做是违反公平竞争和机会平等原则的。对他们的照顾反过来又剥夺了其他群体（主要是高种姓群体）的机会，损害了这些人的利益，带来了新的不公。这是困境一。印度人性格慢吞吞、办事效率低、时间观念淡薄早已闻名于世。如果把政府办事效率低归咎于政府部门中弱势群体能力低下，是有失公允的，是不公平的。因为他们大多数都是低级职员和清洁工,在决策要害部门的比例是很低的。事实上,对保留政策利益的争夺主要发生在高种姓群体和弱势群体中的部分既得利益群体(这些人就是城市中的精英,如国会议员、教授、工程师、大夫和律师等;还有就是农村中的贾特们)中,弱势群体中最底层的贫民是不具备资格和能力去争取这些利益的。保留政策的"光辉"早已被这些既得利益群体遮蔽住,据为己有了。现在印度政府关于保留政策应该做的事情是如何让保留政策的利益流向那些最急需、最应该获得这些利益的群体,即,教育最落后、经济最贫困的群体——主要是那些没有土地的农民(皮革匠种姓)。恐怕要唤醒沉睡在既得利益者心灵深处的良知和人性(关爱和同情心)比较困难。政府能做的事情就是保证起点的平等,就是为那些最贫困、教育最落后的群体提供优质教育和继续加大投入,实施好儿童营养计划(免费午餐计划),为他们进入未来竞争激烈的生活环境打好基础。因为美好的生活不是等来的,是通过竞争和努力奋斗获得的。

另一方面,政府想通过保留政策,改善弱势群体的社会地位,把他们带入主流生活中,与其他群体一样能够充分享受到民主的、公正的、平等的、世俗的、福利的社会生活。出乎意料的是,觉悟了的不可接触者要求得到更多的权利,希望保留政策继续实施下去。觉醒的部落民族不仅要捍卫自己的民族文化,反对主流化、一体化、标准化的文化同化,而且也要求更多的权利,如,自主和自治。这是保留政策给政府带来的另一个困境。

三、种姓制度的制约

表列种姓和表列部落是印度宪法中确认的弱势群体中的弱势群体,他们是政府立法保护和扶助的主要对象。弱势群体的产生首先是起因于雅利安人的入侵和征服以及雅利安人创立的种姓制度;其次是白种雅利安人基于其人种优越性而实行的种姓内部通婚制度、基于"污染与纯洁"(Pollution and Purity)观念的职业高低贵贱划分法、婆罗门教中基于瓦尔纳的种姓等级起源说。在印度古代婆罗门教的创世说里,人以腰脐为界,以上部为洁,以下部为污。婆罗门生于创世主的口,刹帝利生于双臂,吠舍生于大腿;而首陀罗生于脚,是不洁的。

种姓内部通婚制度、职业的污洁划分和人的种姓等级制也是导致印度种姓制度和不可接触制度产生的原因。印度古代社会中形成的"污染与纯洁"观念是造成种姓隔离和种姓歧视的本质原因。由种姓优越性、"污洁"观念和职业等级分类构成的种姓意识或社会意识是导致社会歧视、偏见和排斥长期存在的原因,或者说是种姓制度长期存在的原因。安贝卡博士曾尖锐指出,在缺乏有助于不可接触者提高社会地位的社会意识的情况下,建立和制定表列种姓扶助机构和计划以及有效地实施计划等,效果都会受到限制。

各政党为争取执政而建立的基于种姓和阶层的选票库,表列种姓、表列部落以及其他社会落后阶层因教育水平提高而觉醒的权利意识,或者说他们的觉悟使他们清楚地意识到他们的身份。这些也是种姓制度难以淡化直至消除的原因。

弱势群体的觉醒,使他们明白了作为人的基本权利,懂得如何为争取权利而斗争。2001 年在南非德班召开的联合国反种族主义大会上,印度的不可接触者活动分子与非政府组织同西方国家一些人权组织一起,极力要求将种姓问题纳入联合国反种族主义大会的日程就是印度弱势群体觉醒的例子。"种姓制度是不是种族主义",这个问题在印度朝野上下争论不休。一种意见认为,印度的种姓问题是数千年历史所形成的,不是现实制度强加的,不同于南非当年实行的人为的种族隔离。另外,种姓问题源于社会,是社会意义上的歧视;而种族主义源于人种,是人种意义上的歧视。因此,种姓不能混同于种族,不能拿到反种族主义的大会上去讨论。印度政府支持上述意见,一再重申反对在联合国大会上讨论种姓问题。他们认为这是印度"内部"的事情,解决需要时间。对此,印度"已经有足够的宪法的、立法的和司法的文件和手段"。

另一种意见并不这样认为,他们说,种族主义和种姓制度都存在隔离和歧视,它侵犯了人的一切权利和践踏了人的起码的尊严,而且它至今仍然每日每时地在侵犯低种姓的人民。这种意见甚至认为,现在的"种姓制度更隐蔽",因此,"它比种族主义更坏"。① 他们说,既然印度政府无力解决这个问题,人们就有权利将它拿到联合国去讨论,使这个在印度已经很复杂的问题变得更加复杂和棘手。印度的事情应该由印度人民自己去解决。当然,国际社会的舆论压力不会不对印度政府产生推动作用和促进作用,使其积极努力、采取各种措施去解决种姓制度所带来的问题。

在印度广大农村地区,没有土地的农民或者说是雇农、苦力或临时工,大部分都是表列种姓,生活在都市贫民窟里的人大部分也是表列种姓的人。他们越贫穷,就越受到排斥和歧视,就越难以抬起头。由于难以获得良好的教育、他们所接受的那点可怜的教育对于提高他们作为一个"人"的觉悟,唤醒他们的人格尊严、人权和平等意识没有多大的用处,不少人读了几年书之后又回到土地上去劳作,刚脱盲很快又成为文盲或半文盲。表列部落虽然有少量土地,但由于长期生活在与外界隔绝的封闭的环境里,生产技术落后,过着刀耕火种的日子,更由于教育落后,他们在某种程度上比表列种姓地位还要低,他们除了受剥夺、排斥和歧视之外,还遭受种种欺骗。由于部落地区的就业机会少,他们中的多数人与表列种姓的人一样,读了几年书之后就辍学回家干农活,很快又成为文盲或半文盲。少数通过努力奋斗读完大学的贱民和部落民,虽然过上了千百万印度穷人梦寐以求的生活,他们在政府机关、学校或工厂,依然受到无形的歧视。尽管他们处处模仿上等人、向上等人看齐,但还是难以融进上等人的圈子里。美国学者杰克·唐纳利指出,在印度农村通过迁居来实现个人种姓地位的提高几乎是不可能的。即使他迁居到一个无人知晓其来历的村子,企图在掩盖种姓身份上"蒙混过关",但是,即使他消除了村民对外来户的最初猜疑,也有可能在安排子女婚姻时露出马脚,因为要成为婚姻伙伴,必须要有家谱,你不可能成功地编纂家谱。有一个巴拉(Palla,不可接触者)在 20 世纪 50 年代初"蒙混过关",伪装了 4 年的帕达雅契

---

① http://www.people.com.cn/ 2001 - 8 - 29.

(Padayachi,高级种姓),但后来还是被发现了。他在遭到一顿痛打之后被迫逃离该村,连属于自己的大部分东西也丢下不要了。①

种姓制度仍然以各种方式顽固地实行着,广大低种姓者和贱民们仍然没有土地、被迫在有辱人格的条件下工作,并且不断受到高种姓人甚至警察的虐待。翻开每天的报纸,几乎都有有关种姓暴力的报道,或因种姓不同通婚而自杀、被杀、被烧、被裸体游街的,或因不同种姓间的世仇而血腥残杀的事件等等。至于低种姓群众在各种场合被歧视、隔离、虐待、排挤等现象,更是屡见不鲜。

印度有上万个种姓和亚种姓,印度人的种姓姓氏不仅是一种符号,更含有职业与等级的意思。取消印度的种姓如同取消中国人的宗族姓氏一样,是不可想象的。印度人可以没有国家意识和民族意识,但不可以没有种姓意识。有学者坦言,取消了印度种姓制度,印度社会也就不复存在了。比较好的、合理的方法是取消或淡化种姓中所固有的职业贵贱、洁净与玷污的规定性,给贱民们改变姓氏的自由、提供职业自由变动和社会迁移的机会。这的确是一场剧烈的观念和社会变革。印度政府的确在这方面作过努力和尝试,在第六个五年计划期间,一项由中央政府资助的计划在大中小城市铺开,通过把干式厕所改装成水冲式厕所,把地位最低贱的清扫粪便工从低贱的工作中解放出来。这是一项覆盖14个邦的37个城镇的试点计划,目标是使865万地位低贱的表列种姓越过贫困线。到1984~1985年度,有871万表列种姓家庭受益。当然,要使所有受益的家庭都能越过贫困线是不现实的。第七个五年计划期间,一些在第六个五年计划期间受益的家庭继续获得资助,目的是使他们能够永远越过贫困线。

尽管受过现代文明教育的部分高种姓的人也认识到"不可接触制度"的弊端,但以是否"洁净"、职业是否"贵贱"为标准的种姓等级意识不消除,他们对不可接触者的同情也只是表面的,不是真正发自内心的,确切地说,不是一种自觉的行为。在印度存在了几千年的种姓

① 杰克·唐纳利:《普遍人权的理论与实践》,中国社会科学出版社2001年版,第166页。

制度是以人的肤色和职业来划分等级的社会排斥、剥夺和歧视的制度,渗透进人们骨髓之中的"洁净和污秽"观念或心理意识,难以在短期内清除。来生愿做哈里真的甘地和开国总理尼赫鲁等人虽然痛恨种姓制度、愿意消除贱民制度,但在他们的内心深处又愿意维系统治了印度几千年的种姓制度。

四、路在何方

印度从 1950 年 1 月 26 日建立共和国开始,作为一个致力于保证全体公民社会公正、经济公平和政治平等的自由、民主国家已走过 60 多年的历程。这 60 多年来印度一直在努力通过立法的、行政的和发展的措施把庄严载入印度宪法中的最高理想变为现实。毫无疑问,这些措施带来了变化,更重要的是唤醒了被压迫民众——表列种姓、表列部落和其他落后阶层的意识。他们自远古时代起就一直是被忽视的社会阶层,他们的悲惨遭遇超乎人们的想象。然而他们今天已开始争取获得权利了。宪法由于有一系列措施做后盾在一定程度上也给他们提供了坚实的权利保障。他们还要求在不同层次的国家事务管理中扮演更重要的角色。虽然要达到令人满意的程度,还有很长的路要走,但印度 60 多年来所作的努力,已经开始取得成效,令世人刮目。

今日世界变化异常迅速。过去要几十年才能办到的事今天在几周内,甚至几天内就办成了。新闻和信息从世界的一端传到另一端只需几秒钟。外国文化尤其是西方文化正深深地渗透到印度社会的最深处。近二十年来,印度的方方面面发生迅速的变化。经济正经历着一个重要的转型。工商业的自由化与私有化、私营企业的适度对外开放这两个重要的政策转型是最显著的变化,这一变化必将产生深远的影响。人们对现代科技更加重视,因为没有高科技,国家将在国际竞争中掉队。这一新的政策转向毫无疑问会出现支持和反对的论战。印度表列种姓和表列部落委员会认为,他们可以不关注这些纯粹的经济论战,但如果不关注表列种姓和表列部落的现实、他们对未来的希望和担忧,这将是委员会的失职。① 然而对这一新的政策转型作出准确的判断还为时过早。但面对私有化进程,印度政府应尽力及时采取相应的对策,保护表列种姓和表列部落的合法权益。那些既得利益者们很可能已磨刀霍霍、摩拳擦掌时刻准备着在新的分配格局中攫取新的利益。因此,有必要采取特别措施建立更完善的、更行之有效的保障体系来帮助那些过去被剥夺机会、又失去援助的人们,从根本上消除几千年来形成的社会歧视现象,也只有如此,才有利于解决印度弱势群体的问题。

1998 年印度裔经济学家阿马蒂亚·森获得诺贝尔经济学奖时,②整个印度沸腾了。当时的总理瓦杰帕依邀请阿马蒂亚·森访问印度,向他寻求发展经济、消除贫困的良策。阿马蒂亚·森在其著作《以自由看待发展》中系统阐述了他的人类自由发展观。他指出,只有经济增长的发展是一种畸形的发展,而没有经济增长的发展却根本不能称为发展。他主张把国民生产总值和人类发展指数(HDI)一起作为发展的衡量指标。他断言,发展的最高价值是自由,其核心内容是增进人们享有真实的自由,发展的中心目标就是克服和消除那些与富裕并存的各种矛盾和问题。经济发展最终归结到人们能够做什么和不能做什么,如人们是否长寿、健康,能否读书写字、相互沟通等。这些清楚表明,自由发展观的出发点在人,它始终关注着人类的自由与全面发展。发展并非终结目标,它只是扩展人们享有的真实自由的一个过程。经济发展并不能自然而然地给全体社会成员带来生活质量的改善,评价生活质量应有一定的前提:平等、消除贫困、扩大人的自由和选择的权利、维护生态平衡和实现公众参与决策,而其中扩大人的自由和选择权利是发展的关键。他强调人们要获得实质自由的根本就

---

① MHRD, Government of India. *The National Commission for Schedule Caste and Schedule Tribes* 1996. pp. 2 - 3.

② 阿马蒂亚·森(Amartya Sen)的学术思想继承了从亚里士多德到亚当·斯密等古典思想家的遗产,他对全世界各地遭受苦难的人们深切关心,享有"经济学的良心"的美誉。他的思想已经产生了重大影响,联合国出版的《人类发展报告》就是按照他的理论框架设计的。

是必须消除贫困、人身束缚、各种歧视压迫、社会剥夺、缺乏法治权利和社会保障的状况，以提高按照自己的意愿来生活的能力。

印度政府在提高弱势群体社会地位和教育水平方面，制定了相关法规、各种扶助计划和保留政策，并努力付诸实施，取得了较大的成就。可以这么说，印度目前是世界上最大的福利国家，其庞大的公立教育系统和医疗卫生系统几乎是免费的，这为广大的印度平民，尤其是弱势群体提供了一种质量不高但是有数量保证的社会保障。这个保障体系尽管不是很令人满意，对于贫困的印度政府来说已是一个了不起的壮举。然而，种姓制度是与低贱种姓人民按自己意愿来生活是水火不容的，贫困交加的贱民们和部落民们很难按自己的意愿自由自在地生活。此外，印度政府在如何消除几千年前由于白种雅利安人的到来，对当地黑种达罗毗荼人和原始部落民进行军事上的剥夺，进而到经济上的剥夺，最后到社会地位的剥夺、排斥和歧视所形成的种姓制度，似乎没有找到良策。这就不难想象为何有人要把印度的种姓歧视问题提交到联合国反种族主义大会上去讨论的原因了。种姓制度的确是一种不道德、不人道、非人性化的等级制度，高种姓的压迫者在使不可接触者非人性化的同时，自己也变得非人性化。因此，觉醒了的不可接触者应通过自己的努力奋斗，使千百万低种姓的人们觉醒，认识到自己今天遭受社会排斥和歧视的原因，争取各种各样的合法权利，通过采取平等的对话方式，也使高种姓的人们觉醒，唤醒他们的人性和良知，使双方同时走向人性化，成为真正平等、自由和完整的人。印度人的事情应由印度人自己来解决，但仅仅只靠一部分觉醒了的处于统治地位的高种姓人士来解决种姓制度带来的问题，是不现实的。要消除高种姓人们的排斥和歧视意识、根除人们心中的"污染与纯洁"的心魔，只有靠表列种姓和表列部落自己，也就是通过开展适切的教育活动，提高自己的教育水平，唤醒和提高千百万贱民和部落民的权利意识、平等意识、自由意识等等，认识到自己今天的悲惨遭遇是什么导致的，通过团结所有受压迫者努力奋斗，自己解放自己，通过解放自己和解放高种姓的人们，使他们从陈旧的传统观念中解放出来，从而实现真正意义的平等和自由。

参考文献

中文论文

1. 安双宏:《印度落后阶级受高等教育的机会》,《比较教育研究》,2002,(8)。

2. 常永才:《边远民族地区社区成人教育项目的开发——印度部落的个案研究》,《世界民族》,2002,(5)。

3. 何平:《移居印度的云南傣族——阿洪姆人》,《世界民族》,1999,(1)。

4. 黄日强:《印度的文盲为何越扫越多》,《抚州师专学报》,1998,(4)。

5. 姜玉洪:《印度社会深层结构与传统探析》,《北方论丛》,2001,(3):61~62。

6. 李建忠:《印度大学对处境不利群体学生的有关保护政策》,《辽宁教育研究》,1997,(4)。

7. 刘欣如:《印度种姓制的渊源》,《史学理论研究》,1998,(2):110~124。

8. 欧东明、李学林:《印度社会的公平与效率问题》,《南亚研究季刊》,1999,04.58~61。

9. 曲恒昌:《印度普及义务教育的目标期限为何一再推延》,《比较教育研究》,1994,(4)。

10. 王晓丹:《童工、童婚与义务教育——印度青少年问题》,《南亚研究》,1994,(3)。

11. 吴宏阳:《印度世俗化进程与贱民问题的解决》,《郑州大学学报:哲社版》,2002,(5):75~79。

12. 吴永年:《印度的民族和部族问题》,《国际观察》,1999,(3):28~30。

13. 杨文武:《印度的贫困与反贫困研究》,《南亚研究季刊》,1997,(3)。

14. 张永秀:《论印度奴隶社会的土地所有制形式》,《昌潍师专学报》,2000,(4)。

15. 赵中建:《印度的初等教育普及化目标》,《外国教育研究》,1995,(1)。

16. 朱伟珏:《"资本"的一种非经济学解读——布迪厄的文化资本概念》,《社会科学》,2005,(6)。

中文著作

17. 阿马蒂亚·森著,任赜、于真译:《以自由看待发展》,中国人民大学出版社 2002 年版。

18. 安纳德著,王科一译:《不可接触的贱民》,平明出版社 1954 年版。

19. 安双宏著:《印度高等教育:问题与动态》,黑龙江教育出版社 2001 年版。

20. 巴沙姆主编:《印度文化史》,商务印书馆 1999 年版。

21. 保罗·弗莱雷著,顾建新等译:《被压迫者教育学》,华东师范大学出版社 2004 年版。

22. 陈峰君著:《印度社会述论》,中国社会科学出版社 1991 年版。

23. 陈佛松著:《印度社会中的种姓制度》,商务印书馆 1983 年版。

24. 迭朗善译,马香雪转译:《摩奴法典》,商务印书馆 1982 年版。

25. 方广尊、刘学成、孙士海、尚会鹏、赵穗生、薛克翘等编著:《各国手册丛书:印度》,上海辞书出版社 1988 年版。

26. 福斯特著,杨自俭、邵翠英译:《印度之行》,安徽文艺出版社 1990 年版。

27. 甘马、萨斯那、兰巴、默西合著,朱勃等编译:《印度比较教育学——启发与提问》,北京师范大学出版社 1986 年版。

28. 顾明远主编:《比较教育译丛》,埃德蒙·金著. 王承绪等译校:《别国的学校和我们的学校——今日比较教育》,人民教育出版社 2001 年版。

29. 顾明远、梁忠义主编,王长纯分卷主编:《世界教育大系——印度教育》,吉林教育出版社 2000 年版。

30. 顾明远译丛主编,史明洁、许竞等译:《教育政策基础》,教育科学出版社 2003 年版。

31. 郝文明主编:《中国周边国家民族状况与政策》,民族出版社 2000 年版。

32. 华中师法学院历史系印度史研究室:《马克思恩格斯列宁斯大林论印度》,内部发行,1979 年印制。

33. 黄思骏、刘欣如译:《南印度农村社会三百年——坦焦尔典型调查》,中国社会科学出版社 1981 年版。

34. 杰弗里·亚历山大著,贾春增、董天民等译:《社会学二十讲:二战以来的理论发展》,华夏出版社 2002 年版。

35. 瞿葆奎主编:《教育学文集——印度、埃及、巴西教育改革》,人民教育出版社 1991 年版。

36. 林承节主编:《印度现代化的发展道路》,北京大学出版社 2001 年版。

37. 林承节著:《国别史系列——印度史》,人民出版社 2004 年版。

38. 林良光主编:《印度政治制度研究》,北京大学出版社 1995 年版。

39. 刘安武编选:《普列姆昌德短篇小说选》,人民文学出版社 1984 年版。

40. 刘国楠、王国英编著:《印度各邦历史文化》,中国社会科学出版社 1982 年版。

41. 罗宾德拉纳特·泰戈尔著,宫静译、章坚校:《人生的亲证》,商务印书馆 2001 年版。

42. 马加力著:《当今印度教育概览》,河南教育出版社 1994 年版。

43. 马克思:《资本主义生产以前各形态》,人民出版社 1956 年版。

44. 马宗达、赖乔杜里、达塔合著,张澍霖等译,涂厚善总校:《高级印度史》上下册,商务印书馆 1986 年版。

45. 闵光沛主编:《殖民地印度综论》,四川民族出版社 1996 年版。

46. 穆根来、汶江、黄倬汉译:《中国印度见闻录》,中华书局 2001 年版。

47. 奈保尔著,李永平译:《幽暗国度:记忆与现实交错的印度之旅》,生活·读书·新知三联书店 2003 年版。

48. 奈保尔著,宋念申译:《印度:受伤的文明》,生活·读书·新知三联书店 2003 年版。

49. 尼赫鲁著,齐文译:《印度的发现》,世界知识出版社 1956 年版。

50. 欧东明著:《佛地梵天——印度宗教文明》,四川人民出版社 2002 年版。

51. 培伦主编:《印度通史》,黑龙江人民出版社 1990 年版。

52. 邱永辉著:《印度世俗化研究》,巴蜀书社 2003 年版。

53. 邱永辉著:《现代印度的种姓制度》,四川人民出版社 1996 年版。

54. 汝信总主编,刘建、朱明忠、葛维钧著:《印度文明》,中国社会科学出版社 2004 年版。

55. 萨拉夫著,华中师院历史系翻译组译:《印度社会——印度历代各族人民革命斗争得历程》,商务印书馆 1977 年版。

56. 尚会鹏著:《印度文化传统研究——比较文化的视野》,北京大学版社 2004 年版。

57. 尚会鹏著:《种姓与印度教社会》,北京大学出版社 2001 年版。

58. 孙士海主编:《印度的发展及其对外战略》,中国社会科学出版社 2000 年版。

59. 孙士海、葛维钧编著:《列国志·印度》,社会科学文献出版社 2003 年版。

60. 特雷弗·菲西洛克著,袁传伟、任荣康译:《印度人》,上海译文出版社 1990
    年版。

61. 王留拴编著:《亚非拉十国高等教育》,学林出版社 2001 年版。

62. 王铁志、沙伯力编:《国际视野中的民族区域自治》,民族出版社 2002 年版。

63. 王晓丹著:《印度社会观察》,世界知识出版社 2007 年版。

64. 王英杰、曲恒昌、李家永著:《亚洲发展中国家的义务教育》,人民教育出版
    社 1997 年版。

65. 巫白慧著:《印度哲学——吠陀经探义和奥义书解析》,东方出版社 2000
    年版。

66. 吴永年、季平著:《当代印度宗教研究》,上海外语出版社 1998 年版。

67. 许烺光著,薛刚译:《宗族·种姓·俱乐部》,华夏出版社 1990 年版。

68. 玄奘撰,周国林注译:《大唐西域记》,岳麓书社 1999 年版。

69. 姚卫群编著:《印度哲学》,北京大学出版社 1992 年版。

70. 袁维学著:《灵鹫山——东晋高僧法显传奇》,中国旅游出版社 1993 年版。

71. 袁振国主编:《教育政策学》,江苏教育出版社 1998 年版。

72. 张双鼓、薛克翘、张敏秋编著:《印度科技与教育发展》,人民教育出版社
    2003 年版。

73. 赵伯乐著:《永恒涅槃:古印度文明探秘》,云南人民出版社 1999 年版。

74. 赵小树著:《色彩缤纷的印度》,四川人民出版社 1991 年版。

75. 赵中建著:《战后印度教育研究》,江西教育出版社 1992 年版。

76. 库苏姆·奈尔著:《贫困的印度农村》,世界知识出版社 1965 年版。

77. 莫·卡·甘地著,鲁良斌译:《甘地》,国际文化出版公司 2001 年版。

78. 杰克·唐纳利著,王浦劬等译:《普遍人权的理论与实践》,中国社会科学
    出版社 2001 年版。

79. 项贤明、洪成文译:《教育改革——从启动到成果》,教育科学出版社 2004
    年版。

80. 黄志成著:《被压迫者的教育学——弗莱雷解放者教育理论与实践》,人
    教育出版社 2003 年版。

81. 张敏杰著:《中国弱势群体研究》,长春出版社 2004 年版。

英文论文

1. Bara, J.: Western education and the rise of new identity: Mundas and Oraons

of Chotanagpur, 1839 – 1939. *Economic and Political Weekly.* 1997. 32(15): 785 – 790.

2. Chandra, Kanchan. Rising Scheduled Castes: Explaining the Success of the Bahujan Samaj Party. *Journal of Asian Studies* 59, *no.* 1(*Feb* 2000).

3. Craig Jeffrey, Patricia Jeffery, Roger Jeffery: When schooling fails Young men, education and low – caste politics in rural north India. *Contributions to Indian Sociology*, *Vol.* 39, *No.* 1, 1 – 38(2005).

4. Craig Jeffrey, Patricia Jeffery, and Roger Jeffery:"A Useless Thing!"or "Nectar of the Gods?"The Cultural Production of Education and Young Men's Struggles for Respect in Liberalizing North India. *Annals of the Association of American Geographers.* Vol. 94(4). *pp.* 961 – 997. *December* 2004.

5. Gail Omvedt. The Downtrodden among the Downtrodden: An Interview with a Dalit Agricultural Laborer. Sign, Vol. 4, No. 4, *The Labor of Women: Work and Family(Summer*, 1979), 763 – 774.

6. Jean Dreze, Aparajita Goyal. The future of mid – day meals. *Frontline . Vol.* 20. (16). *August* 02 – 15, 2003.

7. Dharma Kumar: The Affirmative Action Debate in India. Asian Survey, Vol. 32,No. 3(Mar. , 1992), 290 – 302.

8. Inden, Ronald. Imperial Progresses to National Progresses in India. *Economy and Society* 1995. (24).

9. Indira Y. Junghare. Dr. Ambedkar: The Hero of the Mahars, Ex – Untouchables of India. *Asian Forklore Studies*, Vol. 47, No. 1(1988), 93 – 121.

10. Martha Ann Overland, In India everyone wants to be special, *The Chronicle of Higher Education*, February 13, 2004.

11. Stambach, Amy. 1998:511. "Too much studying makes me crazy": School – related illness on Mount Kilimanjaro. *Comparative Education Review* 42(4): 497 – 512.

12. Stuart Corbridge. Competing inequalities: the scheduled tribes and the reservations system in India's Jharkand . *The Journal of Asian Studies* 59, no. 1(Feb 2000).

13. Marion Lloyd: Affirmative – action dispute leads to violence at Top Medical School in India. *The Chronicle of Higher Education*; Apr 23, 1999; p. A58.

英文著作

14. Agrawal, S. p. , Aggarwal, J. C. Development of education in India: select documents 1993 – 94, New Delhi: Concept Publishing Company, 1997.

15. Banerjee, Brojendra Nath. Education cannot wait: a critical study of the new education policy, Delhi : B. R. Pub. Corp. ; New Delhi: Sales office, D. K. Publishers Distributors,1990.

16. Bharat Singh. Dalit Education. New Delhi: Anmol Publications PVT. LTD. c2004.

17. Bourdieu, Pierre. Distinction: A social critique of the judgment of taste. London: Routledge and Kegan Paul. c1984.

18. Bremen Jan. Footloose Labor: Working in India's Informal Economy. Cambridge University Press. 1996.

19. Callen, Tim, Reynolds Patricia, Towe Christopher. India at the crossroads: sustaining growth and reducing poverty, Washington, DC: International Monetary Fund, 2001.

20. Dore, Robert. The diploma disease: Education, qualification and development. Berkeley: University of California Press. 1976.

21. Dr. Shish Ram Sharma: *Protective Discrimination*: *Other Backward Classes in India*. Delhi: Raj Publications. 2002.

22. Dyer. Caroline. , Operation Blackboard: policy implementation in Indian elementary education. U. K. : Symposium Books, 2000. pp. 72 – 75.

23. Government of India, Ministry of Education, State – wise Information on Education of Scheduled Castes and Scheduled Tribes, 1985.

24. Govinda. R. Indian Education Report – A Profile of Basic Education. Oxford University Press. New Delhi. c2002.

25. Guttman, Cynthia and Kosonen Kimmo. Within reach: the story of PROPEL, a non – formal education project for rural children in India. [Foreign government document], Paris: United Nations Educational, Scientific and Cultural Organization,c1994.

26. Harrison, Selig S. India: The Most Dangerous Decades, Princeton NJ: Princeton University Press, 1960.

27. Haq, Ehsanul. Education and political culture in India, Sterling Publishers Private Limited: 1981.

28. Hemlata Talesara: Socail Background of Tribal Girl Students. Delhi: Himanshu Publications. c1994.

29. Heyneman, Stephen p. Investment in Indian education, uneconomic Washington, D. C. , U. S. A. (1818 H St. , N. W. , Washington 20433):World Bank, c1979.

30. Hutton, J. H. Caste in India. Oxford: Oxford University Press. 1963.

31. Inden, Ronald. Imaging India. Oxford: Blackwell. c1990.

32. Jayaram, N. Sociology of education in India, Jaipur:Rawat,1990.

33. Jeffery et al. Social and Political Change in Uttar Pradesh: European Perspectives. Delhi: Manohar. 2003.

34. Jha, p. S. A jobless future: political causes of economic crisis. New Delhi: Rupa and Co. 2002.

35. Kamat, A. R. Education and social change in India, Somaiya Pub: 1985.

36. Kathleen Gough, Rural Change in Southeast India: 1950s to1980s, Oxford University Press, New Delhi, c1989.

37. KhareKhare, R. S. Cultural diversity and social discontent: anthropological studies on contemporary India, Walnut Creek, CA: AltaMira Press, c1998.

38. Kumar, S. Culture, religion and traditions in India. Faridabad, Haryana, India: Om Publications, 1998.

39. Mamta Rajawat. Dalits: Role of Education. New Delhi: Anmol Publications PVT. LTD. c2005.

40. Mehta, Arun C. Education for all in India: enrolment projections, New Delhi: Rajkamal Electric Press, 1998.

41. MHRD, Government of India. *Annual Report* (1998 - 2005).

42. MHRD, Government of India. Educational Development of Scheduled Castes and Scheduled Tribes, Status and Programs, October 1995.

43. MHRD. Government of India. Guidelines for Implementation of Kasturba Gandhi Balika Vidyalaya. 2004.

44. MHRD, Government of India. The National Commission for Schedule Caste and Schedule Tribes 1996.

45. Ministry Of Human Resource Development, Government Of India.

46. Education for All the Year 2000 Assessment Report India.

47. Michael, S. M. Untouchable, dalits in modern India, Boulder, Colo. : Lynne Rienner, 1999.

48. Mohanty, p. K. Encyclopaedia of castes and tribes in India, Delhi: Indian Publishers Distributors, 2000.

49. Nawal Kishore Ambasht: A Critical Study of Tribal Education (with Special Reference to Ranchi District). New Dekhi: S. Chand & Co. , c1970.

50. Negi, B. p. S. Social Integration of Caste teachers in Socailogical Perspectives on School Education in India. edited by Prof. S. p. Ruhela. Delhi: Indian Publishers Distributors, c1999.

51. Pai, Sudha. Dalit assertion and the unfinished democratic revolution: The Bahujan Samaj Party in Uttar Pradesh. New Delhi: Sage. 2002.

52. Paramjit, S. Judge. , Paramjit, S. Strategies of social change in India, New Delhi: M. D. Publications, 1996.

53. Parmar, M. S. Issues in development administration: planning, rural development, social welfare, education, public grievance, law and order, tribal development & public participation, New Delhi, India: Reliance Publishing House, c2000.

54. Paswan, Sanjay. Jaideva Pramanshi. Encyclopaedia of Dalits in India. Volume1, General study, Delhi: Kalpaz Publications, 2002.

55. Paswan, Sanjay. Jaideva Pramanshi. Encyclopaedia of Dalits in India. Volume 2, Struggle for self liberation, Delhi: Kalpaz Publications, 2002.

56. Paswan, Sanjay. Jaideva Pramanshi. Encyclopaedia of Dalits in India. Volume 5, Reservation, Delhi: Kalpaz Publications, 2002.

57. Paswan, Sanjay. Jaideva Pramanshi. Encyclopaedia of Dalits in India. Volume 6, Constitution, Delhi: Kalpaz Publications, 2002.

58. Paswan, Sanjay. Jaideva Pramanshi. Encyclopaedia of Dalits in India. Volume 7, Social justice, Delhi: Kalpaz Publications, 2002.

59. Paswan, Sanjay. Jaideva Pramanshi. Encyclopaedia of Dalits in India. Volume 8, Emancipation and empowerment, Delhi: Kalpaz Publications, 2002.

60. Paswan, Sanjay. Jaideva Pramanshi. Encyclopaedia of Dalits in India. Volume

10, Education, Delhi:Kalpaz Publications,2002.

61. Paswan, Sanjay. Jaideva Pramanshi. Encyclopaedia of Dalits in India. Volume 11, Literature, Delhi:Kalpaz Publications,2002.

62. Radhakrishnan. S, Kumari, Ranjana. Impact of Education on Scheduled Caste Youth in India: A Study of Social Transformation in Bihar and Madhya Pradesh. New Delhi: Radiant Publishers. c1989.

63. Raghunath, Pani. Integral education: thought and practice, New Delhi:Ashish Pub. House,1987.

64. Reddy, L. Venkateswara. Education for Dalits, New Delhi: Discovery Publishing House, c2004.

65. Rehman, M. M. Society economy and education of the deprived, Delhi: Anupama Publications. 1992.

66. Research, Reference and Training Division. INDIA 1999: A Reference Annual, New Delhi, Aravali Printers & Publishers Pvt. Ltd. , 1999.

67. Ruhela, S. p. India′s struggle to universalize elementary education, M. D. Publications, 1996.

68. Ruhela, S. p. Sociological perspectives on school education in India, Delhi:Indian Publishers Distributors,1999.

69. Sapra, C. L. , Aggarwal, Yash. Education in India: some critical issues / National Seminar on "Perspectives for the New Education Policy" (1985: India International Center), New Delhi, India:National Book Organisation,1987.

70. Sharma, Sita Ram. Education and national integration in India, New Delhi: Akashdeep Pub. House,1992.

71. Shashi, S. S. The Tribal women of India, Sundeep Prakashan,1978.

72. Skinner, Debra, and Dorothy Holland. Schools and the cultural production of the educated person in a Nepalese Hill Community. In The cultural production of the educated person: Critical ethnographies of schooling and local practice, ed. Bernard A. Levinson, D. E. Foley, and D. C. Holland. Albany: State University of New York Press. c1996. p. 281.

73. Sudarshanam, G. Rural education: a study of universalisation of education in India, New Delhi :Gian Pub. House,1991.

74. Sujatha, K. Educational Development among Tribes: A Study of Sub – Plan

Areas in Andhra Pradesh. South Asian Publishers, New Delhi. c1994.

75. The Probe Team. Public report on basic education in India. Delhi: Oxford University Press. 1999.

76. University Grants Commission. Facilities to Scheduled Castes and Scheduled Tribes in Universities and Colleges. New Delhi:1990.

77. Vaidyanathan, A. , p. R. Gopinathan Nair. Elementary education in rural India:a grassroots view, Thousand Oaks, Calif. :Sage Publications,2001.

78. Vasantha, R. Patri. Education in India:programmes and policies, Delhi:Authorspress;New Delhi:Under the auspices of Indian Institute of Counselling, 2000.

79. Von Fürer – Haimendorf, Christoph. Tribes of India: The Struggle for Survival, Berkeley: University of California Press, c1982.

80. Webster, John C. N. The Dalit Christians: A History. Delhi: ISPCK. 1994.

81. Weiner, Myron. The child and the state in India: child labor and education policy in comparative perspective, Princeton, N. J. : Princeton University Press,c1991.

82. Yadav. , Kumar, Satish, 1951 – Non – formal education : new policy perspective, New Delhi :Shree Pub. House:Distributors, Jain Book Depot,1987.

附录一

印度宪法中关于表列种姓和表列部落的条款

印度宪法是迄今为止世界上最长的宪法,仅宪法部分就有 8 万多字。印度宪法由序言、宪法、12 个附表、2 个附录和 92 个修正案(截至 2004 年 7 月 1 日)组成。宪法共有 22 个章节、395 个条款。宪法、附表、附录和修正案都涉及表列种姓和表列部落问题。印度宪法中涉及表列种姓和表列部落的重要条款如下:

第十五条 禁止宗教、种族、种姓、性别、出生地的歧视——

第一款 国家不得仅根据宗教、种族、种姓、性别、出生地点或以任何一项为由,对任何公民有所歧视。

第二款 不得仅仅由于宗教、种族、种姓、性别、出生地点等理由,而使任何公民在下述方面丧失资格、承担责任、遭受限制或接收附加条件:

(1)商店、公共饭店、旅社及公共娱乐场所之出入;(2)全部或部分由国库维持供大众使用的水井、水池、浴场、道路及公共场所之使用。

第三款 本条规定不妨碍国家专为妇女儿童作出任何特殊规定。

第四款 本条与第二十九条第二款之规定,不妨碍议会为在社会和教育方面落后的任何阶层的公民,以及表列种姓的进步制定特别条款。

第十六条 公职受聘机会平等——

第一款 所有公民在国家和政府公职的聘用和任命方面应享有

机会之平等。

第二款 在国家和政府公职的聘用和任命方面不得仅根据宗教、种族、种姓、性别、家世、出生地、住所等理由排斥或歧视任何公民。

第三款 本条规定不妨碍议会优先对某邦政府或某中央直辖区政府或它们管辖之下的地方机关或其他机关内某类或数类公职之聘用或任命、或在该邦或该直辖区内居住的要求作出规定。

第四款 本条规定不妨碍国家作出规定为某些落后阶层保留若干公职位置,如果国家认为他们在国家公务部门中的代表数量不足的话。

第四款(A) 本条款不妨碍国家在政府部门中某类或数类职位的晋升上为表列种姓和表列部落保留名额,如果国家认为表列种姓和表列部落在政府部门中的代表数额不足的话。

第四款(B) 本条款不妨碍国家根据第四(A)款制定保留名额政策作出规定,即把本年度未用完的保留名额用于下一年度,但合并保留名额不超过下一年度的全部保留名额总数的50%。

第五款 如果法律规定,涉及宗教或教派组织事务的职务或其领导机构的任何人员必须由信仰该教或属于该教派的人来担任,此类法律之实施不受本条规定的影响。

第十七条 废除"不可接触制度"——

废除"不可接触制度"并禁止以任何形式实行"不可接触制度",凭借"不可接触制度"而剥夺他人权利的行为属于犯罪行为,应依法惩处。

第二十三条 禁止人口买卖和强迫劳动——

第一款 人口买卖,佃农为地主无偿劳役制及其他类似方式之强迫劳役,皆予禁止;凡与本条款抵触之行为,为罪行,应依法处罚。这一条款虽然没有直接提及表列种姓和表列部落,但大部分佃农都属于这两个阶层。这一条款对于他们具有特殊的意义。为此,1976年议会还颁布了《佃农制度(废除)法》。为有效地实施这一法令,劳动部正在启动一项由中央发起的鉴定、拯救和扶持佃农的计划。

第二十四条 禁止工厂雇用童工——

不得雇用十四岁以下儿童在工厂或矿场中工作,或从事其他危险工作。

第二十九条 保护少数民族利益——

第一款 居住在印度境内的任何阶层的公民,凡具有独特的语言、文字或文化者,皆有权保持其语言、文字或文化。

第二款 由国家维持或接受国库津贴的教育机构,不得根据宗教、种族、种姓、语言等理由拒绝任何公民入学。

第三十条 少数民族建立教育机构的权利——

第一款 一切少数民族,无论由于宗教而形成,或由于语言而形成,皆有设置与管理自己教育机构的权利。

第一款(A) 国家制定法律强制征用少数民族设置与管理的教育机构的财产时,应保证该法律确定的补偿金额不致限制或影响本款保证的权利。

第二款 国家审批发放教育机构的津贴时不得因某教育机构系少数民族经办而给与歧视,不管该少数民族是基于宗教形成的,还是基于语言形成的。

第四十三条(D) 为表列种姓和表列部落保留席位——

在每个村务委员会(五人长老会)中,保留村务会席位的数额与村子里直接选出的席位数额所形成的比例大体上应同表列种姓和表列部落人口同全村人口的比例相同。这些席位也可以轮流分配给村务委员会不同的选民。在保留的总席位数中有三分之一不到的数额应保留给表列种姓或者表列部落的妇女。在每个村务委员会里,由直接选举产生的总席位中不到三分之一的席位数(含为表列种姓和表列部落妇女保留的席位数)保留给妇女。不同级别的村长职位数应根据人口比例保留给表列种姓和表列部落以及表列种姓和表列部落的妇女。

第四十六条 增进表列种姓、表列部落和其他落后阶层的教育和经济利益——国家应特别注意增进人民中弱势群体的教育与经济利益,特别是表列种姓和表列部落的教育和经济利益,并应保护他们不受社会之不公正待遇与一切形式之剥削。

第五十一条(A) 基本义务——每个公民应履行下列义务:

1. 遵守宪法,尊重宪法的理想和制度、国旗和国歌。

2. 珍爱和恪守激励我国各族为自由而奋斗的崇高理想。

3. 支持和保护印度的主权、统一和完整。

4. 在国家需要的时候,保卫国家并且服兵役。

5. 在全体印度人民中促进和提倡超越宗教、语言、地区和派别差异的和谐以及兄弟般的友爱精神;摒弃有损妇女尊严的习惯。

6. 重视和保护我国多元文化的丰富遗产。

7. 保护和改善自然环境如森林、湖泊、河流和野生动物,怜爱各种生物。

8. 培养科学素养、人文精神和质疑、创新的精神。

9. 保护公共财产,摒弃暴力。

10. 在个体和集体活动的各个方面努力争取优异使国家能持续不断地取得高水平的成就。

第一百六十四条 有关邦部长会议成员的其他规定——

第一款 邦首席部长由邦长任命,其他部长由邦长根据首席部长的建议任命,邦长有权免除他们的职务。

但在比哈尔邦、中央邦和奥里萨邦,应设管理部落福利的部长一人。他还可以兼管"表列种姓"和"落后阶层"的福利问题及其他工作。

第一百七十条 邦立法会议的组成——

第一款 根据第三百三十条的规定,各邦立法会议不超过 500 人或不少于 60 人组成,议员由该邦各选区直接选举。

第二款 根据第一款之规定,各邦应根据各选区的人口和分配给各选区的议席之间的比例来划分选区,就目前的实践来看,该比例在各邦境内应保持一致。

第三百三十条 议会人民院应为表列种姓和表列部落保留议席——

第一款 人民院应为下列阶层保留议席:

1. 表列种姓;

2. 除阿萨姆邦各自治县的表列部落之外的表列部落;

3. 阿萨姆邦各自治县的表列部落。

第二款　依第一款为各邦和中央直辖区表列种姓和表列部落保留议席的数目与分配给该邦和该直辖区的人民院议席总数之间的比例,应尽量与该邦和直辖区内表列种姓和表列部落的人口同该邦和中央直辖区的人口总数之间的比例相等。

第三款　如第二款所述,在人民院中为阿萨姆邦各自治县保留的议席数目与分配给该邦的议席总数的比例,不得低于这些自治县表列部落人口与该邦人口之间的比例。(注:在第三百三十条和三百三十二条中的人口数据是指1991年的全国人口普查数据。)

第三百三十二条　各邦立法会议应为表列种姓和表列部落保留议席——

第一款　各邦立法会议应为表列种姓和表列部落保留议席,阿萨姆邦各部落自治县除外。

第二款　阿萨姆邦立法会议应为邦内各部落自治县保留议席。

第三款　根据第一款为表列种姓和表列部落保留议席的数目,与该邦立法会议议席总数之间的比例,应尽量与该邦表列种姓和表列部落的人口同该邦人口总数之间的比例相同。

第四款　阿萨姆邦立法会议中为各部落自治县保留议席的数目与全体议席之间的比例,不得低于该自治县与该邦人口总数之间的比例。

第五款　为阿萨姆邦各自治县保留议席的选区,不包括该自治县以外的任何选区。

第六款　非阿萨姆邦各自治县表列部落的成员,不得由该县任何选区选入邦立法会议。

第三百三十四条　议席保留和特别代表资格60年后失效——

尽管上述条款交代很清楚,但是宪法规定:(1)在人民院和邦立法会议给表列种姓和表列部落保留的议席;(2)在人民院和邦立法会议给英裔社区任命的代表;在本宪法开始实施起的60年期满时停止生效:

根据具体情况,倘若当时的人民院和邦立法会议解散,本条款对人民院和邦立法会议代表的规定会停止生效。

第三百三十五条　表列种姓和表列部落对担任公职的要求——

在不影响行政效率的前提下,在任命与联邦事务或各邦事务有关的公职人员时,应考虑表列种姓和表列部落成员的要求。

第三百三十五条(A) 本条款将会制定照顾表列种姓和表列部落成员的法规,诸如放宽录取分数、降低考核标准、在与联邦事务和各邦事务有关的职位上为表列种姓和表列部落成员保留提拔名额。

第三百三十八条 表列种姓和表列部落全国委员会——

第一款 应建立一个表列种姓和表列部落委员会,即表列种姓和表列部落全国委员会。

第二款 根据议会制定的法规,委员会由主席、副主席和五个其他成员组成,他们的服务条件和任职年限由总统按有关规定确定。

第三款 主席、副主席和其他成员由总统亲自授权任命。

第四款 委员会有权制定自己的规程。

第五款 委员会的职责是——

(a)调查和监控宪法中或现行法规中或政令中涉及表列种姓和表列部落的有关事务。评估有关保护条例的实施情况。

(b)调查涉及剥夺表列种姓和表列部落权利和保护条例的特别申诉案件。

(c)参与表列种姓和表列部落社会经济发展的规划过程并提出建议,评估他们在联邦和各邦的发展状况。

(d)每年或按委员会认为适当的时机向总统提交此类保护条例的实施情况报告。

(e)在报告中应提出联邦和各邦应采取什么样的措施来有效地实施此类保护条例以及开展表列种姓和表列部落的保护、福利和社会经济发展工作。

(f)根据总统按议会立法所作的指示,履行好有关表列种姓和表列部落的保护、福利、发展和进步的职责。

第六款 总统将责成委员会把所有报告连同一份备忘录提交给议会两院,解释根据联邦的建议所作的工作以及即将做的工作,以及解释没有采纳此类建议的原由,如果有这类事情发生的话。

第七款 报告中若有涉及各邦政府的地方,应把报告副本连同一份备忘录呈交给邦长,由邦长责成委员会提交给邦立法会议,解释根据联邦的建议所做的工作以及即将做的工作,以及解释没有采纳此类建议的原由,如果有这类事情发生的话。

第八款 在调查涉及第五款(a)的事项时,或审查涉及第五款(b)的申诉时,委员会拥有民事法庭的权利审查案件,尤其是于下列事项有关的案件,即:

(a)传讯和强制印度任何地方的人到庭并宣誓接受审查。

(b)要求查阅和复制任何文件。

(c)接收宣誓书上的证据。

(d)向任何法庭或政府机关申请查阅公共档案或复制档案。

(e)发布审查证明和文件的委托书。

(f)审查总统按规定确定的其他有关事项。

第九款 联邦和各邦政府就表列种姓和表列部落的重大方针政策与委员会协商。

第十款 在本条款中,与表列种姓和表列部落有关的规定适用于总统依据第三百四十条第一款任命的委员会提交的报告所确定的其他社会落后阶层,以及英裔社区。

第三百三十九条 联邦对表列地区的行政和表列部落的福利的管理——

第一款 总统可随时发布命令任命成立一个委员会,报告各邦表列地区的施政情况和表列部落的福利事宜。总统命令可以规定委员会的组成、权限和程序,还可以包含总统认为必要的附属和辅助条款。

第二款 联邦行政权应包括指示有关各邦制定与执行必要的计划,以增进该邦表列部落的福利。

第三百四十条 任命调查落后阶层情况的委员会——

第一款 总统得以命令任命适当人选组成一委员会,负责调查印度境内社会与教育落后的阶层的状况和生产中的困难,并就改进上述情况,对克服存在的困难应采取的措施,以及拨款数额和条件向联邦和各邦提出建议。总统任命成立该委员会的命令还应规定委员会的工作程序。

第二款　上述委员会应就交付该会的事项进行调查,并将调查事实和建议报告总统。

第三款　总统应将上述委员会的报告副本连同一说明有关对策的备忘录一起提交议会。

第三百四十一条　表列种姓——

第一款　总统应与邦长协商后,以公告的形式公布何种世袭种姓、种族、部落,或它们的某些部分或某些群体为本宪法中所说的该邦或该中央直辖区的表列种姓。如系中央直辖区的表列种姓则无须与邦长协商。

第二款　议会可以立法决定任何世袭种姓、种族、部落或它们的某一部分或某一群体,列入或不再作为第一款公告规定的表列种姓;但除此之外,根据该条款规定发布的公告不得在其后通过任何公告加以变更。

第三百四十二条　表列部落——

第一款　总统应与邦长协商后,以公告的形式公布何种部落、部落地区,或它们的某些部分或某些群体为本宪法中所说的该邦或该中央直辖区的表列部落。如系中央直辖区的表列部落则无须与邦长协商。

第二款　议会可以立法决定任何部落、部落地区或它们的某一部分或某一群体,列入或不再列入第一款公告规定的表列部落;但除此之外,根据该条款规定发布的公告不得在其后通过任何公告加以变更。

第三百五十条　申诉怨苦、要求补偿时使用的语言——

在向联邦或某邦的任何机关和官员申诉怨苦、请求补偿时,每个人都有权利使用联邦或该邦使用的任何语言。

第三百五十条(A)　为小学阶段的母语教育提供方便——

各邦及各邦的地方政府应尽力为少数语种民族的儿童提供在小学阶段进行母语教育的方便条件。总统认为在必要和适当时,可以向各邦发出指示以保障提供这种方便。

注:This information is downloaded from the website of Ministry of Law and Justice(Legislative Department). 以上条款的翻译参阅了姜士林、陈玮主编《世界宪法大全》上卷,中国广播电视出版社 1989 年版。

附录二

印度语言罗马字母拼音词汇表

A		
1	Adi – Andhra	A sub – caste of Dalits; suggesting aboriginality; esp. in Andhra Pradesh and of Telegu speakers 安德拉邦贱民亚种姓
2	Adi – Dravida	A sub – caste of Dalits; suggesting aboriginality; esp. in Tamil Nadu; originally tanners and leather – workers but now predominantly landless labourers; rivals of Malas 贱民种姓,原泰米尔纳杜邦土著,原制革工,现在的无地农民,马拉贱民的竞争对手
3	Adi – Hindu	A group of sub – castes of Dalits; suggesting aboriginality; esp. Andhra Pradesh; encompasses Malas, Madigas, Adi – Dravidas, Mahars, Mangs and Chamars 印度教之外的,贱民亚种姓群体
4	Adi – Karnataka	A sub – caste of Dalits; suggesting aboriginality; esp. Kannada speakers
5	Adivasi	A scheduled tribe 部落
6	Ambedkar	Dr. B. R. Ambedkar 1891 – 1946. Born a Dalit; a lawyer, Dalit leader, politician and architect of India's first constitution 安贝卡
7	Angan Pathshalas	Day School / Courtyard School 日校,院落学校
8	Anganwadi	村庄幼儿园(利用院子,庭院开办的幼儿园)
9	Anganwadi	A village level Early child care centre run by ICDS (Integrated Child Development Services)

10	Antyaja	A synonym for Dalit
11	Antyodaya	Anna Yojana 粮食补助计划
12	Apapatra	A persons born of a high – caste mother and a low – caste father 高种姓母亲与低种姓父亲的后代，贱民
13	Arundatiya	A Dalit sub – caste 贱民种姓
14	Aryan invasion	A disputed theory of the origin of the caste system and untouchability, now mainly espoused by Hindu nationalists, that the Indian Vedic culture arose from an ancient influx of "Aryans" into India 雅利安入侵
15	Ashraf	穆斯林贵族(祖上为阿拉伯人、伊朗人或中亚人)
16	Atishudra	Lit. "Beyond shudra". A synonym for Dalit 首陀罗之外的
17	Avarna	A synonym for Dalit 瓦尔纳之外的
18	Ayah	Nanny 保姆
B		
19	Badi caste	The lowest sub – caste of Dalits (Nepal); women are frequently forced into prostitution 尼泊尔最低贱的贱民种姓，妇女常常沦为妓女
20	Badiga	A sub – caste of Dalit, traditionally carpenters 巴迪格人（木匠贱民种姓）
21	Bahujan	大众
22	Bal Bhawan kendras	儿童乐园机构,中心
23	Bal Kendra	Learning resource centre for children 儿童学习中心
24	Bal Mela	Children's fair 儿童乐园
25	Bal Sabha	Children's council 儿童协会
26	Bal Sevika Training	学前教师培训
27	Balmikis	Scavengers 清粪工
28	Balwadi	Crèche 托儿所
29	Balwadis	ECCE (early child care and education) centre for children of 3 – 5 years of age 托儿所
30	Basti	Slum 贫民窟
31	Beedi	Leaf cigarette 直接用叶片卷制的烟
32	Bestha	A sub – caste of Dalit, traditionally fishermen 渔夫
33	Bhangi	厕所清粪工 A low – status sub – caste of Dalits, sometimes euphemistically called janitors or sweepers but generally forced to perform the dirtiest and most unpleasant tasks

34	Bharat Shiksha Kosh	Indian Education Fund 印度教育基金
35	Brahmin	The highest caste, traditionally priests, teachers and scholars 婆罗门
36	Brahmo	God 神
37	Brama	大梵天
38	Buddhiwadi	rationalist 理性主义者
39	Burakumin	An oppressed minority in Japan, often compared to Dalits. Most are descendents of outcaste hereditary occupational groups dating back to feudal Japan. Estimates of their numbers range from 1 to 3 million 日本部落民
C		
40	Candala	A synonym for Dalit 贱民种姓
41	Caste	The Hindu system of rigid hereditary social classes, especially in India. There are four castes: Brahmins, Ksatriyas, Vaisyas and Sudras, plus the out – castes or Dalits, who are not part of the caste system. Within each caste, there are many sub – castes or "Jati"种姓
42	Chamar	Leather – workers, cobblers; a Dalit sub – caste (Uttar Pradesh)北方邦的贱民种姓,制革工,皮革匠
43	Chandala	A Dalit sub – caste, esp. in Bengal and Sri Lanka 孟加拉邦最低级的贱民种姓
44	Chowkidar	门卫 Night Watchman
45	Chuhri	接生婆(是不可接触者的一个职业姓氏)
46	Chura	A synonym for Dalit, esp. Punjab 旁遮普邦的贱民
47	Coolie	苦力
D		
48	Dalit	Lit. "Broken people". The group name adopted by many out – castes, previously classified as "untouchable"达利特人(字面意思是"身心破碎者",是受压迫者、不可接触者、贱民的统称)
49	Dalit Shiksha	Andolan Dalit Education Revolution 贱民教育革命
50	Damai	A synonym for Dalit, traditionally tailors and drummers, esp. Nepal 裁缝,鼓手
51	Depressed classes	A euphemism for Dalits, esp. in formal documents. Adopted by the British in 1919. 低贱阶级

52	Devadasi	A "religious" practice in South India whereby parents marry young girls to a deity or the temple: they become prostitutes for upper – caste men. Outlawed in 1988, the practice remains widespread 神之女
53	Dhaba	Open Eating Place 路边小吃点
54	Dhimmi	A resident of a Muslim state who is a member of an officially – tolerated non – Islamic religion, such as Judaism or Christianity. In theory and in practice, a dhimmi has fewer legal rights and obligations than a Muslim. 生活在穆斯林国家的非穆斯林教徒,如,犹太教徒或基督教徒
55	Dholi	A synonym for Dalit 贱民的同义词
56	Dhor caste	A sub – caste of Dalit, traditionally tanners 制革工
57	Djiva	Twice born 再生族
58	Dom caste	A synonym for Dalit, esp. West Bengal
59	Dravidians	According to the Aryan invasion theory, Dravidians were the original inhabitants of the Indian subcontinent. Dravidian languages include Tamil, Telugu, Malayalam, and Kannada, spoken especially in southern India and northern Sri Lanka 达罗毗荼人
60	Dwijas	Twice – born 再生族
E		
61	Eklavya	NGO concerned with developing, specific alternatives for EE Curriculum partly alternative material on science education
62	Erukala	A so – called criminal tribe in India; semi – nomadic; also denigrated as rat – and snake – eaters 犯罪部落,半游牧部落
63	Ezhava	A sub – caste of Dalit; a major community in Kerala; traditionally farmers 喀拉拉邦的贱民大种姓
G		
64	Gram Panchayat	Village local self – government 村民自治委员会
65	Gram Sabha	Village council 村委会
66	Guru	(印度教)(个人的)宗教老师(或指导),(受下属崇敬的)领袖,头头
H		

67	Harijan	A euphemism for Dalit (lit. "child of God"), coined by Gandhi in 1931 but quickly rejected by the Dalits themselves 哈里真,神之子,甘地 1931 年创造的不可接触者的委婉语,贱民不接受此称谓
68	Harijan Sevak Sangh	哈里真追随者协会
69	Hindu	An adherent of Hinduism 印度教徒
70	Hinduism	The world's third – largest religion. Hindus represent over 80% of the population of India. Most Hindus recognise a single deity and view other gods and goddesses as manifestations of that supreme god 印度教
71	Hindutva	A word coined in 1923 (lit. Hinduness) to describe political Hindu nationalist movements, with the slogan "United Hindus, strong India" 印度教民族主义
72	Holeya	A Dalit sub – caste 贱民种姓
I		
73	Improved Sigdis and Chulhas	Modified traditional Indian stoves made of iron and mud respectively were distributed and training on improved and smokeless Chulha 无烟铁炉子和土炉子
74	Indira Awaas Yojana	英迪拉建房计划 New Construction of Houses
J		
75	Jan Shikshan Nilayams	人民教育学校(Continuing Education Centre)
76	Janpad Block	unit of administration comprising 150 – 200 villages 区
77	Janshala	Community School 社区学校
78	Jatav	A Dalit sub – caste
79	Jatavs	Leather Workers 制革工,贱民种姓
80	Jati	Sub – caste 亚种姓,贾蒂
K		
81	Kala Jathas	Cultural Troupes 戏班子
82	Kalajatha	A troupe of artists or their performance, usually carrying a social message 巡回演出的戏班子
83	Kami caste	A synonym for Dalit, traditionally blacksmiths, esp. Nepal 铁匠,尼泊尔的贱民种姓
84	Kammara	A sub – caste of Dalit, traditionally blacksmiths

85	Karmi	Worker
86	Kautilya's	Arthasastra 考题亚政事论
87	Kisan Vikas Patra	农民发展储蓄罐
88	Kshatriya	The second – ranked caste, traditionally warriors and rulers 刹帝利
89	Kumbara	A sub – caste of Dalit, traditionally potters 陶工
90	Kurta	Pyjama 白色无领长衫
L		
91	Laïcité	A French concept that is difficult to translate into English: approximately, the principle of separation of civil society and religious society, the State exercising no religious power and the Church exercising no political power. 宗教与世俗分离
92	Lok Jumbish	The EFA Project in Rajasthan; literally translates as "People's Movement" 人民行动
M		
93	Maa – beti Mela	Mother – daughter fair 母女乐园
94	Machegara	A sub – caste of Dalit, traditionally cobblers
95	Madarsas	马达萨,穆斯林中学的名称
96	Madiga	A Dalit sub – caste 贱民种姓
97	Mahanati	A Dalit sub – caste 贱民种姓
98	Mahar	A sub – caste of Dalit; the caste into which Ambedkar was born; esp. Marathi – speakers 马哈尔人(贱民种姓),贱民领袖安贝卡就是马哈尔人
99	Mahila Samakhya	Education for Women's Equality, a women's empowerment programme of the Department of Education, Ministry of Human Resource Development, Government of India. 妇女平等教育
100	Mahila Samakhya	Literally "women speaking as equals"; a programme of women's development and education being implemented in Gujarat, Karnataka and UP 妇女平等教育
101	Mahila Shikshan Kendras	A residential centre for women's education 女子寄宿中心
102	Mahila Samridhi Yojana	妇女幸福计划(Samridhi:comfort/pleasure)

103	Majras, Tolas and Phalias	Common names used for tribal habitations in Madhya Pradesh 中央邦部落村落的常用名
104	Mala	A sub – caste of Dalit; esp. Andhra Pradesh; "superior" Dalits who have gained many "reserved" jobs; rivals of Madigas 马拉人,地位高的贱民种姓,马蒂格人争夺保留职位的竞争对手
105	Mandal	Block, subdistrict unit 区
106	Mang	A sub – caste of Dalit 贱民种姓
107	Manual scavenging	The practice of manual removal of human and animal waste from dry latrines, invariably by Dalits; widespread in rural India; ineffectively outlawed in 1995 清除粪便
108	Manusmitri	Hindu scripture 摩奴法典
109	Mata Samiti	Mothers' committee 母亲委员会
N		
110	Nair caste	A warrior sub – caste(Kerala)喀拉拉邦的刹帝利亚种姓
111	nakab	veil 面纱
112	Nali Kali	Pedagogical strategy involving self – learning 自学方法
113	Namasudra	A sub – caste of Dalit; a name adopted by the people inhabiting the swamps of Eastern Bengal as an alternative to the opprobrious term Chandal 贱民的委婉语 See also:Chandala
114	National Bal Bhawan	国家儿童乐园,儿童之家
115	Nekara	A sub – caste of Dalit, traditionally weavers
116	NGO	Non – Governmental Organization; any organization that is not a part of national or local government 非政府组织
O		
117	Outcaste	A synonym for Dalit; one who is without caste 被剥夺种姓者,失去种姓的人,贱民
P		
118	Padyatra	Long walk, generally for a cause 长征
119	Panch	Panchayat member 村委会成员
120	Panchama	Lit. fifth; a synonym for Dalit 第五级
121	Panchamas	Untouchables whose occupations involve the handling of unclean objects(hides, corpses, garbage, and so forth)制革工
122	Panchayat	An elected village council 潘查亚特,村委会

123	Panchayati Raj	The local self – government consisting of village, block and district level elected bodies. 县、区、村一级的潘查亚特地方自治政府
124	Panchayati Raj Institutions	Local self – governments 地方自治政府
125	Pandit	A learned man; a Brahmin who has memorised a substantial portion of the Vedas 圣人,大师,颂读吠陀经典的婆罗门
126	Paraya	A synonym for Dalit
127	Pariah	A synonym for Dalit; esp. Tamil Nadu
128	Pariar	A synonym for Dalit
129	Periyar (1879 – 1973) E V	Ramasamy founder of the self – respect movement in Tamil Nadu, India
130	Pradhan	Village head 村长
131	Prajna	[宗]般若,智慧(大乘佛教修习的主要内容之一，超越世俗达到佛的境界的六种方法之一)
132	Prayaschit	Atonement 赎罪,弥补
133	Prehar Pathshalas	School of convenient timings 弹性时间制学校
134	Prerak/Uthprerak	Motivator 促进因素,激励因素
135	Pukka	砖房
136	Pulaya	A Dalit sub – caste, traditionally agricultural labourers, esp. Kerala 喀拉拉邦贱民亚种姓,传统上的农民
S		
137	Sabhapati	Council president 评议会主席
138	Safai Karamcharis	People responsible for the disposal of night soil are considered untouchables in India, and are known as "safai karamchari". 清粪工(贱民等级中最低的种姓)
139	Sainik	军人学校
140	Samaj	社会,协会
141	Sandhan NGO	working in the area of education and development since 1983. The group has been closely linked to the shiksha karmi programme since 1987 and has been involved in the training of shiksha karmis and providing academic support to the programme
142	Sarki caste	A Dalit sub – caste, traditionally cobblers 鞋匠,皮匠, esp. Nepal

143	Sarpanch	Panchayat head 村长
144	Sarva Shiksha Abhiyan	Campaign for "Education for All"
145	Scheduled Caste	表列种姓 Indian official euphemism for Dalit, originally defined by the British in 1935 and reinforced in the 1948 Indian constitution; similar to Scheduled Tribe
146	Scheduled Caste/Tribe	Economically and socially backward communities
147	Scheduled Tribe	表列部落
148	Secularism	A neutral attitude, especially of the State, local government and public services, in matters relating to religion; non – religious rather than anti – religious. 世俗主义
149	Sevedasi	神的侍女,庙妓
150	Shastras	Hindu scriptures 经书
151	Shiksha	Education
152	Shiksha Karmi	Teachers appointed under Shiksha Karmi Project; literally means "educational workers" 教育工作者
153	Shiva	湿婆,印度教徒崇拜的神灵,专司毁灭与再生
154	Shudra	The fourth – and lowest – ranked caste 首陀罗
155	Shvapakas	A Dalit sub – caste; suggesting aboriginality
156	Sub – caste	Also called "Jati". Within each caste there are many sub – castes, also called "birth", "life" or "rank"贾蒂,亚种姓
157	Sudra	The fourth – and lowest – ranked caste, traditionally labourers. The only caste not "twice – born"第四级种姓,首陀罗
158	Swachchkar	A name chosen by a scavenger community in preference to the derogatory Valmiki 清粪工
159	Swarna Jayanti Shahari Rozgar Yojana	自我就业工程
160	Swarnjayanti Gram Swarozgar Yojana	乡村自我就业计划
T		
161	Taluka	Block 区
162	Manusmitri	The Code of Manu 摩奴法典
163	Theeya	A Dalit sub – caste
164	Thiyya	A Dalit sub – caste

165	Thread ceremony	A Hindu ceremony restricted to the three upper castes by which males become full members of the Vedic religion, eligible to learn Sanskrit, study the Vedas and perform Vedic rituals. Similar to confirmation or Bar Mitzvah. A thread is given and worn around the waist. The equivalent ceremony for females is marriage 绶带仪式
166	Tola	Habitation 聚居点
167	Twice born	A collective description of members of the three upper castes who have been through the thread ceremony; Sudras and Dalits are excluded 再生族
U		
168	Untouchable	A synonym for Dalit 不可接触者
V		
169	Vaishya	The third – ranked caste, traditionally farmers, merchants and artisans 吠舍,种姓制度中的第三等级
170	Valmiki	A Dalit sub – caste; traditionally sweepers
171	Varna	Lit. colour; the Varna system is the caste system 肤色,种姓制度中的瓦尔纳制度
172	Varna vyavastha	Lit. the class system 瓦尔纳等级制度
173	Vedas	The sacred writings of Hinduism 吠陀
174	Vishinu	毗湿奴
Y		
175	Yerukala	A so – called criminal tribe in India; semi – nomadic; also denigrated as rat – and snake – eaters 犯罪部落,半游牧部落
Z		
176	Zamindar	Landlord 柴明达尔,地主
177	Zila Saksharta Samiti	District Literacy Committee, to promote adult literacy 县扫盲协会

印度部落语言罗马字母拼音词汇表

A		
1	Adivasi	Aboriginal，member of a scheduled tribe 土著，部落民
2	Alasanda	A pulse；cow pea. 豌豆
3	Asaldar patwari	Hereditary village accountant 世袭的乡村会计师
4	Ashram	Hermitage；retreat 隐居处，收容所
5	Ashram school	Boarding school 寄膳宿学校
6	Ayak Kolam	god corresponding to the Gond god Bhimana 龚德人的神
B		
7	Ballar dhal	A pulse；pigeon pea 豌豆
8	Bewar	Slash – and – burn cultivation 刀耕火种
9	Bhimana	Gond god 龚德部落神
10	Bidi	A kind of cheap cigarette in which leaves are substituted for paper 叶子卷烟
11	Brahmin，also Brahman	Member of the highest Hindu caste 婆罗门
12	Budda gochi	Loin – cloth(尤指热带原始民族作为衣服的)缠腰布
C		
13	Charpoy	Bedstead 床架
14	Chenna dhal	A pulse；horse gram 绿豆
15	Choli	Blouse 妇女或儿童穿的宽松短衫，可遮至腰部或稍下的地方
D		
16	Deshmukh	Marathi title of a hereditary official in charge of a group of villages 马拉地语中掌管几个村庄的世袭村长的称谓
17	Devari	Village priest 乡村牧师
18	Devata	Deity 神性
19	Dhal	Pulse，which is one of the mainstays of the Indian diet 印度食物中最重要的豆，豌豆，蚕豆
20	Dhani	Patron 资助人，赞助人 PP:328 Indian Tribe

21	Dhoti	Loin – cloth worn by men, usually made of white cotton cloth 男人穿的白色缠腰布
22	Dodomankal	Kolam priest 克拉姆部落牧师
G		
23	Gaonbura	Assamese term for village elder 村中老人(阿萨姆语)
24	Ghotul	Youth dormitory in Bastar 巴斯达青年宿舍
25	Girdawar	Revenue inspector 税收员
26	Girijan	Aboriginal; member of a scheduled tribe 土著,表列部落成员
27	Gondi	Dravidian language spoken by Gonds 龚德人讲的语言
28	Gompa	Buddhist temple or monastery 佛教庙宇或修道院
29	Gram panchayat	Statutory council of elected members representing one or more villages 村委会
30	Gumashta	Bailiff; landlord's steward 管家,办事员
31	Guru	Religious teacher 老师(宗教的)
H		
32	Harijan	Modern euphemistic term for untouchable 哈里真(贱民的委婉语)
I		
33	Inam	Gift, particularly of land granted free of revenue 礼品,尤指免税赠地
J		
34	Jagir	Estate assigned by ruler to landlord on special terms 统治者分配给地主的不动产
35	Jagurla	Gond cremation rite involving animal sacrifice and dancing 伴随动物献祭和舞蹈的龚德火葬仪式
36	Jajman	Patron of Brahmin priest; by extension any hereditary patron 婆罗门祭司的资助人
37	Jangali	Crude, primitive; literally, "of the forest" 天然的,原始的,字面意思是"森林的"
38	Jhum	Assamese term for hill fields made by cutting forest or shrub and then burning it 开垦地
39	Jiv or jiva	Soul; life – principle 灵魂,生命原理
K		
40	Karbari	Secretary; assistant 秘书,助手

41	Katora	Gond clan priest 龚德部落祭司
42	Katora kita	Priestly lineage 祭司世系,祭司后代
43	Khamatan	Group of families cooperating in agricultural production 农村互助组
44	Kharif	Crops grown during the monsoon season 雨季种植的庄稼
45	Kharij khata	Type of temporary tenure of government land 政府临时租赁地
46	Kita	Lineage within a Gond clan 龚德氏族血统
47	Komti	Member of a Telugu merchant caste, moneylender 泰卢固商人种姓,放债人
48	Konda devata	Hill deity 山神
49	Konda podu	Hill field made by cutting and burning forest 开垦出的山地
50	Korra	Finger millet; Eleusine coracana 印度黑粟,小米,指母粟
51	Kulam pedda	Telugu term for clan or caste headman 部落首领或种姓首领
52	Kuta mohtur	Gond rite marking the beginning of the agricultural cycle 龚德人种庄稼前的仪式
53	Kutma kita	Gond lineage of agnatic kinsmen 龚德父系亲戚
L		
54	Lamsare	Resident son – in – law 上门女婿
55	Langoti	Small loin – cloth 小块腰布
56	Lingam	Phallus of the Hindu god Shiva 林加,印度教神湿婆的阴茎
M		
57	Mahua	Bassia latifolia, a tree whose corollae are eaten and used for distilling liquor 一种花冠可食用并可用来蒸馏酒的树
58	Mansabdar	Feudal chieftain 封建酋长
59	Maqta	Estate assigned by ruler to landlord on special terms 统治者根据特别条款敕给地主的土地
60	Maund	Measure of weight; approximately 96 kilograms 重量单位,约96公斤
61	Mithan	Bos frontalis, a variety of semi – domesticated cattle prevalent in the highlands of Northeast India 印度东北山区常见的一种半驯化的牛
62	Mokashi	Hereditary chieftain of a rank inferior to that of raja 地位低于土邦王公的世袭酋长

63	Moksa	Salvation 拯救,救助
64	Mutta	Territorial division ruled by a hereditary chief 世袭酋长同志的领地
65	Muttadar	Chief in charge of a mutta 领地酋长
N		
66	Nar patla	Gond village headman 龚德人的村长
67	Naxalite	Member of a leftist revolutionary movement 左派成员
68	Niwot	Sacrificial food offered to gods and then eaten by worshippers 先贡神然后再食用的食品,贡品
P		
69	Pahar patti	Hill circle 圆丘
70	Panchayat	Village council, tribal council 村委会,部落评议会
71	Panchayati raj	Modern system of grass – roots democracy based on elected local councils 现代地方民族选举制
72	Parampok	Type of temporary tenure of government land 政府临时租赁土地
73	Pat	Gondi term for secondary marriage 再婚(龚德语词)
74	Patel	Village headman 村长
75	Patta	Title deed to land 土地契约
76	Pattadar	Owner of land held on patta 契约地主
77	Patti	Region, revenue circle 地区,税收区域
78	Patwari	Village accountant 村会计
79	Pedda kapu	Headman of Telugu village 泰卢固村长
80	Peddamanchi	Headman, term used mainly by Chenchus; literally "big man" Chenchus 的头人,字面意思"大人物"
81	Pen	Gondi term for deity 神(龚德语)
82	Penda	Slash – and – burn cultivation 刀耕火种方式
83	Persa pen	Gond clan deity; literally, "great god" 龚德氏族的神,字面意思是"大神"
84	Pisi watana	Gondi term for marriage by capture 抢婚(龚德语)
85	Podu	Slash – and – burn cultivation 刀耕火种
86	Puja	Hindu rite 印度教仪式
87	Pujari	The one who offers puja, priest 主持仪式的祭司
88	Pungam	Forest tree whose seed is used for pharmaceutical purposes 种子可入药的树

R	
89	Rabi	Crops grown during the winter season 冬季种植的庄稼
90	Rupee	Unit of Indian coinage. The symbol for the singular is Re and that for the plural is Rs; the exchange rate in 1980 approximated Rs 18 to the pound sterling and Rs 7.5 to the U.S. dollar. 卢比
S		
91	Saga	Phratry, largest exogamous division of Gond society 氏族集团,龚德社区最大的异族通婚集团
92	Sahukar	Merchant, moneylender 商人,放债者
93	Sama	A small millet; Panicum miliare millet 稷,粟,黍的子实,小米
94	Samithi	Regional council or committee in charge of a taluk or part of a taluk, also known as panchayat samithi. 区评议会
95	Sanad	Patent or document, usually relating to grant bestowed by ruler 通常由统治者颁发的执照或文件
96	Sanal	Spirit of departed 死者的灵魂
97	Sari	Draped garment consisting of one piece of cloth universally worn by Indian women 纱丽
98	Sarpanch	Elected chairman of a gram panchayat 管理几个村庄的区评议会主席
99	Sati	Deified ancestor 神话了的祖先
100	Shandy	Market 市场
101	Shikmedar	Shareholder in landed property 土地产权持有者
T		
102	Tahsildar	Officer in charge of the revenue administration of a taluk; also known as tahsil 区长
103	Taluk	Administrative unit forming part of a district 区
104	Talukdar	Officer of Hyderabad State in charge of a district, corresponding to the present-day collector 县长
V		
105	Varna	Section of traditional Hindu society, which was divided into four varna arranged in hierarchical order 瓦尔纳,种姓制
106	Veju	Magician, sorcerer, shaman 萨满教巫师,男巫师,魔术师

W		
107	Watan	Hereditary estate 世袭的土地或不动产
108	Watandar	Owner of watan or of hereditary right or office, hence watandari patwari 拥有世袭权利或职位的人,世袭的会计
Z		
109	Zamindar	Landowner 地主
110	Zamindari	Estate owned by zamindar 地主的土地
111	Zilla parishad	District council 县评议会

注:以上印度语言的罗马字母拼音词汇主要取自于

1. International Humanist and Ethical Union. Glossary. http://www. iheu. org/glossary, 2006 – 3 – 16. 2.
2. Von Fürer – Haimendorf, Christoph. *Tribes of India*: *The Struggle for Survival*, Berkeley: University of California Press, c1982.
3. Ministry Of Human Resource Development, Government Of India. *Education for All the Year* 2000 *Assessment Report India*.
4. Ministry of Human Resource Development, Government of India. *Annual Report* (1998 – 2010).
5. Answers. com http://www. answers. com/
6. Yahoo! India http://in. yahoo. com/
7. Google http://www. google. com. hk/webhp hl = zh – CN
8. Wikipedia http://en. wikipedia. org
9. 培伦主编:《印度通史》,黑龙江人民出版社 1990 年版。
10. 马宗达、赖乔杜里、达塔合著,张澍霖等译,涂厚善总校:《高级印度史》上下册,商务印书馆 1986 年版。
11. 巴沙姆主编:《印度文化史》,商务印书馆 1999 年版。

此外,还有许多印度语言的罗马字母拼音词汇来自其他文献,互联网以及印地语朋友和印度友人的帮助。

后记

记得刚上博士时，我北师大留校任教的同学洪成文博士约我一起研究澳大利亚的高等教育质量保障问题，资料丰富，经费充足，我很动心，打算把博士论文也定在质量保障上面。我把想法告诉导师时，导师顾明远教授对我说，你还是继续研究印度教育，尤其是高等教育，很值得研究，你读硕士做的论文就是关于印度高等教育的，后来还去过印度，对印度应该有较深的了解，而且还带回来不少资料，继续深入地研究印度高等教育，很有意义。2004年我中央民大的同学吴明海博士邀请我并要我在北师大的博士生中组织一些人参加他的"十一五"规划课题《少数民族教育政策的国际比较研究》，我在课题中任第二主持人，出书后任副主编。在资料收集过程中，意外发现印度少数民族问题总是和贱民问题交织在一起的，突然意识到这是一个不错的研究方向和选题，也让我回想起在印度时，无论在国际学生公寓、大街上还是在报刊上，会经常看到这样一类人，被称叫 Dalit（贱民）的人，当时并搞不懂 Dalit 到底是什么意思，只是发现他们在餐厅吃饭时总是坐在餐厅偏僻的角落，不同其他人共享一张餐桌，而那些自称为婆罗门的学生也不会与他们坐在一起用餐，我们这些"老外"不管那么多，发现哪里有空座位就坐哪里。当时只是隐隐约约地感到有些奇怪，也没往深处多想究竟是什么原因。那些来自东北部山区的蒙古人种的部落民很喜欢同我们交往，而不愿意与印欧人种的印度人交往，他们甚至说他们只有在看印度同其他国家进行板球比赛时，才意识到自己是印度人，平时他们对印度没有太多的认同，走在大街上会被人称叫"Chinki"，我和韩国同学也被人这么叫过，可能被误认为是部落民了，后来问我的邻居、一个来自曼尼普尔邦的小伙子，才知道"Chinki"是塌鼻子、小眼睛的意思。曼尼普尔小伙子甚至来自不丹的同学还曾经说过，他们要是同高种姓的印度人一起到某个办公室去办事，尽管排队在前面，也总会轮到最后才给办，很多时候办事员会说"Come tomorrow"，故意拖你的时间，部落民们为了能尽快办成事情，只好悄悄地塞钱给办事员，用钱来开路。大街上干脏活、苦活、拉三轮的几乎都是贱民或低级种姓的人。印度高级种姓的人只占人口的15%左右（婆罗门3.5%，刹帝利5.5%，吠舍6%），低级种姓首陀罗占人口的52%，贱民占16%，部落民占8%。其他没有种姓等级的宗教人口，如穆斯林、基督教徒、耆那教徒和拜火教徒等约占人口的9%。

在听了清华大学社会学教授李强在北师大为师生举办的关于中国社会分层与社会冲突等问题的系列讲座之后，更强化了我做印度弱势群体教育研究的信心。弱势群体问题已成为国际十分关注的问题，弱势群体地位的改善，关系到社会的稳定、和谐与健康顺利发展。在向导师汇报我的新思路之后，导师同意我的这个新选题。于是，我就到国图、北大图书馆、师大图书馆大规模地查阅和收集相关资料，一方面为完成吴明海博士的课题《印度少数民族教育政策研究》作准备，另一方面为毕业论文打基础。在收集资料的过程中，我发现印度政府在制定保留政策、经济发展计划、统计一般的经济社会发展和教育数据时，通常都会把贱民和部落民放在一起，但是，想要了解贱民历史和部落民历史、两个群体的社会现状等问题时，多数情况下是分开的，尤其是想对某个教育问题进行研究时，往往找到贱民的资料和数据，就找不到部落民的资料和数据，估计是印度政府对数据保密的原因，因而没办法进行全面的对比描述和研究，使得研究内容经常会出现有贱民的数据而没有部落民的数据，总是感觉不对称、不平衡，总是挂一漏万的，虽然，印度政府公开强调这两个群体是弱势群体中的弱势群体。总之,磕磕绊绊地,很艰难地完成了博士论文《印度弱势群体教育发展与政策的研究》,顺利通过了答辩。在收集资料的过程中得到了留印同学北京大学印地语和乌尔都语文学专家魏丽明女士的帮助,留印同学中国国际广播电台的印地语播音记者唐远贵女士托电台住印度记者站的同事为我购买了急需的资料,还请台里的印度专家为我翻译资料中的印地语拼音单词,解决了不少难题。在这里向她们表示感谢。

毕业后,总觉得论文中不少地方内容不够充实,没有说得很清楚。决定继续研究,通过深入研究发现,之所以出现两个群体的研究内容不对称,总是有缺项的原因,主要是贱民群体和部落民群体各自的历史起源、生活的环境、在印度社会所处的地位不同造成的。两个群体的共同点是贫困、地位低下、受歧视,不同点是表列种姓生活在印度教社会中,属于印度教徒,他们所遭受的歧视主要是种姓等级歧视;而部落民所遭受的歧视主要是人种歧视,他们大都是印度的原始土著,属于达罗毗荼人种,皮肤较黑,跟非洲人差不多,还有就是后来进入或并入印度版图的东北部地区的蒙古人种部落民。由于离群索居,往往容易受到欺诈、排斥和剥夺,过着刀耕火种的生活,社会发展远远跟不上主流社会。由于遭受歧视、欺压、剥夺和排斥,贱民和部落民对印度社会没有多少认同感。所以,印度政府努力制定各种法规、政策和计划来帮助贱民和部落民,以提高他们的政治地位和经济地位,尤其是通过提高他们的入学率和受教育水平,使他们有机会和能力分享社会经济发展的成果、融入主流社会文化中,以期实现印度社会的公正、民主、稳定、和谐与繁荣。

2007 年,我担任副主编的《中外民族教育政策史纲》出版了。我在取得以上研究成果的基础上,在学校科研处长徐和平教授的敦促下,申报了当年教育部的人文社科研究规划基金项目,项目名称就叫做《弱势群体教育发展与和谐社会构建——印度政府推行教育政策的经验与教训》,项目获得了立项。通过三年的深入研究,拓展、充实和更新了内容与数据,准备以《印度弱势群体——教育与政策》的名称出版成书,以飨读者。书中肯定有不少不成熟和错漏的地方，敬请读者不吝指出。

　　这项成果参考了中外许多学者的研究成果，在这里一并向他们表示诚挚的谢意。

杨　洪

2011 年 2 月 19 日

贵州财经学院南院博士公寓

责任编辑：贺　畅

图书在版编目（CIP）数据

印度弱势群体：教育与政策/杨洪著．–北京，人民出版社，2011.10
ISBN 978－7－01－010103－3

Ⅰ.①印…　Ⅱ.①杨…　Ⅲ.①边缘群体-研究-印度　Ⅳ.①
D735.17

中国版本图书馆 CIP 数据核字（2011）第 154720 号

印度弱势群体：教育与政策
YINDU RUOSHI QUNTI: JIAOYU YU ZHENGCE

杨洪　著

人民出版社 出版发行
（100706　北京朝阳门内大街 166 号）

北京集惠印刷有限责任公司印刷　新华书店经销

2011 年 10 月第 1 版　2011 年 10 月北京第 1 次印刷
开本：880 毫米×1230 毫米　1/32　印张：9.75
字数：266 千字

ISBN 978－7－01－010103－3　　定价：32.00 元

邮购地址：100706　北京朝阳门内大街 166 号
人民东方图书销售中心　电话（010）65250042　65289539